社研叢書 16

東シベリアの歴史と文化

中京大学社会科学研究所 編
ロシア研究部会

編集代表
安村仁志

成文堂

発刊の辞

　中京大学社会科学研究所叢書16として『東シベリアの歴史と文化』を発刊する運びとなりました。2000年に出しました『西シベリアの歴史と社会』は，トムスク市を中心に西シベリアへのロシアの進出と現状についていくつかの論点からまとめました。その後も定期的に研究会を続け，東シベリア・極東に焦点を移してこの地域への進出にかかわる諸問題を明らかにする試みをするに至った次第です。

　本書は，まず序論（安村）で東シベリア・極東をめぐるさまざまの問題に関して全体像を概観し，順次歴史，先住民，文化，宗教に関して具体的，個別的問題を詳細に扱う内容となっています。

　歴史の部（第一章）では，進出と都市建設の問題についてクラスノヤルスク及びイルクーツクのケース（田辺），ザ・バイカルに流されたデカブリスト（佐保）が論じられています。ヤクーチヤ（現在のサハ），極東の沿海地方，アレウトからアラスカ，サハリンへの進出，シベリアへ流刑については序論で補足的に扱っています。

　広大な地域にさまざまの先住民が住む地域にロシア人が進出していったわけですから，先住民を抜きにして語ること，考察することはありえません。それ自体非常に大きなテーマではありますが，そのうち主として言語に関する問題について大きな視野にたった論考（佐藤）と，非常に具体的な名前に関する研究・資料（清水）を第二章に入れました。

　東シベリアへの進出のうち南部のアムール川をめぐっては中国との関係が問題なったところですが，政治的問題とは別に，当然のことながら文化接触も生れました。その意味で，「お茶」を視野にサモワールをめぐる考察（水野）を三章（文化）に入れました。また，シベリアの自然環境の悪化が大きな問題となっていますので，バイカル湖とタイガの汚染問題について扱ったもの（渡辺）もここに収めました。

　ロシア人が東シベリア・極東の広大な地域に進出していきますと，彼ら

が主として正教徒であったことから司牧の必要性が生じました。また，先住民への宣教に基づいて正教会も進出していきました。と同時に，正教以外のキリスト教徒（カトリック教徒，ルーテル教徒など）の移住，そして当時ロシア正教から排除されていた（ロシア正教）古儀式派を始めとするセクトの移住も行なわれました。そこで，ロシア正教の宣教を主教区の形成過程と先住民言語への教会文書の翻訳の観点から見る論考（安村）と古儀式派の展開の研究（宮崎）をもって四章といたしました。

ソヴェート連邦崩壊後経済の分野では地域間格差が大きくなっているといわれており，東シベリア・極東の経済の現状を見なければなりませんが，まことに残念ながら予定していた論文が出ず，収められませんでした。本書全体にとって大きな欠陥となったと受け止めています。

人口動態も気になる問題であります。いわゆる「平均寿命」がロシア連邦全体で年々下がってきていますが，東シベリア・極東ではどうなのかは詳細に検討すべき問題であろうと思われます。これについては，序論において2002年実施の国勢調査の結果をもとにその一端を紹介いたしました。

広大な地域と400年近くの歴史を扱うには不十分な内容であることは承知しながら，この地域に関する研究が必ずしも多いわけではないことを考え，今後発展するようにとの願いをもって発表することといたしました。ご意見をいただければ幸いです。

　　2005年1月

中京大学社会科学研究所
所長・ロシア研究部会長　　安村　仁志

〈追記〉

校正段階で，ロシア研究部会発足以来昨春の定年退職まで部会長をつとめてこられました前川漸氏（中京大学名誉教授，同社会科学研究所名誉所員）が亡くなられました。本書を見ていただくことができませんでしたことは残念であります。前川先生はシベリア先住民のユカギールの言語などにも造詣が深い方でしたが，健康上の理由で論文をいただくことはできませんでした。しかし，終始部会を導いてくださいました。先生を偲びつつ本書を刊行する次第です。

目　次

発刊の辞……………………………………………安村仁志…　i

序章　東シベリアの歴史と現状 ── 緒論……安村仁志…（1）

1章　歴史にかかわる問題から

　〔1〕　ロシアのシベリア進出と都市建設…………田辺三千広…（47）

　〔2〕　東シベリアのデカブリスト …………………佐保雅子…（65）

2章　シベリア先住民にかかわる問題から

　〔1〕　シベリア少数民族の人名システムについて
　　　　　　（付）世界の主なる民族言語系統とシベリア
　　　　　少数民族の分類（資料）………………………清水守男…（95）

　〔2〕　先史時代における東シベリアの
　　　　　人類・言語の拡散 ……………………………佐藤規祥…（123）

3章　文化・社会にかかわる問題から

　〔1〕　シベリアのアイデンティティの表象としてのサモワール
　　　　　──ラスプーチンの『マチョーラとの別れ』に
　　　　　おける一考察── ………………………水野晶子…（141）

　〔2〕　危機に瀕するバイカル湖と東シベリアの
　　　　　タイガ ……………………………………渡辺　廣…（164）

4章　宗教にかかわる問題から

　〔1〕　東シベリア・極東へのロシア正教会の展開
　　　　　──宣教による主教区形成と先住民族語への
　　　　　　教会関連文書の翻訳を中心に──　…安 村 仁 志…(192)

　〔2〕　シベリアの古儀式派
　　　　　──アルタイ，ザバイカル地方を中心に…宮 崎 衣 澄…(228)

資料編

　シベリア・極東史関連年表　……………………………安 村 仁 志…(249)
　東シベリア・極東関連文献　……………………………安 村 仁 志…(261)
　ロシア連邦地図

　執筆者紹介

序章　東シベリアの歴史と現状——緒論

安　村　仁　志

 1 連邦の構成体
 2 民族構成
 3 人口動態の問題性
 4 人口問題にかかわる経済・社会の動向
 5 東シベリア・極東へのロシアの進出（歴史）
 6 ロシア人の進出に伴うキリスト教の伝播
 7 流刑地としての東シベリア

　本書で扱う内容に合わせて，現在のロシア連邦とシベリア・極東地方，ロシア人の東シベリア及び極東への進出にかかわる問題について概観しておきたい。

1　連邦の構成体

　連邦制国家のロシアは現在89の連邦構成体から成っている。1993年に制定された憲法の規定によるのであるが，「共和国 республика」21,「地方 край」6,「州 область」49,「連邦直轄市 город」2,「自治州 автономная область」1,「自治管区 автономный округ」10である。2000年5月には全土が7つの地域区分に分けられ，「中央連邦管区(本部モスクワ)①」,「北西連邦管区(サンクト・ペテルブルク)②」,「南部連邦管区(ロストフ)③」,「沿ヴォルガ連邦管区（ニージニィ・ノヴゴロド）④」,「ウラル連邦管区（エカチェリンブルク）⑤」,「シベリア連邦管区（クラスノヤルスク）⑥」,「極東連邦管区（ハバロフ

2　序章　東シベリアの歴史と現状——緒論

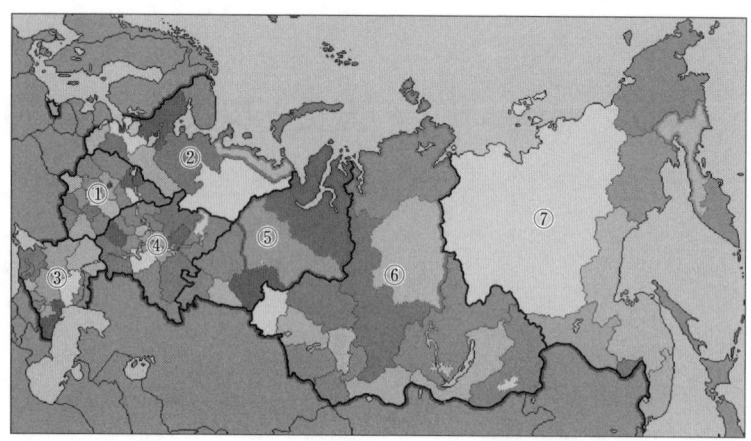

スク)⑦」となっている。シベリアと極東の各連邦管区をさらに詳細に見ると以下のようになる。上記連邦管区の番号を地図に示す（「ニジェガローツキー・ドヴォール」HP よりとらせていただいた。http://www.hi-net.zaq.ne.jp/nizhniy-kobe/maps.htm）。

a　シベリア連邦管区

旧ソ連からの伝統的経済区分では西シベリアと東シベリアが分けられているが，下線を付した地域は「西シベリア経済地域」にあたる。カッコ内はそれぞれの行政府の所在地（東シベリアのみ）。

<u>アルタイ共和国</u>，ブリャート共和国(ウラン・ウデ)，トゥヴァー共和国(クイズィル)，ハカス共和国（アバカン）

<u>アルタイ地方</u>，クラスノヤルスク地方（クラスノヤルスク）

イルクーツク州(イルクーツク)，<u>ケメロヴォ州</u>，<u>ノヴォシビールスク州</u>，<u>オムスク州</u>，<u>トムスク州</u>，チタ州（チタ）

アガ・ブリャート自治管区（アギンスコエ），タイミル自治管区（ドゥジンカ），ウスチオルダ・ブリャート自治管区(ウスチ・オルディンスキー)，エヴェンキ自治管区（トゥラー）

b　極東連邦管区

上記経済区分の「極東経済地域」とほぼ同じである。

サハ共和国（ヤクーツク）

沿海地方（ウラヂヴォストーク），ハバロフスク地方（ハバロフスク）

アムール州（ブラゴヴェーシチェンスク），カムチャッカ州（ペトロパヴロフスク・カムチャツキィ），マガダン州（マガダン），サハリン州（ユジノ・サハリンスク）

ユダヤ自治州（ビロビジャン）

コリャーク自治管区（パラナ），チュクチ自治管区（アナーディリ）

2　民族構成

1）シベリアの住民構成

　シベリアの各連邦構成体においてはロシア人が圧倒的多数を占め，その他は概ね雑多といえるが，ソ連邦の崩壊を契機に若干民族比率に変化が出てきている。極東地域におけるロシア人とウクライナ人の比率と変化(1989年と2002年）は以下の通りである。

① ロシア人（カッコ内は占める比率と順位）

沿海地方	1,960,554 (86.90%1位) →	1,861,808 (89.89%1位)
ハバロフスク地方	1,380,871 (86.43%1位) →	1,290,264 (89.82%1位)
アムール州	911,969 (86.83%1位) →	831,004 (92.04%1位)
ユダヤ自治州	178,087 (83.19%1位) →	171,697 (89.93%1位)
サハリン州	579,887 (81.65%1位) →	460,778 (84.28%1位)
カムチャッカ州	382,423 (81.03%1位) →	290,108 (80.85%1位)
マガダン州	294,500 (75.19%1位) →	146,511 (80.18%1位)
チュコト自治管区	108,297 (66.06%1位) →	27,918 (51.87%1位)
コリャーク自治管区	24,773 (62.03%1位) →	12,719 (50.56%1位)
サハ共和国	550,263 (50.30%1位) →	390,671 (41.15%2位)

　1989年段階でロシア人の比率の高い順に並べたが，2002年段階で比率が増加しているところと，かなり減少しているところ(チュコト，コリャーク，サハ)に分かれる。サハでは2位に後退している。但し，ハバロフスク地方

は 1989 年の国勢調査ではユダヤ自治州が含まれていたので 2002 年と単純には比較出来ない。マガダン州も 1989 年の国勢調査ではチュコト自治管区が含まれているので同様であるが，傾向はうかがい知れる。シベリア連邦管区の場合，少し数字が古いが，1970 年—1979 年—1989 年の変化を見ると以下の通りである。

  ブリャート共和国　　73.5%—72.0%—70.0%
  トゥヴァー共和国　　38.3%—36.2%—32.0%
  イルクーツク州　　　87.3%—88.0%—88.5%
  チタ州　　　　　　　89.6%—89.6%—88.4%

 ②　ウクライナ人（カッコ内は占める順位。1989 年と 2002 年の比）
  チュコト自治管区　　 27,600（16.84%2 位）→ 　4,960（9.22%3 位）
  マガダン州　　　　　 85,772（15.41%2 位）→ 18,068（9.89%2 位）
  カムチャッカ州　　　 43,014（9.11%2 位）→ 20,870（5.82%2 位）
  沿海地方　　　　　　185,091（8.20%2 位）→ 94,058（4.54%2 位）
  ハバロフスク地方　　112,586（8.20%2 位）→ 48,622（3.38%2 位）
  ユダヤ自治州　　　　 15,921（7.44%2 位）→ 　8,483（4.44%2 位）
  コリャーク自治管区　 　2,896（7.25%3 位）→ 　1,029（4.09%5 位）
  サハ共和国　　　　　 77,114（7.05%3 位）→ 34,633（3.65%3 位）
  アムール州　　　　　 70,759（6.74%2 位）→ 31,475（3.49%2 位）
  サハリン州　　　　　 46,216（6.51%2 位）→ 21,831（3.99%3 位）

ソ連邦の崩壊に伴い当然のことながら総数，比率ともに大幅に減少している。シベリア連邦管区の場合，1970 年—1979 年—1989 年の変化を見ると以下の通りとなる。

  ブリャート共和国　　1.3%—1.7%—2.2%
  イルクーツク州　　　3.6%—3.5%—3.5%
  チタ州　　　　　　　2.2%—2.2%—2.8%

2）各構成体に主として住む非スラヴ系民族の比率と変化(1989—2002 年)
 沿海地方ではタタール人と朝鮮人が比較的多く，後者は倍に増えている。また，少数民族と民族不明者の数が増大している。

朝鮮人　　　8,454（0.37%）―17,899（0.86%）
　　タタール人　20,211（0.90%）―14,549（0.70%）
　　その他の諸民族，民族不明　34,181（1.51%）―49,492（2.39%）
　ハバロフスク地方では，ナナイの総数は変わらないものの比率が増加している。その他ではタタールが比較的多い。
　　ナナイ　　　10,582（0.37%）―10,993（0.77%）
　　タタール　　17,591（0.90%）―10,972（0.76%）
　　その他の諸民族，民族不明　51,550（1.51%）―41,150（2.86%）
　ユダヤ自治州では主体であるはずのユダヤ人の減少が顕著である。
　　ユダヤ　　　8,887（4.15%）―2,327（1.22%）
　　その他の諸民族，民族不明　6,186（2.89%）―3,508（1.84%）
　アムール州で目立つことは，ロシア人以外でタタール，アゼルバイジャン，モルドヴァ，アルメニア，ドイツなどの混在，チャヴァシの減少である。2002年の民族構成は以下の通りである。
　　タタール　4,889（0.54%），アルメニア　4,045（0.45%），
　　アゼルバイジャン　3,213（0.36%），ドイツ　1,760（0.19%），
　　モルドヴァ　1,258（0.14%）
　　チュヴァシ　2,104（0.20%）―1,206（0.13%）
　　その他の諸民族，民族不明　23,825（2.27%）―14,666（1.62%）
　サハリン州では朝鮮人が多く，ニヴーフがやや増えている。
　　朝鮮　　　　35,191（4.95%）―29,592（5.41%）
　　ニヴーフ　　2,008（0.28%）― 2,450（0.45%）
　　その他の諸民族，民族不明　14,039（1.98%）―13,234（2.42%）
　カムチャッカ州
　　コリャーク　　7,190（1.52%）―7,328（2.04%）
　　イテリメン　　2,296（0.64%）―（2002年データ不詳）
　　カムチャダール　1,881（0.52%）―（2002年データ不詳）
　　エヴェン　　　1,489（0.32%）―1,779（0.50%）
　　チュクチ　　　1,530（0.32%）―1,487（0.41%）

その他の諸民族，民族不明　16,466（3.49%）—24,197（6.74%）

　コリャーク自治管区の場合は，主体のコリャークが相対的に増えているほか，チュクチ，イテリメン，エヴェンも増えている。

　　コリャーク　　6,572（16.45%）—6,710（26.67%）
　　チュクチ　　　1,460（3.66%）—1,412（5.61%）
　　イテリメン　　1,179（2.95%）—1,181（4.69%）
　　エヴェン　　　　713（1.79%）—　751（2.99%）

　チュコト自治管区

　　チュクチ　　　11,914（7.27%）—12,622（23.45%）
　　エスキモー　　1,452（0.89%）—1,534（2.85%）
　　エヴェン　　　1,336（0.81%）—1,407（2.61%）
　　チュヴァン　　　944（0.58%）—　951（1.77%）
　　その他の諸民族，民族不明　7,074（4.32%）—3,034（5.64%）

　サハ共和国では主体のヤクートが総数，比率ともにかなり増加しているのが目立つ。

　　ヤクート　　　365,236（33.38%）—432,290（45.54%）
　　エヴェンキ　　14,428（1.32%）—　18,232（1.92%）
　　エヴェン　　　8,668（0.79%）—　11,657（1.23%）
　　ブリャート　　8,471（0.77%）—　7,266（0.77%）
　　バシキール　　4,190（0.38%）—　2,335（0.25%）
　　その他の諸民族，民族不明　34,218（3.13%）—34,338（3.62%）

　非インド・ヨーロッパ系住民はシベリア全体で数十に及ぶが，以下に見るように，東シベリア・極東地方においては比較的大きい民族は人口を維持している一方，小さい民族では減少傾向が見られる。勿論ユダヤ人は例外的ケースである。

　以下に，エニセイ川以東のシベリア・極東の主な民族についてソヴェート時代と比べて現在の人口が増加しているケースと，減少しているケースに分類してまとめておく（1898年と2002年のデータによる）。

a．増加している民族（表示は1898年人口，2002年人口，主な居住地，言語系統の順）

民族	1898年	2002年	主な居住地	言語系統
ブリャート	417,425	445,175	ブリャート共和国	モンゴル系
ヤクート	380,242	443,852	サハ共和国	チュルク系
トゥヴァー	206,160	243,442	トゥヴァー共和国	チュルク（北）
ネネツ	34,190	41,302	ヤマロ・ネネツ自治管区	サモエード系
エヴェンキ	29,901	35,527	エヴェンキ自治管区	ツングース系
エヴェン	17,055	19,071	北方，サハ共和国	ツングース系
チュクチ	15,107	15,767	北方，チュコト自治管区	旧アジア系
ナナイ	11,883	12,160	北方，ハバロフスク地方	ツングース系
ニヴヒ	4,631	5,162	北方，サハリン州	旧アジア系
セリクープ	3,564	4,249	北方，シベリア中西部	サモエード系
イテリメン	2,429	3,180	北方，カムチャツカ州	旧アジア系
エスキモー	1,704	1,750	チュコト自治管区，旧アジア系	
ユカギール	1,112	1,509	北方，サハ共和国北東部	旧アジア系
ケート	1,084	1,494	北方，エニセイ河中下流	ツングース系？
トファラール	722	837	北方，イルクーツク州	チュルク系

b．減少している民族

民族	1898年	2002年	主な居住地	言語系統
ユダヤ	536,848	229,938	ユダヤ自治州	セム・ハム系
コリャーク	8,942	8,743	北方，コリャーク自治管区	旧アジア系
ウリチ	3,173	2,913	北方，アムール下流	ツングース系
ウデゲ	1,902	1,657	ハバロフスク，沿海地方	ツングース系
チュヴァン	1,384	1,087	チュコト自治管区，マガダン州	旧ア系
オロチ	883	686	北方，ハバロフスク地方	ツングース系
ネギダル	587	567	北方，ハバロフスク地方	ツングース系
アレウト	644	540	北方，アリューシャン列島	旧アジア系

なお，ケレキ（コリャーク人の一派，コリャーク自治管区）は2002年の人口調査で8人と記録されている。また，民族帰属について無回答もある[1]。

ソ連邦崩壊によるシベリア住民の民族構成の変化[2]はソヴェート時代の

政策をも含めて分析せねばならない問題である。

3　人口動態の問題性

　ロシア連邦の人口は体制変化後減少傾向にあり，ソ連邦が崩壊した1991年で148,164千人であったのに対し，2004年の最新資料によると143,782,338人に減少している[3]。しかも，この人口の減少は地方で著しいといわれ，本書の扱うシベリア，極東地方では10年間で半減したところさえ出てきているという。人口問題と関連する平均寿命も年々短くなり，ロシア連邦全体で64.8歳，男性58.5歳，女性72.0歳（2002年）であり，男性の場合欧米諸国の中では極端に低くなっている（以下，全体―男性―女性の順　イギリス77.9―75.4―80.4，ドイツ78.0―74.9―81.0，カナダ79.2―76.5―81.8，アメリカ76.9―74.0―79.7，スウェーデン79.9―77.4―82.4いずれも2001年）[4]。ちなみに，ソ連時代の1958年は男性62.99歳，女性71.45歳，1965年は男性64.32歳（その当時の日本は67.74歳），女性73.41歳（同72.97歳）であった。ロシアの男性の平均寿命は1995年が最低であったが，少し上向いたあと，1998年以降はずっと下がり続けている[5]。沿海地方で見てみる。1989年―68.0歳（男性63.0，女性73.1/ロシア連邦全体の平均69.6，男性69.6，女性74.5　以下同じ），1998年―65.7歳（60.3，71.7/67.0，61.3，72.9），1999年―64.9歳（59.6，71.0/65.9，59.9，72.4），2000年―64.0歳（58.4，70.5/65.3，59.0，72.2），2001年―64.4歳（58.8，70.9/65.3，59.0，72.3），2002年―64.1歳（58.6，70.5/64.8，58.5，72.0），2003年―63.1歳（57.3，69.8/65.1，58.8，72.0）となっている。総じていずれも低くなっている。

　地域に対する優遇措置がなくなり，ヨーロッパ部の都市，都市近郊に人口が集中する傾向[6]，共働きが多く少子化が進んでいること，強いアルコール飲料の消費[7]とコレステロール値の高い油脂食品の料理などがその原因であるとされている。アルコール消費と結びつく原因による死亡者の数を沿海地方で見てみると，1998年341人（男性238，女性103　以下同じ），1999

年362人(256, 106)，2000年424人(284, 140)，2001年455人(290, 165)，2002年549人(375, 174)，2003年549人(353, 196)と，増加の一途を辿っている。

極東沿海地方の人口動態をもう少し詳細にみると，1989年で総数225.6万人（男性111.9万人，女性113.7万人），2000年217.2万人（同106.9万人，110.3万人），2004年205.1万人（同99.0万人，106.1万人）と，15年間で約20万人の減少がみられ，しかも男女とも漸減状態が続いている[8]。

出生率（合計特殊出生率，ロシア全体）は1958年が2.626人，ペレストロイカ期の1985—86年で2.111人であったのに対し，1990年以降2人を切り(1.887人)，漸減し1999年に最低の1.171人となったが，2000年1.214人，2001年1.249人と持ち直している。ただ，ソヴェート期と現在を単純に比較することはできない。ソ連邦には出生率の高い中央アジア系の国が含まれていたが，それぞれが独立した今日では低くなって当然であろう。しかしソ連邦が崩壊した後の推移についてはロシアの動向として読み取ることができよう。

一方，人口1000人当たりで誕生した子供の数の統計では，沿海地方の場合，1989年が15.5人であったのに対し1996年には8.7人と激減した。1999年に8人と最も低くなったが，それ以降は年々増え，2003年は10.5人となっている。同じく人口1000人当たりの死亡者数（沿海地方）は，1989年で8.9人で，生まれた子の数より死亡者のほうが少ない状態であったが，1996年になると死亡者が13人となって生まれた子供の数を4.3人上回った。以来死亡者数は漸増し，2003年で15.8人となっている。1000人当たりで5.1人のマイナスとなり，人口減の実態を物語っている。

乳児の死亡率（0—1歳児）はどうか。1999年におけるロシア全体の平均値(出生100人あたりの死亡率)は16.9人であったが，サハ共和国で18.9人と高い。その他の地域も数値を挙げると，沿海地方19.7人，ハバロフスク地方19.4人，アムール州28.8人，ユダヤ自治州26.4人と高い。そのほかでは，サハリン州13.2人，カムチャッカ州13.8人，マガダン州15.3人とロシア平均より低くなっている。出生児平均余命については，1999年のロ

シア平均が65.93歳であったのに対し，マガダン州のみが65.38歳で平均よりわずかに上で，他は以下の通り低くなっている。沿海地方64.93歳，カムチャッカ州64.37歳，サハリン州64.20歳，サハ共和国64.09歳，ハバロフスク地方63.94歳，アムール州63.99歳で，ユダヤ自治州は特に低くて62.75歳である[9]。

4　人口問題にかかわる経済・社会の動向

　人口面での厳しい数値は経済及び社会の状態と密接に関係する。経済の面で地域間格差が広がり，サハリンを除くと総じてシベリア・極東の経済は厳しい状況にある。ここでは，人口動態に直接影響を与えると思われる二，三の項目に限ってみる。

　極東地域の場合，失業率はサハ共和国13.9％(1999年末，ロシア全体の平均は13.4％)，沿海地方13.7％，ハバロフスク地方14.4％，アムール州16.4％，カムチャッカ州18.2％，ユダヤ自治州19.0％，マガダン州20.6％，サハリン州20.7％と，いずれもロシア全体より高いものとなっている。

　また，自殺者の数の推移は，極東地方の場合，1995年1066人(男性838，女性228)，96年1079人(865，214)，97年1056人(847，209)，98年918人(741，177)，99年976人(784，192)，2000年996人(819，177)となっている。2000年のロシア全体が人口比0.0391％に対し，極東地方は0.014％とかなり低い。これは都市での自殺率が高いこと（地方，農村部は低い）の現れであろう(2001年で見ると，ロシア全体の自殺者は57.3千人，人口10万人以上の町の合計が39.7千人＝69.3％となっている)。

　生活のしやすさに結びつく賃金については，極東地域の1人当たりの平均賃金はロシア全体を100 (1998年4月現在)とした場合，サハ225 (ロシアを100とした基本食料品価格　不明，最低生活費215，以下同じ順で表示)，サハリン174(168，169)，アムール95(124，114)，カムチャッカ209(195，202)，マガダン207 (210，224)，ユダヤ100.4 (121，110)となっている[10]。概ね高いようにみえるが，同時に最低生活費も同時に高く，やりくりは苦しい

状況にあるといえよう。ただ，物価指数などを見ると，物価の値上がりはおさまっているようである。

さらに，生活のしやすさには治安状態も大いに関係する。少々数字は古いが重犯罪率（住民1万人当り。1994年。ロシア平均67.1件）だけを見ると以下の通りである。サハ共和国89.9件，沿海地方98.2件，サハリン州96.0件，ハバロフスク地方119.5件，アムール州75.2件，カムチャツカ州63.5件，マガダン州86.3件，ユダヤ自治州96.0件と，大半がロシア全体の平均を上まわっている。

5　東シベリア・極東へのロシアの進出（歴史）

前著『西シベリアの歴史と社会』（中京大学社会科学研究所叢書9，2000年，成文堂）でシベリアへロシアが進出していった初期の歴史については触れてあるが，ここではさらに東シベリア，極東・太平洋地域への進出ルートを簡潔にまとめておきたい。

まず，ロシアのシベリア進出のルートを四大河川に沿ってまとめてみると以下のようになろう。

a．オビ河系ルート

（イルティシュ川）トボーリスク1587―下流へ下り，合流点からオビ川を遡上―スルグート1594―ナルィム1596―ケツク1597/1605

トボーリスク―イルティシュ川を上り―タラ1594―（オビ川）トムスク1604―（エニセイ川）クラスノヤルスク1628

トムスク―クズネツク1618

トボーリスク―オビ川を下る―ベレーゾフ1593―ナサヴォイ・ガラドーク1595―オビ川河口より内陸部へ―マンガゼーヤ1604―（エニセイ川）トゥルハンスク1607

マンガゼーヤは，ウラルを越えて東進するより少し前に，北極海経由でオビ川河口に達するルートをストロガノフ家が開いて（オランダ人に開かせた）毛皮の産地を確保したが，このオビ川下流域のクロテンの産地として知

られたところである。なお，ストロガノフ家がこのルートに関心を持ったのは，1553 年にイギリス人がロシアへの航路を開いて毛皮をヨーロッパで売りさばいていたことによるとされている。

b．エニセイ川系ルート

トゥルハンスク―エニセイ川を上り―ザカーメンノエ 1626―（ヴェルフニェ・トゥングースカ川との結節点近く）エニセイスク 1619―クラスノヤルスク

トゥルハンスク―ニジニェ・トゥングースカ川を遡る―イレムペイスコエ 1625―ニェプスコエ 1629―（レナ川支流ヴィリュイ川へ）ヴィリュイスコエ・ヴェールフニェエ 1637―（レナ川へ合流）ヴィリュイスコエ・ニージニェエ

エニセイスク―ヴェールフニャヤ・トゥングースカ川を遡り―ルィーブナヤ 1628―（アンガラ川）ブラーツク 1631―さらに遡り―イルクーツク 1652

イルクーツクは東シベリアの中心地となっていく。1764 年にイルクーツク県の県都となり，1803 年にはシベリア総督府，1822 年からは東シベリア総督府（この頃の人口は約 24,000 人を数えた）が設置された。イルクーツクに最初の砦が建設され，町の基ができたのは 1661 年頃とされる。そして 1666 年には「市」に格付けされ，政府から紋章が賦与されている。イルクーツクの建設については，田辺論文を参照されたい。

（エニセイ川）ザカーメンノエ―スレドニェ・トゥングースカ川を遡り―イリムスク 1630―（バイカル湖の北）ヴェフニェ・アンガールスコエ 1647……バイカル湖

現在のイルクーツク州の領域でアンガラ川及びレナ川沿いに道をつけた最初の者はパンチェレイ・ピャンダに率いられた 40 人のコサックであったが，バイカル湖にまでは達しなかった。1628 年バイカル湖方面へヴァシーリィ・ブゲルとマクシム・ペルフィーリエフによる探検，二年後にピョートル・ベケートフによる探検が及んだが，バイカル湖の最初の発見者はエヴェンキ族の話を頼りに 1643 年にラマ（バイカル）の岸に出た五十人隊長クルバト・イヴァーノフとされる。彼はヤクーツク砦に赴いて司令官のピョートル・ゴロヴィンにバイカル湖及び周辺の河川・土地のことを知ら

せた。一方1647年にはエニセイの（コサックの頭目）ヴァシーリィ・コレースニコフがバイカル湖北岸にヴェルフニェ・アンガルスキー砦を築いた。又，その頃にはイヴァン・ポハーボフがバイカルの氷上を進んで南岸に達した。

c．レナ川系ルート

ロシア人が最初にレナ川に出たのは1620年頃とされている。一説によると，パンチェレイ・ピャンダという者（不詳）がエニセイスクから主としてエニセイ川支流をつたって三年がかりでようやく現在のヤクーツクに到達したという。レナ川の支流アルグン川を遡っていくとオホーツク海近くにまで達することが出来た。アルグン川に近いインヂギルカ川をつたっていくと北氷洋にも出ることが出来た。

オリョークミンスキィ1635―ヴィチム川を遡って―（バイカル湖畔）バルグジンスキィ1648……ネルチンスク1659……アムール川

（レナ川左岸）ヤクーツク1632―支流アルダン川を経由して―オホーツキィ1648（前年コサックの越冬基地　1731年砦）

1639年モスクヴィーチンを隊長とするコサックの探検隊はレナ川支流から山を越えて初めてオホーツク海に出た。彼らは600キロメートルにわたってオホーツク海沿岸を探検し，そこに住むギリヤーク人たちから毛皮税（ヤサーク）を徴収して帰還した。

―上流から陸路アムール川へ―アルバズィン1665―アムールを下り―河口へ

ハバーロフの遠征（1649-53）

ポヤルコフの遠征（1643-46）

ヤクーツクは極東への進出の基点となった。

d．アムール川系ルート

バイカル湖を北から回る―ヴェルフニェ・アンガールスコエ1647―バルグジンスキィ1648―ウヂンスキィ1666―ネルチンスク1654

ネルチンスク―シルカ，アムール川を下る―アルバズィン1651―クルマルスキィ1652―アムール河口近くのコソゴルスキィ1655

ブラゴヴェーシチェンスク 1856　アイグン条約締結時命名

アムール河口への探検は何人かによって試みられた。ポヤルコフの指揮のもとに行われたコサック兵によるもの（1643—1646），ハバーロフ一行によるもの（1650—1654？　清国軍襲撃などを受けた）などである。この方面への進出は清国との関係で困難を極めた。アムールのコサック軍は1658年ウスリー川上流で清軍により壊滅させられている。なお，ヴァシーリィ・ダニーロヴィチ・ポヤルコフの遠征は，総勢132人から成るもので，内112人はコサックであった。1644年9月にアムール川河口に到達したようである。そこでは，周辺地域の地名を自分なりに定めた。即ち，今日のアムール川のうちスンガリ川が合流するまでをシルカと呼び，その先のウスリー川との合流点までをシュンガルと名づけたようである。彼の概念では，「アムール」はウスリー川の合流地点より下流部分であった[11]。

e．北部，カムチャッカ，アメリカ，サハリン，日本地域

レナ川河口から北氷洋を経由する探検などにより進出していった。

レブロフによるヤナ川探検 1637年—ヴェルフニェ・ヤンスコエ 1638

レブロフのインヂギルカ川探検 1637年—ザシベルスキィ 1653

コルィマー川河口からのヂェジニョフの探検 1648年—北氷洋を東進，チュコト半島を迂回して南下，アナーディリ漂着。上陸して内地探検—アナディルスキィ 1649

アトラーソフのカムチャッカ探検 1696—99年—アナディルスキィからカムチャッカ半島を南下

ベーリング（1681-1741）の調査・探検について

ピョートルIの死の直前の勅令により行われた第一次調査・探検（1725-30）では，アジア大陸とアメリカ大陸北部に海峡があるかないかを探ろうとしたが，有無は明らかに出来なかった。

第二次（1733-43）は，アメリカ大陸及び日本への航海，シベリア内陸部の自然・住民の研究を目的として行われた。一行にはロシア人だけでなく，ドイツ人，フランス人も加わった。この調査・探検をもとにドイツ人のミュラーは有名な『シベリア史（История Сибири, в 2-х томах）』（1750），グメリン

は『シベリアの旅（Путешествие по Сибири）』(1751-52)，ロシア人クラシェニンニコフも『カムチャッカ誌（Описания земли Камчатки）』(1755) を残した。1741年にはアラスカ海岸にも達し，アレウト列島の一部を発見した。また，その支隊であったシュパンベルク隊はオホーツク海を南下し，日本に達した。以来，日本との交渉が意識され，東シベリア総督ムラヴィヨフ・アムールスキィ（1809-81）の頃からサハリンの帰属問題の交渉が始められ，1875年（明治8年）に両国間に千島樺太交換条約が締結された。

サハリンには17世紀中葉に達していたらしいが，その後清により排除され，ネルチンスク条約以降は接近を避けたようである。ムラヴィヨフの支援を受けてアムール川河口の調査をしたことで知られるネヴェリスコイ（1813/14-26）はサハリンが大陸から離れた島であること，両者を隔てる海峡（ロシアではタタール海峡，日本では間宮海峡）が航行可能であることを確認した。海峡の最も狭い部分の名は，彼にちなんで「ネヴェリスコイ海峡」となっている。

アメリカ，アレウト（アリューシャン）の発見と宣教については第4章で詳述するが，後にモスクワ府主教となり，「シベリア・アラスカの使徒」と称されたインノケンチィ（ヴェニアミーノフ 1797—1879）は1824年（27歳）妻子を伴い，アレウト列島の一つウナラシュカ島に宣教に向かった。苦労して宣教するとともに，現地語を習得して福音書や聖体礼儀の書などを翻訳していった。ペテルブルクのシノード，モスクワでシベリア，アラスカの宣教について訴えて支持を得，翻訳の出版を実現した。彼はイオアン・ポポフ（後にヴェニアミーノフの姓を受ける）が元の姓名であるが，インノケンチィの名を得たのはやはりシベリア宣教に尽くしたイルクーツクの主教インノケンチィ（クリチツキィ 1680/82-1731）にちなんでのことであった。アレウトでの宣教はアラスカからアメリカへのロシア正教の進出につながるものとして重要な意味を持っていた。

f．東シベリア総督ムラヴィヨフ

1847年ニコライ・ムラヴィヨフが東シベリア総督に就任して取り組んだ最大の事業は，150年間停滞していたロシアの極東政策を180度転換させ，

実力でアムール問題を解決することであり，その結果今日の極東における領土の枠組みがほぼ確定した。

　彼の時代は大まかに見ると，欧米諸国が中国に進出し，貿易関係を結ぼうとし，それまで清国との交易関係を独占していたロシアにとっては脅威が生じてきた時代である。海軍力の弱いロシアにとって欧米諸国の極東進出は軍事的にも一大事であった。アムール周辺の領土は清国との共有であったため，清国が欧米諸国に屈してこれを譲渡した場合，ロシアが非常に困難な立場に陥ることは目に見えていたのである。ムラヴィヨフは，こうした情勢を読取り，アムール問題で積極策をとった。アムール川河口地域の探検を海軍大尉ネヴェリスコイの協力を得て行った。1849年自ら極東地方視察の旅をも実施した。ネヴェリスコイの探検によりサハリンが従来考えられていたような半島ではなく，島であること，アムール川河口は外洋船舶の航行が可能であることが確認された。そして1850年河口近くのアムール川上流に哨所が設けられ，当時の皇帝の名前をとってニコラエフスクと名付けられた。皇帝から全権を委任されたムラヴィヨフは，アムール川河口に軍事基地を建設するとともに，さらにそこから日本海に臨むデ・カストリとカムチャッカのペトロパヴロフスクに援軍を急派し，英仏艦隊を退けた。ロシア軍がアムール航行によって事実上この地域を制圧したことをもとに，1855年9月からムラヴィヨフは清国との間に国境確定の交渉を開始した。1857年，プチャーチンが清国との交渉の全権大使に任命された。これ以後清国との交渉は，北京ではプチャーチンが，極東現地ではムラヴィヨフが当たることになった。1856年には第二次アヘン戦争が始まった。その中でムラヴィヨフは国境確定交渉を急ぎ，1858年5月16日二十日間の交渉で愛琿条約の調印にこぎつけた。これにより，アムール左岸がロシア領，アムール・ウスリー両川と太平洋の間の沿海地域が露清両国の共同所有となった。このとき愛琿の対岸にあるロシアの拠点の町がブラゴヴェーシチェンスク（善き知らせの市）と改名されたのである。一方のプチャーチンは別途北京で交渉をつづけ，1858年6月1日天津条約を締結した。さらに，1860年11月には北京条約が締結され，ロシアによる沿海地域

の領有が定められた。ウラヂヴォストークの建設が始められたのはこの頃である。

g．シベリア進出の要点

当初は毛皮の獲得が第一目標であった。毛皮商人の野望のもとに先陣を切って進んでいったのはコサックであり，場合によってはロシアからの流れ者（グリャーシチエ・リュージ）であった。彼らが進んでいった後をロシア政府が砦を築いていく形となった。砦とならんで越冬地として設けられたのが，「冬営地（ジモーフカ）」であった。また，鉱山の開発などを目指す企業家も入っていった。

彼らに続いて入ってきたものが土地を求めての農民であった。先住民は概ね農業を知らず，両者の間には南部シベリアの遊牧民族の地域と比較すると対立関係は少なかったようである。17世紀末の段階で，シベリアのロシア人のうち44パーセントが農民であった[12]。農民の定着までにはそれなりの紆余曲折があったものの，一般的に先住民が種族ごとに反目していたこと，彼らには南の強力なキルギスやジュンガル国家よりもロシアのほうがまだ文化的に映ったことなどが幸いしたといわれている。ジュンガル汗国が清によって滅ぼされたときには，多くの住民がロシアの保護下に進んで入り，その代償として毛皮税を支払うようなことがあったとされている。

一定の住民が定住するようになると教会も彼らを司牧するため進出する。と同時に，先住民に対する正教伝道が行われるようになる。その場合，「宣教」の名のもとに信仰の強要或いは強制的改宗があったかどうか，宣教と並行した先住民への「啓蒙活動」が文明の押し付け或いは先住民の文化の破壊となったか，といった問題が浮上してくる。1714年に出されたピョートルⅠの勅令は異教徒を強制的に改宗させるものであったが，1719年の布告ではそれは修正され，意思に反する洗礼の強要は廃止されたようである。正教会が行ったミッションによっても差異があり，アルタイ・ミッションでは強制的な面が強く，ハカシヤ・ミッションではそうした様子は見られない。その一方で，改宗・洗礼に伴う何らかの「特典」の賦与がな

された。皇帝の勅令に基づき，改宗して洗礼を受けた者には，銅製の十字架が賦与されたほか，ルバーシカ，上着，履物，ミトンが供与された。有力者の場合は，銀製の十字架，ラシャ製の上着，長靴，金銭も与えられた。1731年4月3日の布令では「人頭税の免除」が与えられたほか，5年間のヤサーク免除が保障された。1763年以降は金銭・物品の賦与は廃止された。しかし，ヤサークの免除は広まった。一方，ソヴェート時代の研究では強制・懐柔政策の側面が強調されている。この問題は，ソヴェート時代の文献も含めて検討せねばならない。正教会にとって国家間の問題が浮上してくるのはアムール地域への進出に際してのことである。清国と国境の確定をしなければならなかったが，ネルチンスク条約では不利な条件をのんだロシアが，最終的には清国の弱体を待って有利な愛琿条約，北京条約を結んだ。また，サハリンや海洋への進出に伴っては，日本との関係も生じていった。

6 ロシア人の進出に伴うキリスト教の伝播

ロシア人はシベリアの先住民の間に，概ね，最初は毛皮などを求める商人，次いで政府の後押しを受けたコサックなどの先兵，そして基盤が出来ると農民といった順で入り込んでいった。これらにより先住民族は圧迫を受けた。一方，ロシア人の側では諸々の「啓蒙活動」の一環としてキリスト教の宣教を行った。

シベリアへのロシア人の流入は全てが植民と結びついていたわけではなく，流刑者或いは亡命者もあった。その一例として非正教系のポーランド人キリスト教徒（主なものは1830—31年のポーランド11月蜂起，1863—64年の1月蜂起＝ポーランド反乱の参加者たちなど）やドイツ人，ユダヤ人がいた。それらに伴って非正教系の宗教も移入された。さらには，ロシア正教会から異端視された信徒たちは逃げ場・隠れ家としてシベリアを選ぶことがあった。その中で最大のものは正教会古儀式派であった[13]。本書では，宮崎論文が東シベリアの古儀式派の動向について論じているので参照された

い（第4章）。

　東シベリア，極東，アレウトへのロシアの進出に伴って先住民に対する布教活動も進んでいくことになるが，その面で尽力した二人のインノケンチイ（先に挙げたイルクーツクの主教インケンチイ，「シベリア・アラスカの使徒」とされたインノケンチイ）の宣教の詳細については別稿で扱う。

　アラスカへのロシア正教の宣教についてはここで概観しておきたい。アラスカ及びアレウト列島の発見は，先述の通りベーリングによる第二次調査・探検時の1741年とされるが，実質的なアラスカへの進出も最初は毛皮商人であった。ロシア正教会がこの地の住民に宣教を考えるまでには時間がかかった。18世紀の末にアレウト列島のアムチトカ島に漂着した大黒屋光太夫の漂流記にはそこで毛皮用のラッコを求めてロシア人が来ていたことが書かれていることからも[14]この地域は毛皮採取の前線基地であると同時に，少なくともこの島には正教の伝道は及んでいなかったことがうかがえる。1794年エカチェリーナⅡの命によりサンクト・ペテルブルクのヴァラアーム修道院が10人の若い修道士をアラスカに派遣したことから宣教が始まったとされるのが一般的見方である。一員のゲルマンの働きは顕著で，「聖アラスカのゲルマン」として近年列聖されている。その活動の拠点はカディアク島（ロシア領アメリカの最初の首都であり，1784年アラスカにおける最初の植民をつくったグリゴーリィ・シェリホフやバラノフの毛皮交易の拠点でもあった）に置かれた。住民の抵抗を受けながらも続けられ，アレクサンドルⅠの時代にイルクーツクからイオアン・ヴェニアミーノフ（後にモスクワの府主教になったインノケンチイ）が本格的宣教に赴いた。30年にわたる彼の宣教・啓蒙活動，後にモスクワ総主教となったベラーヴィン（チーホン）の働きなどによりアラスカにおけるロシア正教会の基が築かれた。

　東シベリア，極東，アメリカ地域への宣教問題の研究家グラゴレフは，考慮すべき問題として以下の5点を挙げている[15]。

　1）これらの地域に進出していった者たちの一部や探検などの際に同伴した正教の司祭たちの活動による宣教活動。これに関連しては，新しい地へ進出した者たちが現地の女性とのあいだにもうけた子どもは，認知した

場合正教徒とされる面があったようである。

2）改宗した先住民を経済活動などに利用した側面。改宗者たちからその地のさまざまな生活上のノウハウ（道，航路，自然環境の知識など）を進出者は自分たちの利益・目的のために最大限に利用したのである。これは現地住民とって，場合によっては"裏切り行為"とも映る可能性をはらんでいたであろう。インノケンチイ（ヴェニアミーノフ）は露骨なそうした側面を廃し，先住民に手作業・植樹・住居の建設を教えたり，健康面での生活改善を導入したり，アルファベット・辞書をつくるなど啓蒙的活動をも行った。

3）文化・啓蒙活動の側面。

シェリホフ，バラノフ，そして設立された「ロシア・アメリカ会社」も，先住民のために学校を設立したり，優秀な子どもをロシアへ派遣（留学）するなどの一面をもっていた。文化・啓蒙活動において顕著な働きをした者としてまず挙げられるのは，イルクーツクの主教インケンチィ（クリチーツキー）であろう。彼はセレンギンスクで聖書や聖体礼儀の書を東シベリア，ザ・バイカルの諸民族の言語に翻訳した（1722—31年のこの活動でセンター的役割を担ったのはセレンギンスクの神学校とイルクーツクの聖ヴォズネセンスキィ修道院であった）。

4）正教（公教会）以外の信仰者たちの問題。

古儀式派やその他の分離派セクト，カトリック，ルター派といった当時のロシア正教会の「外」にあるキリスト教のグループも追放・流刑，逃亡，移住などのかたちでシベリアに浸透していった。古儀式派，カトリック，ルター派はシベリアにあってそれなりに組織化された。ここから，ロシア政府とこれに結びつく正教会がこれらの宗教グループに対しどのような対応をしたかは一つの重要な問題となってくる。

　　a．ルーテル派，バプティスト

ルーテル派は宗教改革後間もなくロシアに入ってきた。宗教改革の動きがポーランドにも及び，16世紀半ばにはポーランド・リトアニアにプロテスタントの拠点が生まれ，それらを通じてロシアにも入ってきたのである。

比較的スムーズに入ってきた背景には，ロシアにプロテスタントに対する寛容の雰囲気があったこと（カトリックに比して危険度が少ないとの意識），カトリックのポーランド・リトアニアと緊張関係があったこと，ヨーロッパ諸国との貿易が拡大するなかでドイツ，スウェーデンが大きな位置を占めていたことなどがある[16]。

さらに，ロシア，シベリアへのルーテル教会の浸透は，さまざまな意味において戦争と関連する。一つは戦争によりプロテスタント系の国へ領土を拡大することに伴うものである。もう一つは戦争に伴う捕虜がロシア，シベリアに送られてきたことを通してである。

主なケースのみを挙げると，イヴァンⅣが西欧への出口を求めて行ったリヴォニア戦争(1558—83　リヴォニアは当時ドイツの支配下におかれており，ルーテル派が浸透していた），「動乱時代」におけるポーランドとの緊張関係（偽ドミートリィ2世の時代の1610年にはモスクワのルーテル教会が破壊された），アレクセイ・ミハイロヴィチ帝の時代のドイツ三十年戦争の影響（中央ヨーロッパからのプロテスタントのロシア移民の増加），ピョートルⅠが起こしたスウェーデンとの北方戦争（イングリヤ，エストニア，リヴォニア，フィンランドの一部がロシア領になってルーテル派が著しく増加。スウェーデンのルーテル派の捕虜たちが西シベリアに住むようになった）などである。

加えて，皇帝を含めロシアの啓蒙思想に対する関心度が高い時期にドイツのルーテル派の浸透も増大した。ピョートルⅠ，ドイツ出身の女帝エカチェリーナⅡ（招かれたドイツ人の三分の二はルーテル教徒でヴォルガ中流域に住み着いた。1764年から70年の間に全部で117のドイツ人のコロニーが生まれた。サラトフ県に46，サマーラ県に56）はいうまでもなく，ゲルマン主義者と言われたパーヴェルⅠ，アレクサンドルⅠ（1819年7月20日の布告でロシアにおける福音ルーテルの教会に主教を認めた。デカブリストのペステリ，ヴォリフ，キュヘリベーケル，シュティンゲルはルーテル教徒であった），ニコライⅠ（ルーテル派の教会運営の組織が出来上がった），アレクサンドルⅡ（初期には，サンクト・ペテルブルク地区のルーテル教徒224,095人，聖職者80人，教会数164。モスクワは，信徒数145,937人，聖職者30人，教会88であった。

1868年のロシア全体の信徒数は200万人）などはドイツ，ルーテル教徒に寛大であった。20世紀初頭の統計によると，1904年のペテルブルク教区の信徒数は641,000人，モスクワ教区の信徒数は459,000人であった。勿論，ソヴェート時代には大きな打撃を受けた。ソ連邦崩壊を経た現在は，福音ルーテル教会，統一福音ルーテル教会，インゲルマンランド福音ルーテル教会の三つの全国組織がある。なお，ドイツ人は19世紀後半以降ロシア及びソ連との緊張に伴って強制移住など過酷な扱いを受けたことは周知の通りである[17]。

シベリアでのルーテル派の動きは主として捕虜や流刑者を通じてである。スウェーデン系では1725年にトボーリスク，イルクーツクに小さな共同体が生まれたが，ペテルブルクから反逆的言動を理由に追放になった牧師が牧会したものである。フィンランド系も19世紀の流刑者を通じてであり，エストニア系も1803年の蜂起でヤンブルグ郷から追放されてやってきた者たちに端を発する。ラトヴィア系はバルト海地方から追放になったものたちによる。

バプティストについても若干触れておきたい。バプティスト派は1879年の法によりルーテル派系として認められたが，当初はドイツ人住民にのみ広まっていった。バプティストの動きはロシア正教徒の間では「シュトゥンディズム」，「シュトゥンド・バプティズム」の名で呼ばれ，1870年代以前は正教とそれほど対立関係がなかった（結婚式や葬式は正教式で行っていたふしがある）が，70年代に入って独自性を強め，正教から離れていった。そのため，1894年には7月4日付けの布令により「最危険セクト」として禁止されるにいたり，迫害の対象となった。同時にシベリアやカフカースへ強制移住されることになった。1891年政府はバプティスト家族数組をエニセイスク県とイルクーツク県に送った。その後1905年4月17日の信仰の寛容策に関する布令，1906年10月17日の古儀式派及び宗教セクトの組織の形成とそれらに加わる者の権利と義務に関する布令で迫害は法的には中止されることになった。シベリアから帰還するものもあったが，そのまま残るものも多く，シベリアにおける基盤が出来ていった。こうした流れ

において，シベリアにおけるバプティスト派の創設日は，オムスクに3人から成る最初の共同体が誕生した1897年1月6日とされている[18]。

b．カトリック教会

10世紀末に正教国となり，半世紀後に東西教会の分裂を経験したロシアにとってカトリック教会，或いはカトリック教国との関係は概ね芳しいものではなかった。ロシアへのカトリックの影響は脅威として受け止められた。14世紀半ばにタタール軍を破りキーエフを含む東ウクライナを併合した（1362年）リトアニアが1386年大公ヤガイロの結婚によってポーランド王を兼ねることになって，カトリック勢力がロシアと直接境を接することになった時期，16世紀に宗教改革後一時的にプロテスタントの影響を受けたポーランドがイエズス会の活動によって奪還され，ポーランド経由で進出しようとした時期はその典型である。そして1596年のブレストの合同により東方典礼カトリック教会が生まれたウクライナからは神学の面でも影響が及び，正教会側は対応策を迫られた。ロシアへのカトリックの流入は，主として戦争の際の捕虜を通じてのものであった。先にも見たように，「動乱時代」にはポーランドの政治的介入が及び，混乱を収拾するにあたって多くのポーランド人が捕らえられた。ポーランドとの関係で言えば，エカチェリーナIIも積極的に加わった「ポーランド分割（1772, 1793, 1795）」でロシアがポーランドの東部を抱え込むになり，カトリックの影響もより大きなものとなる可能性が生まれた。さらに，捕虜はポーランド反乱（1830）の参加者たち（数千人の規模），1863—64年の反乱の参加者が流刑者として遠くシベリアへ送られた。西シベリアのトムスクでも，東シベリアのイルクーツクでも19世紀全体にわたってカトリック教徒の根幹部分を成したのは流刑者，懲役囚であった。増加とともに教会が建てられていった（聖母庇護教会が献堂されたのは1833年10月1日）。ニコライIはウクライナ西部とポーランド南部にまたがるルテニヤおよびリトアニアのウーニア派を強制的に正教会へ改宗させようとしたが，そうした政治的理由によりシベリアに流されてきた者たちもあった。

これらの経緯を経て20世紀の初頭には，ロシア帝国のカトリック人口は

1,050万人，教会数は約5,000，司祭は約4,300人となっていた。司教区は12，その内7は歴史的事情を反映して，ワルシャワ司教区を始めポーランド王国の領土にあった。ソヴェート時代は厳しい弾圧のもとにおかれたが，リトアニアとラトヴィアに中心があった。

　シベリアのカトリックに関しては，19世紀の中心はベラルーシ東部に位置するモギレフ大司教区に属していた。1808年には存在を公的に認知されてイルクーツク県とトムスク県に国庫金で三人のローマ・カトリックの司祭に給与が支払われることになったほか，注目すべきは1811年にシベリア総督ペステリが対中国関係という政治的判断のもとに，幾人かのイエズス会士を招請したことである。中国には同じイエズス会が宣教師を派遣していたからである。イエズス会のほかでは，1806年から12年にかけてドミニコ会の宣教がイルクーツクで行われた。1820年にはベルナルディン・フランシスコ会がそれを受け継いだ。そして1825年にイルクーツクに最初の教会(聖母被昇天教会)が建った。東シベリアにおける最初の公的組織は，1820年設立のイルクーツク教区（イルクーツク地方とヤクーツク地方の全域を含む，面積の面では当時世界で最も広い教区）とされる。1842年にはネルチンスク教区も誕生した。その当時イルクーツク教区で約1,350人，ネルチンスク教区で約1,000人の信徒を数えた。1866年にはニコラエフスク・ナ・アムーレにも教区が誕生した（1890年にはウラヂヴォストークに移る）。これらの教区はモギレフ司教管区に属した。

　一方，先に述べた，捕虜としてシベリアに送られたポーランド人カトリック教徒が増大し，教会もポーランド語でコスチョールと呼ばれることさえあった。家族を含めた場合，1863年524人，64年10,649人，65年4,671人，66年2,829人（内，3,894人が徒刑囚，2,153人が強制移住・流刑）というデータがある[19]。19世紀の末から20世紀の初めにはシベリア鉄道の開通とストルイピンの農業改革の推進との関係で西部ロシアのカトリック系の労働者や農民が東シベリアに移住してきた。1894年から1911年にかけてイルクーツク地方のカトリック教徒の数は約5倍の30,000人に達した。エニセイ地方でも，1898年の5,000人から1912年には15,000人に増大した。さ

らに 1909 年司教ヨハンネス・チェプラクがシベリア全土とサハリンを旅したこと機にシベリアへの宣教機運が高まり，多くのカトリック教徒がシベリアに来たった。やがて司教管区がイルクーツク或いはトムスクに設けられるところまでいきながら実現しなかったものの，シベリアへのカトリックの浸透は進展した[20]。

　社会主義体制に入ると，20 年代の初めからシベリアのカトリック教会にも圧力が加わり，イルクーツク，ウラヂヴォストーク，トムスク，オムスクの司教管区がモギレフの大司教管区から分離させられて「司教代理」管区となった。1923 年 2 月 2 日にはウラヂヴォストーク司教座が設立され，これに沿海地方，アムール地方及びサハリン島北部（南部は日本の札幌教区の管轄に）が管轄されることになった。しかし，この頃から圧迫が強まり，20 年代の末にクラスノヤルスクの教会，30 年代初めにはチタ，ウラヂヴォストーク，ハバロフスク，アレクサンドロフスク・サハリンスキィの教会，1938 年にイルクーツクの教会が閉鎖された。スターリン時代にはウクライナ，ベラルーシ，バルト諸国から弾圧を受けて追放されたカトリック信徒がシベリア，極東に移された。ソ連時代は他の宗教組織同様弾圧の対象となって教会の力も減退したが，1991 年 4 月 13 日にロシア全体をヨーロッパ部とアジア部に二分する形で組織化され，復興が始まった。司教 Joseph Werth がアジア部を管轄することになり，ウラル以東太平洋にいたる地域をカバーすることになった。

　東シベリアでは，マガダンの「主の誕生教区」が政府に公認された最初の教区として生まれた(登録されたのは 1991 年 1 月 3 日)。これはアラスカのアンカレッジの大司教 Francis T. Hurley の影響によるところが大であったとされる。その後クラスノヤルスク (1991.5.15)，イルクーツク (1991.9.14)，ウラヂヴォストーク (1992.1.4)，南サハリン (1993.2.25)，アルダン (1992.1)，ハバロフスク (1993.10.1) などに教区が生まれた。1999 年 5 月 18 日に東シベリアを管轄する組織が生まれ，続いてザ・バイカルのチタ，ウラン・ウデ，極東地域のアルセニエフ，ウスリースク，コムソモーリスク・ナ・アムーレ，ニコラエフスク・ナ・アムーレ，レソザヴォーツ

ク，ペトロパヴロフスク・カムチャツキィの教区が設立されていった。なお，前述の南サハリン及びクリール列島は札幌の司教の管轄から独立したようである。

　なお，現在ロシア連邦にはチェリャビンスク，イルクーツク，カザン，マガダン，ペンザ，リャザン，サマーラ，シズラン（ヴォルガ沿いの町で，ドイツ人を中心にした教区となっている），ウリヤノフスク，ウラヂヴォストーク（二人のアメリカ人司祭が管轄），ヤクーツク（サレジア会が担っている）の11の司教区があり，東シベリア・極東地区には4教区あることになる。カトリック教徒の概数は西部ロシアで30万人，モスクワ6千から1万人（うち外国人3万5千人），アジア地区10万人と見積られている。但し，実際に定期的に教会に通う者はずっと少なく，西部ロシアでは約1万人（モスクワ3,000から4,000，サンクト・ペテルブルク2,000，カリーニングラード2,000から3,000），ヴォルガ及びウラル地域600—800，北カフカース500—600，北部ロシア500以下との見方もある。最近の動向として特徴的なことはカトリック系の外国人（ビジネス関係，外交官，留学生など）のロシア滞在が増えていることである（ここでも定期的に教会に通うものは一部）。現在ロシアにいる司教は4人である。タデウシ・コンドルシエヴィツ（Tadeusz Kondrusiewicz, 大司教，ヨーロッパ・ロシア北部），クレメンス・ピッケル（Clemens Pickel, ヨーロッパ・ロシア南部），ジョセフ・ワース（Joseph Werth, 西シベリア），イエジィ・マズール（Jerzy Mazur, 東シベリア）で，215人の司祭が奉仕している。

　5）ポストソ連の宣教の再開

　ソ連邦が崩壊し，宗教の自由が拡大した今日，広大なシベリア・極東地域は正教会だけでなく，キリスト教諸派にとって，重要な宣教の場となっている。ソヴェート体制のもとでシベリア・極東住民の大半が強制的に宗教の外に置かれていたわけで，体制の変換に伴う混乱の中で一つのよりどころとしての宗教への回帰の要素が宣教活動の再開とも結びついているのである。一例として，現在のサハ共和国の宗教関連の組織リスト[21]を見ると，ヤクーツクなど中心部で仏教関連3（ヤクーツク1，ネリュングリ2），キ

リスト教系 24(ロシア正教会 14, カトリック 2, プロテスタント福音派 2, 正教古儀式派 1, ペンテコステ系 1, セブンスデー・アドヴェンティスト 1, 不詳 3), イスラム 2, その他の宗教 2, 周辺部ではキリスト教系 49(正教系 25, 古儀式派 1, カトリック 5, プロテスタント 12, セブンスデー・アドヴェンティスト 2, 不詳 4)が教会, 伝道所, 慈善活動の組織などとして存在しており, かなりの数となっている。

この他に, 中国, 日本或いは朝鮮との接触の中でこれらの地への宣教の問題が取り上げられてくる[22]。

7 流刑地としての東シベリア

シベリアには「流刑地」のイメージが結びつき, この問題を抜きにしてシベリアを語ることはできないので, 概観しておきたい。

刑事犯罪への刑罰として「流刑」という名が登場したのは 1582 年の勅令からである。ただ, それは法典に補足された布令の形であった。独立した刑罰としての「流刑」は 1649 年の「会議法典」からである。それまでは, 流刑は基本的に失脚した貴族やさほど危険でない犯罪人に対する刑罰であった。つまり追放の意味合いであった[23]。「会議法典」で悪党, ペテン師, 強盗, 密造者, その他の不正行為者・犯罪者など 10 の部類への刑罰として適用されるようになった。同時にシベリアとレナ川への流刑が直接言及された。1679 年と 1680 年の勅令では, それまでは両腕, 両足, 指二本切断を言い渡されていた窃盗犯がそれに加えてシベリアに送られることになった。この他に流刑の対象者とされたのはラスコーリニキなど教会への反抗者があった。政治的な反乱分子も対象とされた (イヴァンIVの皇子ドミートリィ殺害のあとウグリチの住民が全てシベリアに流された件, 反乱を起こしたプスコフの住民の多くが 1650 年に流刑になった件などは, 政治と絡んだ集団流刑の一例である)。17 世紀の初めには偽金を造った役人たちがシベリア流刑となった例が残されている。

流刑に関連して重要なことの一つは, 18 世紀に入るまでは妻子ともども

家族単位で流されていた点である。さらに，流刑に「懲役/徒刑 каторга」を導入したのはピョートルⅠ時代の1691年であったことである。懲役は港，城砦，道路の建設，酒の醸造，製塩にかかわる労働と結び付けられたようであるが，これは「シベリア開発」と結びつく要素をはらんでいた。徒刑囚のシベリア行きは18世紀の初めからで，ネルチンスクの金鉱，銀鉱の開発とも絡んでいた。徒刑には「永久徒刑」と「一時徒刑」の二種類があった。前者は死刑に代わるもので，鞭刑と烙印が伴われた。エリザヴェータ帝は死刑を廃止し，代わって犯罪者に「永久徒刑」を課した。流刑には「強制移住」(犯罪人などに適用。あらゆる権利の剥奪を伴った)，「生活付流刑」(特権階級に適用)，「収容流刑」(農民・町民などに適用)があった。

　流刑になる者たちは，大きく分けると，高い身分の謀反者，最も多いケースであった反乱参加者たち，農奴，刑法犯罪人，社会活動家・革命家，外国人捕虜などに区分される。

　流刑地は当初アルハンゲリスク，ウスチューグ，プスタジョールスク，シムビールスク，ウファーそしてシベリアであった。16世紀から17世紀においては，シベリア流刑は比較的稀なものであった。その後アゾフ，オレンブルグ，タガンローグ，カフカースさらには西シベリアのイルティシュ，オホーツク海，ザ・バイカルなどが加えられていった。ヨーロッパ部分の北方の僻地から徐々に南方及びシベリア，極東へ拡大されていったということで，ロシアの拡大・植民と並行するものだったと見てよいだろう。シベリアに限定すれば19世紀の初めまでは，強制移住的なものは西シベリア，懲役を伴うものは東シベリアということであった。

　1822年は流刑問題に関して見落とせない年である。この年，「流刑囚に関する法」が定められ，各県や州に流刑囚を扱う役所が設置された。この年定住流刑者は6段階に分類された[24]。19世紀にシベリアに送られた人間は86万4,500人というデータがある[25]。

　シベリア流刑についてもう少し詳しくたどってみたい。その歴史は1586年にトボーリスクに刑事犯罪取締庁 (Разбойный приказ) が設置されて逃亡農民，反乱者，種々の盗人 (тать) を扱うようになったところから始まる。1649

年の「会議法典」でレナ川とヤクーツクと流刑地も定められた。

　1662年の段階でシベリアへの流刑者は既に8千人に達していた（全住民は7万人）。シベリアへ送られた主な者たちを拾い上げてみると，先にも述べたドミートリィ殺害に伴うウグリチの住民，皇帝ボリス・ゴドゥノーフを毒殺しようとした大貴族ヴァシーリィ・ロマーノフ，イヴァンⅣの寵臣でもあったボグダン・ベリスキー（ボリスの死後帰還を許された），偽ドミートリィ（グリゴーリィ・オトレーピエフ）に疑いをかけられた伯父，ロマノフ朝初代のミハイール帝の時代に入っては軍を扇動せんとして疑いをかけられたカザンの軍司令官ニカノール・シュリギン，アレクセイ・ミハイロヴィチ帝の時代のスチェパン・ラージンの反乱参加者たち，僭称皇子シメオン・アレクセーエヴィチ，小ロシアから独立した国を創設しようとしていると訴えられたヘトマンのイヴァン・サモイロヴィチと息子（紙もペンも取り上げられ，人々も近づけさせられなかったという。最後はトボーリスクで死），ピョートルⅠ時代に反乱を起こした銃兵隊のメンバーたち，ニーコンの改革を"新しい信仰"の導入と見て頑なにそれに反対した古儀式派のアヴァクーム，大貴族夫人のモローゾワなどである。

　18世紀の前半には，北方戦争時スウェーデンと組んでウクライナのロシアからの離脱を図ったマゼーパの甥でスウェーデンの助けを得てヘトマンとなったアンドレイ・ヴォイナロフスキィ（ヤクーツクへ家族ともども流され，23年後当地で生涯を終えた），ピョートルⅠの死後後継者と有力貴族のメンシコーフの娘との結婚を妨害しようとしたとしてメンシコーフから告発された海軍アカデミーの長，宗務院長をも務めたグリゴーリィ・スコルニャコフ＝ピーサレフ（レナ川地方へ送られた）など有力者も流刑されるケースが増加した。

　1760年に地主貴族は農奴を裁判なしでシベリアに強制移住させることが許される法，1765年に農奴をシベリア徒刑にする権利が与えられる法ができたことにより[26]，シベリアの開拓上農民が必要なこともあってシベリアに移される農民の数が一挙に増大した。

　シベリアには外国人も多く流された。最初の例の一つは，アレクセイ・

ミハイロヴィチ帝の時代に独自のパン・スラヴィズムの理念を説きに来た「ラテンの僧」ユーリィ・クリジャニチ(27)がトボーリスクに流されたケースである。北方戦争時にはスウェーデンのカール 12 世の軍隊の捕虜たちがトボーリスクに送られた。彼らを通じてシベリアにルター派の信仰が入ってきたとも言える。次に挙げなければならないのはポーランド人である。最初のポーランド人流刑者はウクライナをめぐって行われた 1658 年の戦争後のことである。次はコスチューシコ (1746-1817) の軍隊に加った者, 1830 年から 31 年にかけてのポーランドでの蜂起参加者, 1863 年から 64 年のポーランド反乱参加者たちである。1866 年末でシベリアのポーランド人は 1 万 8 千人におよんだといわれる。

ユダヤ人も多くシベリアに送られた。今日のノヴォシビルスク州のクイビシェフに当たるカインスクには特に多く,「ユダヤ人のエルサレム」との名がつけられたほどであった。

シベリア流刑では革命運動と結びついた政治犯を抜きにすることは出来ない。その意味でデカブリストのシベリア流刑は大きなテーマである。反乱後 121 人がシベリア徒刑ないしは流刑となった。1826 年からムラヴィヨーフ兄弟, トゥルヴェツコイ, ヴォルコンスキィ (ナポレオン戦争時のロシア軍総司令官クトゥーゾフの副官をつとめた陸軍少将), プーシチン, ルイレーエフ, ベストゥージェフ兄弟, キュヘリベーケル兄弟, オドエフスキィなどがシベリアに送られた (7 月 21 日, ダヴィードフ, ニキータ・ムラヴィヨフ, オボレンスキィ, ヤクボーヴィチが第一陣。二日後の 7 月 23 日に第二陣のヴォルコンスキィ, トゥルベツコイ, ボリーソフ兄弟が発った。それぞれ別の三頭馬車に乗せられ, ひとりずつの憲兵がついていた)。イルクーツクに送られた者は 1 ヵ月後の 8 月 27 日と 8 月 29 日に着いている。アレクサンドル・ムラヴィヨフの場合は 26 年 7 月 10 日にヤクーツクに向けて送られた。イルクーツクから先の収容地はさまざまなケースがあるが, イルクーツクでは総督代理ゴルロフが出迎えた。彼らは近隣の製塩工場やウォッカ工場へそれぞれ配属されて懲役生活が始まった (ゴルロフの好意により, 他の刑事囚が受ける重労働は免除され, 民家に分宿して, かなり自由な生活を送ったともい

う）。

　その先はネルチンスク鉱山やチタへ送られた。前者の場合，そこに妻たちの一部が運命を共にすべくやってきた（ヴォルコンスキーの21歳の若妻マリア，トルヴェツコイ夫人のエカチェリーナ・イワーノヴナなど）。1826年9月10日付の勅令によれば，シベリアに向かう妻たちは貴族の身分を失って，「流刑囚の妻」とされ，生まれてくる子供は「国有地農民」の身分とされることとなっていたほか，多額の現金や貴金属類の携行も禁じられ，行動を厳しく制限される「誓約書」に署名を強要された。内容は許可なしの文通，持参品の処分，居所を離れることの禁止などであった。一年後の1827年秋にはネルチンスクからチタへ移された。さらに妻たちに関する政府からの指令により，いかなる使用人も身近におくことが禁じられた（要塞監獄の外で夫と別居して生活する場合にかぎり使用人をおくことを許されるが，男一人，女一人を超えることはできなかった）。また，監獄外で夫と別居する場合，夫と面会することが許されるのは三日に一回とされた。第三者（使用人など）が代理で面会することも厳禁であった。

　チタでは代理監獄として二軒の農家（まわりを木柵でかこみ，窓はすべて三分の二ほど板がうちつけられ，外側から鉄格子がはめこまれていた）があてられ，一方に25名，他方に22名が収容された。各部屋一人ずつ歩哨が立ち，便所に行く場合付添が2名つき，庭に2名，門のわきに1名の警備兵がいたと当時の覚書が物語っている。作業として課せられたことは，道路の清掃，糞尿の搬出，氷割り，新監獄の建設などであったとされる。当初は読書や書き物もままならず，食事も悪かった。新しい獄舎が彼ら用に建てられたが，倉庫と5部屋からできていた。そこでの生活はかなり改善されたようである。一端を紹介すると，食卓は共同で，大きな鍋一杯のシチュー，柄杓一杯分の牛肉片，パン，バター入りのカーシャ（粥）などが出され，単純なものではあったが，十分かつ健康的なものであっという。それは監獄に菜園があってさまざまの野菜が植えられていたからである。収容者は手作業に取り組んだ。ニコライ・ベストゥージェフなどは器用にも靴を縫い，時計を直し，木彫まで行ったという。彼は指輪，十字架，ブレスレットな

どを作ってはロシアに送ったとされる。言語の研究に当たるものもあった。この頃には内外の書籍・新聞・雑誌類が許可され，また親族から送られてくる本で「図書館」すらできあがった（ニキータ・ムラヴィヨフの母は，ロシアに残してきた彼の膨大な蔵書を送ってきた）。音楽の才能を活かしてユシュコフスキィ（ピアノ），ヴャトコフスキィ（バイオリン），クリュコフ，スヴィストゥノフ（ともにチェロ）はクァルテットを編成して慰みとした（ルーニンとオドエフスキィがピアノ，フォンヴィージンとファーレンベルクがバイオリンをひいたとの説もある）。共同で住んでいたようであるが，例外的にルーニンのように，一人小さな小屋を立てて住み，カトリックの信仰に従って生活を律した者もいた。1828年以降は枷がとられた。チタには七人の女性（妻や婚約者）が来た。反乱を試みるものもあった（陸軍中尉のスヒーノフ。失敗して死刑を宣告されたが，処刑前夜に首をくくって自害）。1830年の秋にはイルクーツク近くのペトロフスキィ懲役工場へ移された。流刑生活も10年目を迎えるころ，多くが刑期を終えて，徒刑囚から強制移住囚に身分をきりかえられ，ペトロフスキィから他の流刑地に個別に移されていった（例えば，ヴォルコンスキィ夫妻は1835年にイルクーツクに近いウリク村で新たな流刑生活にはいった）。1840年，シベリアで生まれた子供たちをロシアに送って教育を受けさせることが許可された。但し，子供たちは父親の名前により新たな姓をつけることが条件付けられた。ニキータ・ムラヴィヨフの子がニキーチンという姓になるといったことであったが，これには多くが同意しなかった。一人ダヴィードフのみ子供を自分の名からの姓ヴァシーリエフとしてロシアに送ったと伝えられている。

　なお，デカブリストの裁判で徒刑を受ける場合，刑期がいくつかに分かれた。「永久（無期限）懲役」（後に20年に短縮されるケースが多かった）以下，20年，15年，12年，10年，8年，5年，2年などがあったが，ブリャーチャで流刑生活を送った者たちの場合でみると，永久懲役刑がミハイル・ベストゥージェフ，ニコライ・ベストゥージェフ，アンドレーエヴィチ，オボレンスキィ，ピョートル・ボリーソフ，アンドレイ・ボリーソフ，20年がヴィリゲリム・キュヘリベーケルといったところであった（詳しくは注28

参照)。

　デカブリストが名誉を回復するのは，ニコライⅠの死後即位したアレクサンドルⅡが宣言を出した1856年のことであったが，ブリャーチヤに流されたデカブリストでその頃まで生き残った者はわずかであった[28]。ちなみに56年までシベリア（全域）にいた者たちを挙げると，I. A. アンネンコフ (1827-56　ニージニィ・ノヴゴロドで1878年死)，N. V. バサルギン (1827-56 モスクワで1861年死)，G. S. バチェンニコフ (1826-56　カルーガで1863年死)，F. M. バシマコフ (1828-59　トボーリスクで1859年死)，M. A. ベストゥージェフ (1827-67　モスクワで1871年死)，V. A. ベチャスヌィ (1827-59　イルクーツクで死)，P. S. ボブリシェフ・プーシュキン兄弟(1827-56　モスクワで1865年死)，A. A. ブィストリツキィ (1827-56　モギレフで1872年死)，Ap. V. ヴェヂェニャーピン (1826-57　セリシチェで1861年死)，S. G. ヴォルコンスキィ (1826-56　チェリャビンスク県で1865年死)，P. F. ヴィゴドフスキィ (1827-56　不詳)，I. I. ゴルバチェフスキィ (1827-69　ペトロフスキィ・ザヴォードで死)，Kh. M. ドルジーニン (1828-57　シンビールスクで死)，D. I. ザヴァリシン (1827-63　モスクワで1892年死)，V. P. コレースニコフ (1828-76　イルクーツクで死)，A. A. クリュコフ (1827-59　ミヌンシンスクで死)，M. K. キュヘリベーケル(1827-59　バルグズィンで1859年死)，A. N. ルツキィ (1827-70　ネルチンスクで1870年代末死)，Yu. K. リュブリンスキィ (1827-57　ペテルブルクで1873年死)，M. I. ムラヴィヨフ・アポストル (1827-56　モスクワで1886年死)，E. P. オボレンスキィ (1826-56　カルーガで1865年死)，A. V. ポッジオ(1827-59　チェルニゴフ県で1873年死)，I. I. プーシチン (1828-56　ブロンンツァフで1859年死)，V. F.ラエフスキィ (1828-72　オロンカフで死)，P. N. スヴィストゥノフ (1827-56　モスクワで1889年死)，V. N. ソロヴィヨフ (1827-56　リャザンで1871年死)，S. P. トルベツコイ (1826-56　モスクワで1860年死)，A. I. チュッチェフ (1827-56　クラギンスコエ村で死)，P. I. ファレンベルク(1827-59　ベルゴロドで1873年死)，A. F. フロロフ(1827-58　モスクワで1885年死)，V. I. シュテインゲリ (1827-56　ペテルブルクで1862年死)，D. A. シチェーピン・ロストフスキィ

(1827-56 ロストフで死)、I. D. ヤクーシキン (1827-56 モスクワで1857年死) である。

チェルヌィシェフスキィ、ドストエフスキィを含めてペトラシェフスキー・サークルのメンバー、ナロードニキそしてマルクス主義の革命家の多くがシベリアを経験した。ウリヤーノフ（レーニン）は1897年に東シベリアへ流され、トロツキィも1898年の逮捕後レナ川へ送られている (1902年に脱走)。クループスカヤ、ヨシフ・ジュガシビリ（スターリン）は6回の流刑経験を持っている(1903年東シベリア、1908年ソリヴィチェゴーツクへ二回、1911年ヴォーログダ、1912年シベリアのナルィム地方、1913年シベリアのトゥルハンスク地方。最後を除いていずれも逃亡)、ウリーツキィ、スヴェルドロフ、ルィコフ、ヤロスラフスキィ、オルジョニキーゼ、ペトロフスキィ、バダーエフ、ミツケーヴィチ、ジェルジンスキィ、フルンゼなどもそうである。

チェーホフがシベリアを横断してその地の監獄の実態を調査したサハリンに最初の流刑者集団が送られたのは1868年であった。懲役が存在していた時期 (1905年まで) にサハリン島に送られた者は3万人以上に及ぶ。政治犯としては、アレクサンドルⅡ暗殺に加わった〈人民の意志〉派のトリゴーリン、リュドミーラ・ヴォルケンシュテイン（共に10年以上シュリッセリブルクの監獄で過ごしたあとサハリンに送られている）、アレクサンドルⅢ暗殺事件関連でのヴォルホフ、ガルクン、カンチェル (10年の期限)、ブロニスラフ・ピルスツキィ (15年) などが挙げられる。懲役人は通常最初に2―3年監獄で体験期間を過ごした上、住居に分散して住み、手作業や漁猟などに従事したようである。サハリン監獄の様子を伝えたのはチェーホフのほかに、有名なジャーナリストのヴラス・ドロシェヴィチがいた。旅行家のアキフィエフも日記にサハリンの徒刑囚やその生活のことを伝えている[29]。

以上、東シベリア・極東にかかわる問題を概括した。今日の東シベリア・極東を考える場合にはこのほかに天然資源の問題、シベリアのタイガの衰弱やバイカル湖の汚染に見られる環境の問題（渡辺論文参照）、隣接する中

国・北朝鮮及び韓国,日本との政治・経済・軍事にかかわる問題,わが国の関係でいえばシベリア出兵やシベリア抑留問題などが重要であろう。すべてを網羅することはできず,本書では主として歴史・文化を扱うこととなった。文化の面に関して言えば,先住民族の言語問題(佐藤論文,清水論文参照),異文化交流の問題,エコロジーにも敏感であった(シベリア在住の)「農村派」作家たちの問題(作家の一人ラスプーチンをめぐっては水野論文参照)などもある。

注

(1) Государственный комитет Российской Федерации по статистике, *Российский Статистический ежегодник 2002, статистический сборник*, Москва, 2002
「ニジェガロ—ツキー・ドヴォール」HP
http://www.hi-net.zaq.ne.jp/nizhniy-kobe/nationalities.htm を参照した。なお,1989年の人口は1989年1月12日実施の国勢調査,2002年人口は2002年10月9日実施の国勢調査による。

(2) 数的変化に関しソヴェート時代の統計として,
Российская Академия Наук, Сибирское отделение, Институт истории ОИИФФ, *Этнодемографические взаимодействиея народов Сибири в XXв*. (Историко-статистические документы), Новосибирск, 2003 がある。

(3) ロシア連邦の人口の変遷　単位千人

1991	1993	1995	1997	1998	1999	2000	2001
148543	148673	148306	147502	147104	146693	145925	145184

(4) 旧ソ連邦各国の男性の平均寿命も,以下の通り総じて低い。
ベラルーシ62.8歳,カザフスタン60.3歳,キルギスタン65.0歳,ウクライナ　62.4歳
比較的高いのは,アゼルバイジャン68.6歳,アルメニア71.0歳
Приморский край (статистический ежегодник), официальное издание 2004, Владивосток, 2004による。

(5) 1991年から2001年まで。ロシア全体—男性—女性の順,右は農村部

1991	69.01	63.46	74.27	67.73	61.70	73.87
1992	67.89	62.02	73.75	66.87	60.67	73.45
1993	65.14	58.91	71.88	64.28	57.94	71.51
1994	63.98	57.59	71.18	63.17	58.75	70.82

1995	64.64	58.27	71.70	64.06	57.70	71.50
1996	65.89	59.75	72.49	64.67	58.44	71.85
1997	66.64	60.75	72.89	65.10	58.94	72.29
1998	67.02	61.30	72.93	65.77	59.90	72.32
1999	65.93	59.93	72.38	64.82	58.63	71.55
2000	65.27	59.00	72.20	64.18	57.99	71.55
2001	65.29	58.96	72.34	64.20	57.90	71.79

Государственный комитет Российской Федерации по статистике, *Российский статистический ежегодник 2002, статистический сборник*, Москва, 2002

(6) 2002年国勢調査によると，国民の73パーセントが都市に住む。また，人口の20％が13の百万人以上の都市に暮らしている。

東シベリア・極東地区で10万人以上のいくつかの都市人口の推移をみると以下の通り（1991，1995，1998，2000，2002の順　単位千人）。

　ブラゴヴェシチェンスク　　210―213―217―221―220　やや増
　ブラーツク　　　　　　　　289―285―281―279―278　減
　ウラヂヴォストーク　　　　645―629―616―603―595　減
　イルクーツク　　　　　　　587―581―590―590―583　変わらず
　マガダン　　　　　　　　　155―128―122―121―120　減
　ウスチ・イリムスク　　　　113―111―108―106―107　やや減
　チタ　　　　　　　　　　　331―319―313―307―300　減
　ヤクーツク　　　　　　　　194―193―196―196―201　やや増
　ユジノサハリンスク　　　　181―177―177―176―176　やや減

(7) 英国の分析調査会社Datamonitorの調査によると，2002年の高アルコール飲料の消費は2030万米ドル（約20億円）に達するとされる。飲料の種類では，ウォッカ79.3％，コニャック・ブランデー14.2％，ラム酒・ウイスキー1％未満となっている。

(8) 極東地方の人口の変遷（年初　単位千人）

	1991	1993	1995	1997	1998	1999	2000	2001
全　体	8057	7900	7625	7422	7336	7252	7160	7098
サ　ハ	1109	1074	1036	1016	1003	989	977	974
ユダヤ	220	219	212	208	205	203	199	198
チュコト	154	124	100	85	81	77	72	69
沿　海	2299	2302	2273	2236	2216	2197	2174	2158
ハバロフスク	1631	1621	1588	1557	1546	1534	1518	1507
アムール	1074	1063	1041	1031	1023	1015	1006	998
カムチャッカ	473	456	423	404	397	390	383	378
コリャーク	40	38	34	32	31	30	29	29
マガダン	380	327	279	251	246	240	233	227
サハリン	717	714	673	634	620	608	598	591

「ロシア東欧貿易会」ホーム・ページより編集。ただし書きは以下の通り。
(注) 人口は現在人口（一時滞在者も含めて，調査時点で当該地域に存在する人口）による。
(出所) ロシア統計国家委員会『2000年のロシアの人口と人口移動』(2001)
　　　ロシア統計国家委員会『ロシア人口統計年鑑』(1999) ロシア統計国家委員会『ロシアの地域』(2000)

(9) 「ロシア東欧貿易会」ホーム・ページより

(10) イルクーツク州における収入による人口区分に関して，以下の統計がある。

最低生活費以下の収入しかない住民の数の変化　単位は千人（％）

	1995	1996	1997	1998	1999
ロシア全体	36600 (24.7)	32700 (22.1)	30700 (20.8)	35000 (23.8)	……
イルクーツク州	…… (32.3)	…… (30.8)	755.7 (27.1)	728.8 (26.3)	772.9 (28.0)

Министерство образования Российской Федерации, Иркутская государственная экономическая академия, *Иркутск в третьем тысячелетии*, *Сборник научных трудов*, Изд. ИГЭА, 2001, стр. 73)。

(11) М. И. Ципоруха, *Покорение Сибири от Ермака до Беринга*, М., 2004, стр. 291

(12) *Русские этнотерритория, расселение, численость и исторические судьбы (12-20 вв.)*, том 1, М., 1999

(13) 参照，拙論「シベリアにおける古儀式派」（中京大学社会科学研究所叢書 9『西シベリアの歴史と社会』，2000，所収）

(14) 桂川甫周『北槎聞略―大黒屋光太夫漂流記―』, 岩波文庫, 1990
(15) Глаголев, В. С., *Геополитические аспекты христианизации Восточной Сибири и российского Дальнего Востока*,
　　http://www.mgimo.ru/kf/docs/VPD/geopolitical.htm
　　なお, グラゴレフには *Характер и подвиг Святителя―Иннокентьевские чтения*, Чита, 1998 の著書がある。
(16) Курило, о. в., Очерки тто истории лютеран в России (XVI-XX вв.), М., 1996
(17) シベリアのドイツ人に関する研究資料には
　　Немецкий этнос в Сибири, альманах гуманитарных исследований, Новосибирск, 2002 がある。
(18) И. В. Черказьянова, Религиозные общины меннонитов и баптистов в Западной Сибири,
　　(http://museum.omskelecom.ru/deutsche_in_sib/BOOK/relig_ob.htm)
　　一方, 南シベリアのハカシヤにおけるバプティスト派の流れについては, Сергей Филатов, Лоуренс Юзэлл, Хакасия. Сгусток религиозных проблем Сибири
　　(http://www.starlightsite.co.uk/keston/encyclo/11%20Khakassia.html) を参照されたい。
(19) *Сибирская Советская Энциклопедия в 4-х томах*, Западно-сибирское отделение ОГИЗ
(20) 1910年の統計によれば, 当時行政的には中央アジアに組み込まれていたオムスクを含めて, 27人の司祭, 73,800人の信徒が7つの教区に属して存在していた。そして15の独立した共同体, 121のチャペルがあった。教区は, イルクーツク, クラスノヤールスク, オムスク, チタ, トボリスク, トムスク, ウラヂヴォストークにあった。
(21) http://nlib.sakha.ru/Resoures/Data/Bibl_Assist/Religion/religion7.html
(22) 中国宣教に関しては, 以下の文献がある。
　　Кололева, Л., *Русская Духовная Миссия в Пекине* / Материалы семинара, Русская духовная культура и дальневосточная эмиграция, Владивосток, 1927
　　Православие на Дальнем Востоке, 275-летие Российской Духовной Миссии в Китае, СПб., 1993
　　Краткий очерк деятельности Православной Миссии в Пекине, Владивостокские епархиальные ведомости, 1991, 2
　　Св. Дионисий, *На пути к автономии*, ученые записки Общества распространения Священного Писания в России, М., 1997
　　Архиерей Мефодий, *Канонические существование Харубинской епархии*,

　　　　Харубин, 1929
　　　Творения Иннокентия Московского и Коломенского, Т. 1, М. 1887
(23)　一例はベロオーゼロへ送られたヴォロティンスキィ公，マルムィシュに送られたチェルカッスキィ公である。
(24)　6つのクラスは以下の通りである。
　　１．鞭打ちの刑を受けた「定住者」で，一年間懲役囚とともに働くもの。報酬を受け取る。
　　２．дорожные работники　比較的軽い罪による流刑者で，5年立派につとめれば国家農民となる。
　　３．特別の手工業所で働く職人
　　４．手に職を持たない者。地方住民には彼らを奉公させることが許されていた。
　　５．農村労働者
　　６．いかなる仕事もできないもの。場合によっては病院や保護施設に収容される。
(25)　Пётр Кошель, Ссылка и каторга в России,
　　　http://his.1september.ru/2003/02/3.htm
(26)　前掲コシェーリによれば，1827年から46年の20年間に地主に対する不従順を理由に裁判を経てシベリアに流された者が男性827人，女性203人であったのに対し，地主の意思で送られたのは男性4,197人，女性2,689人とされる。
(27)　ユーリィ・クリジャニチについては拙論「17世紀スラブの異才（パンスラヴィスト）ユーリィ・クリジャニチ」（大阪外国語大学ロシア語研究室「ロシア・ソビエト研究」第9号，1974）を参照されたい。
(28)　チタに収監され，その後ペトロフスキィ・ザヴォードに移されたデカブリストについては，В. И. Петров, Декабристы в Бурятии, Улан-Удэ, 2002に従い，以下に詳細を示す。
　　ミハイル・アレクサンドロヴィチ・ベストゥージェフ(1800.9.22－1871.6.22)
　　　近衛兵モスクワ連帯二等大尉　元老院広場で逮捕
　　　永久懲役刑（26年8月22日20年に短縮，32年11月8日15年に短縮，32年12月14日13年に短縮）
　　　1827年9月28日シベリアへ　27年12月13日チタの砦，30年9月ペトロフスキィ・ザヴォード
　　　刑期終了後1839年7月10日の勅令でイルクーツク県セレギンスクへ1839年9月1日着
　　　1856年8月26日の恩赦のあと1862年4月22日の特別最高令でモスク

ワに永住する許可が下りたが，シベリアに残った

妻の死後，1867年6月セレギンスクを出てモスクワへ，モスクワで死。

妻—マリーヤ・ニコラエヴナ・セリヴァーノヴァ

子供—エレーナ（1854-1867），ニコライ（1856-1867），マリーヤ（1860-1873），アレクサンドル（1863-1876）

ムラヴィヨフ・アムールスキィのアムール調査隊に加わる。

ヴィリゲリム・カルロヴィチ・キュヘリベーケル（17997.6.10—1846.8.11）

退役8等官　北方結社のメンバー　元老院広場の蜂起の中心的メンバー

1826年7月10日　20年の懲役刑宣告（26年8月22日15年に短縮）。

最初はデナブルグスキィ要塞へ，35年12月14日の布令でイルクーツク県バルグズィンへ。

特別請願により1839年9月16日アクシャ要塞へ，64年3月7日トボーリスクへ，そこで死。

妻—ドロシダ・イヴァーノヴナ・アルチェノーヴァ　バルグズィンの町人の娘

子供—フョードル，ミハイル，イヴァン，ユスチナ

ミハイルとユスチナには恩赦のあと貴族の位が賦与され，父姓を名乗ることを許された

アレクサンドル・ニコラエヴィチ・ムラヴィヨフ（1792.10.10—1863.12.48）

参謀本部退役陸軍大佐　神聖同盟メンバー，救済同盟設立者，福祉同盟メンバー

元老院広場の蜂起には参加せず。

1826年1月8日逮捕，ペトロパヴロフスキィ要塞に収監。

1826年7月10日官位・貴族身分を剥奪されることなくシベリアへ流刑，ヤクーツクへ。

その後流刑地がヴェルフニェ・ウヂンスク（1827年1月24日から）へ。

ロシアに帰還し，軍務についてそれなりの地位を得た。

妻—公爵の娘　プラスコーヴィヤ・ミハイロヴナ・シャホフスカヤ（1788-1835）

子供—7人　娘プラスコーヴィヤはヴェルフニェ・ウヂンスクで生まれた。

後妻—妻の妹　マルファ・ミハイロヴナ（1799-1885）

ユリアン・カジミーロヴィチ・リュブリンスキィ（1798.11.6—1873.8.26）

ヴォルイニ県の貴族

統一スラヴ人協会設立メンバー

1826年2月15日逮捕状が出てジトミールからペテルブルクへ，ペトロパ

ヴロフスク要塞に収監
1826年7月10日　5年の懲役刑宣告（後に3年に短縮）。
1827年2月7日　シベリアに向かう，同年4月4日チタの砦に。
刑期終了後の1829年7月30日の布令で　イルクーツク県トゥンカ要塞へ移される。
1845年夏からはイルクーツク県ジルキノ村へ移る。
恩赦で名誉回復　妻と五人の子とともにヨーロッパ・ロシアへの帰還許可
1857年9月5日シベリアを後にして，郷里に立ち寄った後ペテルブルクへ　子供の教育のため。その後ヴォルィニ県へ。
1858年12月12日監視から解放される，1872年ペテルブルクへ，そこで死。
妻―アガフィヤ・ドミートリエヴナ・チュメンツェヴァ
子供―ゼノン，ミハイル，エフロシーニヤ，イザベラ，フリスチーナ
娘たちは母とともに1875年イルクーツクに戻った。

ミハイル・ニコラエヴィチ・グレーボフ（1804―1851.10.19）
10等官　秘密結社のメンバーではなかったが，蜂起に参加。
懲役10年（のち6年に短縮）
1825年12月17日逮捕，ペトロパヴロフスク要塞へ。
1827年2月5日シベリアへ，27年3月22日チタの砦に，30年ペトロフスキィ・ザヴォードへ。
刑期終了後，1832年8月カバンスク村へ（イルクーツ県），そこで死。

ヤーコフ・マクシーモヴィチ・アンドレーエヴィチ（1801―1840.4.18）
第8砲兵旅団少尉
統一スラヴ人協会メンバー
1826年1月14日逮捕（キーエフで）
1826年7月10日永久懲役刑宣告（後に20年に短縮）。
1827年10月2日シベリアへ，27年12月20日チタの砦に，30年9月ペトロフスキィ・ザヴォードへ。
1832年11月8日刑期15年に短縮，1835年12月14日13年に短縮。
刑期終了後1839年7月日　布令でヴェルフニェ・ウヂンスクに居住，そこで死，墓なし。

イヴァン・フョードロヴィチ・シムコフ（1803/4―1836.8.23）
サラトフ歩兵連隊准尉
統一スラヴ人協会メンバー，1826年2月14日逮捕。
1826年7月10日懲役12年宣告（後に8年に短縮）。
1827年1月27日シベリアへ，3月17日チタの砦に。

1830年9月ペトロフスキィ・ザヴォードへ。

刑期終了後はバトゥリノへ，結婚しようとしたが死亡，当地教会に埋葬。

エヴゲーニィ・ペトローヴィチ・オボレンスキィ（1796	1.6—1865.2.26）

公爵，フィンランド連帯親衛隊中尉

福祉同盟，北方結社メンバー，元老院広場の蜂起に参加。

1825年12月14日逮捕　12月15日ペトロパヴロフスク要塞へ。

1826年7月10日永久懲役刑　7月21日第一陣としてシベリアへ。

1826年8月22日20年に短縮，1832年11月8日15年に，1835年12月14日13年に。

1826年8月27日イルクーツク着，10月8日ブラゴダーツク鉱山へ（27年9月19日まで）。

その後チタへ，1830年9月ペトロフスキィ・ザヴォードへ。

1839年7月以降　トゥルンタエヴォ村，トゥーリンスク，ヤルトロフスクへ。

1856年8月5日の恩赦で名誉回復し，11月11日ヤルトロフスクを出る，カルーガへ。

妻—ヴァルヴァーラ・サムソーノヴナ・バラーノヴァ　1845年12月15日に結婚。

子供—ナターリヤ，アンナ，イヴァン，ピョートル，ニコライ，エレーナ，マリーヤ，オリガ，ミハイル

ピョートル・イヴァーノヴィチ・ボリーソフ（1800—1854.9.30）

第8砲兵旅団少尉

統一スラヴ人協会創設メンバー

1826年1月21日逮捕，7月10日永久懲役刑宣告，第一陣としてシベリアへ。

ブラゴダーツカ，チタ，ペトロフスキィ・ザヴォードで懲役。

傍ら昆虫の標本を作ったり，ザ・バイカル，東シベリアの水彩画を多く残す。

自然科学者，画家

アンドレイ・イヴァーノヴィチ・ボリーソフ（1798—1854.9.30）

退役陸軍少尉

統一スラヴ人協会創設メンバー

1826年1月逮捕

1827年7月10日永久懲役刑宣告，7月23日シベリアへ，1826年8月22日刑期20年に短縮。

1826年8月28日イルクーツク着，10月8日ブラゴダーツク鉱山へ，

さらにチタの砦へ，30年9月ペトロフスキィ・ザヴォードへ。
1839年7月10日の恩赦後，ポドロパートカで居住。そのあとマーラヤ・ラズヴォードロヴナヤ村へ，心理的病にかかり，自殺，当地に埋葬。

ミハイル・カルロヴィチ・キュヘリベーケル（1798—1859）
　近衛海兵団中尉
　北方結社のメンバーではなかったが，蜂起には参加。
　1826年7月10日懲役8年の刑（後に8年，5年に短縮）
　1827年2月5日ペトロパーヴロフスクからシベリアへ。
　1827年3月22日チタの砦，1830年9月ペトロフスキィ・ザヴォードへ。
　刑期終了後　1831年7月10日の布令でバルグズィン市へ。
　アンナ・スチェパーノヴナ・トーカレヴァと結婚，6人の娘
　1856年8月26日の恩赦で名誉回復，東シベリアで砂金床の開発許可を得る，当地で死，バルグズィンに埋葬。
　農業に従事し，先進的農業技術を導入。穀物だけでなく，野菜の栽培も行う。

ニコライ・アレクサンドロヴィチ・ベストゥージェフ（1791.4.13—1855.5.15）
　第8船団大尉
　北方結社メンバー，「ロシア人民への宣言」起草，蜂起には積極的に参加。
　1825年12月16日逮捕（クロンシュタット近郊で）
　1826年7月10日永久懲役刑宣告，1827年9月28日シベリアへ。
　1827年12月13日チタの砦，1830年9月ペトロフスキィ・ザヴォードへ
　1832年11月8日刑期15年に短縮，1835年12月14日13年に短縮。
　1839年7月10日刑期終了後，セレンギンスクで居住。
　兄弟のもとへ姉妹のエレーナ，マリーヤ，オリガが来る（後モスクワへ）
　セレンギンスクで死。
　画家の才があり，デカブリストとその妻たちの肖像画を残す。
　民族学者としてザ・バイカル地方の調査をし，多くの著作を残す。

コンスタンチン・ペトローヴィチ・トルソン（1793.9.27—1851.12.4）
　海軍大尉，モスクワ参謀長副官
　北方結社メンバー，蜂起には加わらず（性急な行動に反対）。
　1825年12月15日逮捕，20年の懲役刑。
　1826年12月10日シベリアへ，1827年1月28日チタの砦着。
　1830年ペトロフスキィ・ザヴォードへ。
　1832年刑期10年に短縮，1837年からセレンギンスクへ。そこで死。
　母親と姉妹が来てセレンギンスクで一緒に暮らす。母はそこで死。
　プラスコーヴィヤ・コンドラーチエヴァと結婚し，二児をもうける。

建築家の才。

ウラジーミル・セルゲーエヴィチ・トルストイ（1806.5.10—1888.2.27）

モスクワ歩兵連隊准尉

南方結社メンバー

1825年12月48日逮捕，1826年7月10日懲役2年の刑（のちに1年に短縮）

1827年2月10日シベリアへ，4月9日チタの砦着。

後ロシアに戻って公務につく。

(29) アキーフィエフの日記に残された文章を Пётр Кощель, Ссылка и каторга в России, http://his.1september.ru/2003/02/3.htm より以下に引用しておく。

«Здесь убийство человека, -пишет он, -потеряло свое страшное значение, свой ужас. Редко проходит день, чтобы не было убийства. Убивают за двугривенный, за крепкий пиджак, а то просто Бог знает почему. Очевидно, жизнь потеряла всякое значение；это, собственно, и немудрено.

Представьте себе человека, присужденного к пожизненной каторге；живет он в грязной тюрьме год, два, терпит побои, розги, живет в обществе подобных ему несчастных и озлобленных людей, сознавая, что ему отсюда выхода нет；немудрено, что ему хочется свободно вздохнуть...

Беглых ловят, порют плетьми, заковывают в кандалы, увеличивают сроки каторги, а они всё продолжают бежать. Окрестности Александровска полны беглыми, и они-то и производят убийства. Сегодня мы были у доктора Волкенштейна, психиатра здешней больницы, и познакомились с его женой, несчастной женщиной, просидевшей 14 лет в одиночном заключении, а затем присланной сюда на поселение. Просто удивляешься, как много может вынести человек...

Вызвали так называемых тачечных. Это преступники, несколько раз бегавшие и убивавшие. Их приковывают к тачке на длинной цепи, идущей к поясу, и, таким образом, куда бы они ни шли, они должны тащить за собой тачку. Ложась спать, они кладут тачку под нары. Кроме того на них надеваются ножные кандалы. И так, с тачкой, они проводят несколько лет...».

В «вольной» тюрьме уже нет кандалов. При ней богадельня. К посетителям ползет на коленях несчастный, отморозивший в бегах ноги.

Далее—женская тюрьма с отдельным входом и двориком. Заключенных мало, всего восемь женщин. Остальных разобрали в прислуги или в сожительницы.

«Одна из оставшихся, -пишет Акифьев, -была молодая женщина лет 20, замечательно красивая, с чертами лица южанки, но с таким угрюмым выражением больших, горящих каким-то огнем глаз, что я понял, почему ее никто не взял в сожительство. Тут же была молодая бабенка с годовалым ребенком на руках. Геннадьич подошел к ней и стал играть с ребенком ; ребенок протягивал к нему руки и смеялся, смеялась и мать. Вдруг Ф. говорит мне тихо : "А это вот, с ребенком-то, та, что дней пять назад вместе с любовником убила своего мужа". Эта женская тюрьма дополнила горькую чашу впечатлений... Женщина совершает преступление, и суд приговаривает ее к наказанию, ее присылают на Сахалин ; картину прибытия транспорта каторжных женщин здесь описывают так : пришел пароход, и женщин привели в пост Александровский ; тотчас же являются начальствующие люди, чиновники и выбирают из них себе прислугу по вкусу, за ними по чинам идут надзиратели и тоже подбирают себе по вкусу сожительниц, затем идут поселенцы и каторжные. Смотрины и сговор кончаются тут же. Оставшихся женщин пересылают в другие округа в сожительство, а если они остаются, так сказать, за штатом, то их помещают в Александровскую тюрьму. Подходящих иинтересных работ для женщин здесь еще не придумали, и вот, чем умирать от скуки в тюрьме, женщины предпочитают идти в сожительство, все-таки хоть какая-нибудь да свобода... К чему это ведет? Женщина перестает уважать в себе человека, и это толкает ее к разврату... И он здесь распространен, как нигде ; разврат грязный, циничный. И вот каторга, наказание, цель которого должна быть в исправлении, наоборот, губит женщину. Весь Сахалин заражен известными болезнями...»

1章　歴史にかかわる問題から

〔1〕　ロシアのシベリア進出と都市建設

田　辺　三千広

1　ロシアのシベリア進出
2　クラスノヤルスクの建設
3　イルクーツクの建設
4　むすびにかえて

1　ロシアのシベリア進出

　ロシアのシベリア進出は，16世紀，モスクワ大公イヴァン4世雷帝の時代に本格的に始まる。B.ドミトルィシン他によって編纂・翻訳された『ロシアのシベリア征服』では，ロシアのシベリア進出はすでにキエフ時代から始まったとする学説には根拠がないとして退けている[1]。キエフ時代に起こった記録上の東方進出は他民族の居住する土地を支配するといった拡張主義的なものではなかった。それらは一時的な侵略や掠奪が目的で，しかも地域的なものであった。そして，これらの東方進出が終わりを告げたのは，1240年ごろのモンゴル軍の東ヨーロッパ侵略によってであった。すなわち，2世紀にわたるモンゴルのロシア支配によって，ロシア人の東方への動きは制約を受けたからであった。

モンゴル軍の侵略とヴォルガ川下流域のサライを中心とするキプチャク汗国の成立によって，ルーシは困難な時代を迎えることになる。この困難な時代の中から頭角を現してきたのがモスクワ公国であった。モンゴルのルーシ支配に協力的であったといわれるヴラジーミル大公アレクサンドル・ネフスキー（1252—63）の末子ダニール（1303年没）が開いたのがモスクワ公国であった。ダニールとその息子ユーリー（1303—25）の時代に小国であったモスクワ公国は領土を二倍に拡げている。そして，西隣のトヴェーリ公とヴラジーミル大公位を争うまでになっていた。ユーリーの弟イヴァン1世カリター(財布)（1325—41）の時代にキプチャク汗国の援助を利用しモスクワ公国の国力を強化していった。すなわち，キプチャク汗国に代わってヴラジーミル大公がモンゴルに支払うルーシの税を徴収する仕組みになっていた。策略を用いてイヴァン1世はヴラジーミル大公の位を獲得し，その権限を利用し，汗のお気に入りとなっただけでなく，モスクワ公国自体を繁栄させていった。

北東部ルーシにおいてモスクワ公国の優位が示されたのは，イヴァン1世の孫ドミトリー・ドンスコイ（1359—89）のときであった。彼は，1380年にキプチャク汗国のママイ汗率いるモンゴル軍とドン川近くのクリコヴォ平原で戦い，勝利を収めた。これはルーシがモンゴルに対してあげた初めての勝利であった。この勝利によってルーシがモンゴルの支配から自由になったとはいえないが，ルーシに対するモンゴルの影響力にかげりが出始めたことは確かであり，また，キプチャク汗国内の政治的混乱と分裂の始まりになったといえる。

モスクワ大公イヴァン3世（1462—1505）は，中央集権的統一国家の形成を最大の目標にし，力を注いだ。イヴァン3世は，1480年には約2世紀続いたモンゴルの支配を解放し，逆に，モンゴルの領域に干渉し始める。一方，15世紀にキプチャク汗国内では内部分裂が起こる。キプチャク汗国から6つの国が分離独立していった。ヴォルガ川とカマ川の合流点付近にカザン汗国，クリミア半島からアゾフ海にかけてはクリミア汗国，ヴォルガ川下流域にキプチャク汗国，ウラル川下流域にノガイ・ウルス，イルティ

シ川とトボル川流域にシビフ汗国，アラル海北岸にカザフ汗国，バルハシ湖周辺にウズベク国が誕生した。いわゆる「タタールの軛」から解放されたモスクワ大公国ではあったが，イヴァン3世の時代にはまだこれら七つの汗国はロシアの東方への進出を阻んでいた。

　モスクワ大公イヴァン3世の孫イヴァン4世（1533-84）の時代に本格的なロシアのシベリア進出が可能になった。それを可能にしたのは1552年のカザン汗国の，また，1556年のキプチャク汗国のモスクワ国家への併合であった。1540年代，カザン汗国のモスクワ国家への侵害が盛んにおこなわれるようになる。そして，両国の小競り合いから多くのロシア人が捕虜となる。イヴァン4世は，このような捕虜を助け出し，モスクワの東部国境を安定させ，ヴォルガ中流域にイスラム教ではなくキリスト教の国を建設しようと考え，カザン戦争を始めた。このカザン戦争についてはアレクサンドロ・ネフスカヤ年代記に詳しく記録が残されているが，ここでは省略する。激しい戦闘の結果，1552年にようやくイヴァン4世のモスクワ軍は首都のカザン市を攻略し，カザン汗国を征服した。カザン汗国を併合した後，イヴァン4世はキプチャク汗国の首都アストラハンを攻撃し，これも併合した。これによってモスクワ国家はヴォルガ川の全流域を自分の支配下に置くことができ，また，東部国境も安定させることができた。こうして本格的なシベリア進出の準備が整えられた。

　ウラル山脈を越え，東に向かう中心になったのはストロガノフ家であった。ストロガノフ家は，15世紀末期，モスクワの北のヴィチェグダ地域で活躍した裕福な商人であり，実業家でもあった。1550年までにアニカ・フョードロヴィチ・ストロガノフが事業の基盤を作り，製塩業をはじめた。また，鍛冶屋や製材も手がけた。さらに，塩，魚，穀物，毛皮の取引を通して財を蓄えていった。そして，アニカの息子たち，ヤコフ，グリゴーリー，セミョーンが成人すると，彼らが父を助け，事業を東方のウラル地方へと広げていった。

　1558年にグリゴーリーは，イヴァン4世にカマ川両岸の未開拓の土地を開墾する許可を願い出た。そして，そこに砦を建設し，大砲を備え，私兵

を雇うことを願い出た。それは，ノガイ・ウルスやシビル汗国の攻撃から財産を守るためであった。イヴァン4世は彼に特許状を与え，さらに，20年間の免税特権を与えた。また，ストロガノフ家は，1568年にはチュソヴァヤ川に沿った地域への殖民を願い出て，先のときと同じ条件で認められた。

　1570年にアニカは亡くなるが，息子たちがウラル地方に進出していく。そして，そこに住む多くの土着の民族や部族を支配下においていくが，それがシビル汗国との衝突を生むことになる。ストロガノフ家は，支配下に置いた住民から毛皮を仕入れたり，ヤサーク ясак（毛皮税）を課したりした。しかし，そこはシビル汗国の支配地であり，彼ら住民はシビル汗国に服従していたからである。

　シビル汗国はキプチャク汗国から独立したが，1555年以来モスクワのツァーリに忠誠を誓い，貢納を続けてきた友好国であった。しかし，1571年，クチュムが汗の座に就くや，モスクワに対して敵対的な行動を起こし始める。そして，1573年，クチュム汗はストロガノフ家に対する軍事行動を起こし，多くのモスクワを支持する現地人を捕らえ，モスクワからの使節を殺した。ストロガノフ家の砦は攻撃されることなく，クチュム汗は引き返したが，以後，ストロガノフ家は警護の増強を強いられた。彼らは，1574年，トボル川支流のトゥラ川流域のタフチェイに砦を築く許可をイヴァン4世から獲得し，そのころから，コサック部隊を持つことになった。

　14—17世紀のロシアでは，国税を免除されていた自由人の労務者，あるいは，辺境地帯で軍務についていた特別身分のものをコサックと称した。15世紀後半以来農民や商工民の中でさまざまな束縛を嫌い，南部や南東部の辺境地帯に逃亡するものが増えてくる。彼らも自分たちをコサック＝自由人と称するようになる。そして，自衛のために集団化し，団体を組織するようになる。15—16世紀によく知られたコサック集団にはドン・コサック，ヴォルガ・コサック，ヤイク・コサック，ウクライナ・コサックなどがあった。モスクワ国家は，これらコサックの団体に注目し，彼らを辺境の国境警備の仕事に雇った。そして，給料，武器，食料を支給し，国家の勤務者とした。

ストロガノフ家はこのコサックを利用した。彼らは，エルマークに率いられるヴォルガとドンのコサック兵を雇った。そして，エルマークを隊長とするコサック部隊がシビル汗国攻撃に向かう。このエルマークの遠征については「シベリヤ年代記」に詳しく書かれている[2]。それによると，1578年，エルマークはシベリア遠征の企画に対するストロガノフ家の援助を確認して，この遠征を引き受けた。そして，河川によってシベリアに進むことができることを調査し，遠征を開始した。しかし，途中で航行する河川の道筋を誤り，結局，引き返してきた。

　翌1579年に第二回目の遠征がおこなわれる。ストロガノフ家からは武器，弾薬，食料が用意され，出発する。遠征にはロシア人のほか，リトアニア人，ドイツ人，タタールも参加した。6月12日に大型荷船でチュソヴァヤ川を上っていき，上流でセレブリャンカ河口に入り，さらに航行を続けた。そして，セレブリャンカ川に合流するコクーイで岸に上り，砦を建設し，越冬の準備に入った。1580年の春に再び進軍を始め，タタールの町チューメンをたいした抵抗も受けることなく占領し，ここで越冬した。1581年春，進軍を再開し，シビル汗国の兵と途中激しく戦闘を繰り返しながら10月26日にシビル汗国の首都シビルに勝者として入った。シビル城入場について年代記では次のように書かれている。

　チュヴァシェヴォの下で戦争が止んだとき兵士等は疲れた。すでに夜が来てそこを離れて夜営した。不浄なる異教徒が蛇のごとき掠奪を行わないために番兵で固めた。朝になってすべての兵士等は寛仁なる神と聖母に祈祷を捧げた。そして恐れずにシビリ町に近寄った。のろわれた者共が町に隠れていることを予想しつつ町に近づいたが，町の中には寂として声がなかった。兵士等は神を念じつつ町に漸次接近した。エルマークは同志とともにシベリアの町に7089 (1581) 年10月26日聖殉教者デミトリー・ソルンスキーの記念日に入場した。呪われたるアガリ族および異教徒に対してかかる勝利を彼らに給うた神を賛美した[3]。

　その後もエルマークは，クチュム汗を追い詰めていった。

　1585年8月6日の夜，シビル汗国軍はエルマークの部隊を襲う。不意を

つかれたエルマークは攻撃をかわすため川に飛び込むが，重い衣服を身につけていたことから，泳ぐこともできず，溺れ死ぬ。エルマークの死後，コサック部隊はさらなる進出をあきらめ，ウラル山脈へと兵を引いた。こうしてエルマークのシベリア遠征は失敗に終わった。しかし，イヴァン四世の後を継いだフョードル帝 (1584—98) の時代，モスクワ政府は正規軍を投入し，結局，クチュム汗は，1598年に中央アジアに逃亡し，シビル汗国は滅亡した。

　フョードル帝の補佐役であったボリス・ゴドノフが中心となってシベリア進出を進めていった。彼は新しい銃兵隊をシベリアに送り込み，毎年，補強部隊を派遣していった。これ以後のロシアのシベリア進出は大河に沿ってなされていった。川岸にオストローク острог (砦) を建設し，やがてそれらがシベリアにおけるロシアの活動拠点になっていった。1586年のチュメニの建設から始まり，大河やその支流に沿って以下のオストロークが建設されていった。1587年にトボリスク，1593年にベリョーゾヴォとペリム，1594年にスルグータとタラ，1597年にオブドルスクとナリム，1598年にヴェルホトゥリエ，1601年にマンガゼヤ，1604年にトムスク，1618年にクズネツク，1618年にエニセイスク，1628年にクラスノヤルスク，1631年にブラーツク，1632年にヤクーツク，1647年にオホーツク，1652年にイルクーツク，1654年にネルチンスクといった具合にであった。特に，1601年に建設されたマンガゼヤ・オストロークは17世紀の毛皮貿易の中心となったことでも知られている。

　オストロークでの軍務や生活のために必要であった武器や日常品を供給するために商人だけでなく大工，鍛冶屋などの職人も入植し，定住していった。食料も供給されなければならず，農地が作られ，農耕がおこなわれたが，そこでの作業は主に戦争捕虜や罪人によってなされた。また，遠征軍やそこに移住してきたロシア人のために教会も建てられていった。

　本稿では，中央シベリアの中心都市の一つであるクラスノヤルスク (クラスノイ・ヤール)，また，東シベリアの中心都市に成長していくイルクーツクの建設について具体例を紹介し，ロシアのシベリア進出と定着の様子の一

断面を検討したい。

2　クラスノヤルスクの建設

　1627年6月1日付でトボリスクの長官アンドレイ・ホヴァンスキー公の名前でアンドレイ・ドゥベンスキーに宛てたクラスノヤルスクにオストロークを建設するようにとの指令書が出されている[4]。かなり細かくその手順が記されている。もちろん，ドゥベンスキーがその通りに実行したかどうかは不明であるが，ここではその指令書の記述に従ってクラスノヤルスク・オストロークの建設を紹介しよう。

　この指令書は，ロマノフ朝の初代ツァーリ，ミハイル・ロマノフ(1613—45)の勅令に従って出された。次のような書き出しで始まる。

　1627年6月1日，ツァーリにして全ロシアの大公ミハイル・フョードロヴィチ陛下の勅令に従って，長官アンドレイ・アンドレーヴィチ・ホヴァンスキー公とイヴァン・ヴァシーリエヴィチ・ヴォリンスキー，書記官イヴァン・フョードロフとステパン・ウゴツキーはアンドレイ・オヌフレーヴィチ・ドゥベンスキーに陛下への勤務としてエニセイ川上流のカチン人の支配地であるクラスノイ・ヤールへ旅することを命令した。ツァーリにして全ロシアの大公ミハイル・フョードロヴィチ陛下はエニセイ川上流のこのカチン人の支配地[5]，クラスノイ・ヤールに新しいオストロークを建設することをアンドレイ・ドゥベンスキーにお命じになられた[6]。

　新しいオストローク建設を命じられたアンドレイ・ドゥベンスキーは，1587年にエルマーク率いるドン・コサック軍によって建設されたトボリスクとその他の町で自分と共に遠征に参加する国家勤務者 служащие люди，アタマン атаман (コサック隊長)，コサック兵を選出した。彼らには2年間という期限付きで給料と食料が支給された。

　給料と食料を受け取ったアンドレイ一行は，エニセイスクのオストロークに向かった。そして，そこからカチン人の土地に入っていった。彼らへの指示は，エニセイ川のほとりのクラスノイ・ヤールにオストロークを建

設し，堀をめぐらし，防御を固めることであった。次に彼らが求められたことは，現地住民をロシアのツァーリの支配下に入れ，ツァーリに忠誠を示させ，ヤサークを収めさせることであった。その際できるだけ武力を行使しないようにとも指示されている。また，住民に耕作をさせるようにとも述べられている。

次に，アンドレイはオストロークを建設するクラスノイ・ヤールとその周辺住民の調査を命じられている。クラスノイ・ヤールとその周辺住民のうちツァーリの支配下に入らず，ヤサークの支払いに同意しようとしない者がどれほどいるか，また，ヤサークを徴収するのにどれほどの国家勤務者を必要とするかを調査しなければならなかった。そして，住民の多くがツァーリの支配を受け入れようとせず，また，そこにオストローク建設を認めようとしない場合，また，国家勤務者の数が足りなくて彼らを服従させられない場合，アンドレイはトボリスクに報告書を送らなければならなかった。そうするとトボリスクから目的達成のために必要な人員が送られてくることになっている。この指令書では，「とにかく，クラスノイ・ヤールにオストロークが建設されなければならず，その地の住民をツァーリの隷属民にし，彼らからヤサークを徴収すること」と強調されている。

アンドレイに同行するコサック兵の給金と食料についても述べられている。新しいオストロークを建設するためにトボリスクとその他の町で3人のアタマンと300人のコサック兵が集められた。彼らは1627年6月1日から1629年6月1日までの2年間給料と食料を受け取ることができた。給料については，アタマンは年額30ルーブリ，十人隊長 десятник は5.5ルーブリ，他のコサック兵は5ルーブリであった。食料については，アタマンには10チェトヴェルチ(1チェトヴェルチ＝209.21ℓ)の小麦粉，4チェトヴェルチのひき割り麦とオート麦が，五十人隊長 пятидесятник と十人隊長，平のコサック兵には5チェトヴェルチの小麦粉とひき割り麦，1チェトヴェルチのオート麦が支給された。そして，その他の装備品はトボリスクから送られた。

トボリスクからクラスノイ・ヤールに向かう道順，遠征上の注意などが

続く。アンドレイ・ドゥベンスキー一行は，オビ川とケチ川を航行して，エニセイスクに向かうように指示された。彼らは，一時間たりとも無駄にすることなく，昼夜を問わず進軍し，川が凍ってしまわないうちに食料や装備品を持って，マコフスク・オストロークに到着しなければならなかった。マコフスクに到着すると，次の出発に備えトボリスクから運んできた装備品，火薬，弾丸，鉄砲，生活用品，食料などを適切に倉庫に保管しなければならなかった。冬になると今度はそれらをエニセイスク・オストロークに移送し，やはり適切に保管しなければならなかった。

エニセイスクでは，アンドレイは，長官ヴァシーリー・アルガマコフに依頼し，ボート造りの職人2から3名を雇い，彼らに川舟を作らせた。アルガマコフにはすでに文書で命令書が出されていたことから，職人の手配については問題がなかった。エニセイスクの氷が解けると，アンドレイ一行は船に持ってきた品物をすべて載せ，クラスノイ・ヤールに向かった。その際，荷の軽いボートを偵察船として先に行かせ，あらゆる種類の情報を集め，土着の戦闘集団の動きも詳細に調査することをアンドレイは指示されていた。そして，それら戦闘集団がアンドレイ一行を見て，驚き，彼らを襲って捕虜にしたり，危害を加えたりすることのないように慎重に，用心深く進軍するようにとも指示された。

アンドレイ一行は無事にクラスノイ・ヤールに到着し，現地住民と何も問題を起こしそうにないことを確認し，早速，オストロークの建設に取り掛かった。まず，塔が建設され，オストロークの周りに堀が掘られ，柵がめぐらされた。そして，防御の強化が図られた後，彼は，耕地を探した。これらすべてが完了した後，すぐにアンドレイはトボリスクに報告書を送らなければならなかった。

オストローク建設後，そこでのアンドレイの勤務は，住民対策が中心になった。すなわち，カチン人住民や他の汗国からの住民との摩擦をできるだけ少なくし，ツァーリの支配下に入ることを拒んでいる住民に支配権を認めさせ，ヤサークを徴収するように説得することであった。ツァーリの支配権を認めヤサーク支払いに同意する住民にはツァーリへの忠誠の誓い

を立てさせ，身分に応じてツァーリからの贈り物として衣服が与えられた。さらに，食料・飲料を与え，住民への懐柔策がとられた。

　エニセイスクからクラスノイ・ヤールまでの道中に彼らの進行を妨げ，また，オストロークの建設を阻もうとする敵対集団が現れた場合，アンドレイたちは，彼らと戦闘し，制圧しなければならなかった。実際に戦闘行為があったのかどうかはわからないが，このように指示されていた。アンドレイは，クラスノイ・ヤールにオストロークを建設し，その土地の住民にツァーリの支配権を認めさせ，彼らからヤサークを徴収する全責任を負っていた。また，彼はトボリスクにしばしば報告書を送ることも求められた。そこでは，オストロークの規模，そこに施された防御策，耕地の種類，ツァーリの支配領域の規模，ヤサークの徴収額，トボリスクから連れてきた国家勤務者たちの様子，他地域からやって来ている住民たちの危険度，アンドレイの新オストロークでの運営計画が報告されるように求められている。

　ツァーリの支配を受けることを好まない場合，その地域の人口，逆らっている者の特定，支配を好まない地域のクラスノイ・ヤールからの距離，彼らを従わせるのに必要な役人や兵の数などもアンドレイは調査し報告するように求められている。そして，必要な国家勤務者の動員分についてはエニセイスク長官ヴァシーリー・アルガマコフとトムスク長官ピョートル・コズロフスキー公とグリャーズニイ・バルチェネフに具申するように指示されている。彼らは，ツァーリからカチン人の地の駐屯兵を動員するために指揮官や国家勤務者を送るようにと命令を受けていた。

　アンドレイには現地住民を服従させる仕事のほかに，自分が連れて来た国家勤務者たちを監視し取り締まる職務も与えられた。彼らが互いに喧嘩をしたり，盗みを働いたりしないように監督しなければならなかった。また，ツァーリから支給された賃金や食料を賭け事で失ってしまわないようにも注意しなければならなかった。指令書では次のように書かれている。「彼らが陛下のヤサークを徴収しに遣わされるとき，ヤサークを支払う人々から金品を強奪したり，彼らを殺したりしてはならない。そして，もし，

彼らが盗みを働いたり，ギャンブルをしたり，略奪行為をした場合は陛下に報告書を送ること」。アンドレイはこれらすべてのことで部下である国家勤務者たちを監督しなければならず，彼には裁判権が与えられた。その悪事の程度に応じて判決を言い渡し，罰則を課すことができた。

　クラスノイ・ヤールにオストロークが建設され，守備が固められ，周辺からの危険もなくなり，また，現地住民もツァーリの支配を受け入れ，ヤサークを支払うことに同意したなら，アンドレイは信頼できる現地住民の中から何人かを選び，キルギス人の支配者のもとに行かせるようにとの指示を受けている。それはクラスノイ・ヤールのオストロークとその周辺がツァーリの支配下に入ったことをキルギス人に告げさせるためであった。この指令書から判断すれば，当時クラスノイ・ヤールとその周辺の居留地で遊牧生活を送っていたキルギス人は，そこから一番近いトムスク（トムスクのオストロークは1604年に建設）にヤサークを支払うことを求められていたが，それを拒み，しばしばトムスクを攻撃していたようである。キルギス人がこれまでの行いを悔い改め，ツァーリの支配権を認め，トムスクにヤサークを支払うことに同意したら，アンドレイは居留地に住むキルギス人と友好的に付き合うように指示された。もしそうでない場合，彼らと戦わなければならなかった。そして，キルギス人がトムスクの町を攻撃するようなことがあった場合，アンドレイは，少数の守備隊を残して，キルギス人の居留地を攻め，男は殺し，女と子供は捕虜にして，そこを隷属状態に置かなければならなかった。捕虜にしたキルギス人についてはその人数のリストが用意され，彼らはオストロークに留め置かれ，このことについてすぐにトボリスクに報告書が送られた。そして，ツァーリの指示があるまで捕虜をキリスト教徒に改宗させたり，売ったりしてはならなかった[7]。

　最後に，アンドレイ本人に対する注意が書かれている。これまで述べられたことが，もし，彼の怠慢や不注意で実行されない場合，彼はツァーリから大いなる失寵を被ることになるだろう。

　以上がクラスノヤルスクでのオストローク建設の指示であった。

3 イルクーツクの建設

イルクーツクの建設については，1646年11月4日付のエニセイスク長官フョードル・ウヴァロフによるアレクセイ・ミハイロヴィチ帝（1645—76）への報告書が残されていて，そこから簡単ではあるが，建設の様子がうかがえる[8]。その報告書は，敵対的なツングース原住民へのヤサークの課税とアンガラ川河口近くのバイカル湖でのオストロークの建設に関するものである。

1644年，前ツァーリ・ミハイル・フョードロヴィチの命令でアタマンのヴァシーリー・コレスニコフがさまざまな町から集められた国家勤務者と義勇兵を集め，エニセイスク・オストロークを出発してバイカル湖にむかった。その目的はその地域でヤサークを集めることと，新たにヤサークが取れる地域を探し，そこをツァーリの支配地に組み込むことであった。さらに，先のクラスノヤルスクでのオストローク建設目的と違う点もあった。ヴァシーリー・コレスニコフが求められたのは，新しいオストロークを建設し，その地域をツァーリの支配化に組み込むことのほかに，バイカル湖周辺を調査し，銀と銀鉱石を発見することであった。

1644年，ヴァシーリー一行はバイカル湖周辺のクルツクに到達した。そこは，アンガラ川河口から一日行ったところにあるチーホン川河口であり，敵対するツングースの地であった。一行はそこにキャンプを張り，その周辺一帯の中心的人物の一人であるツングースの部族長コテガともう一人の部族長ムコテイを捕らえて，人質にした。原住民は二人の人質のためにヤサークの支払いを約束した。また，二人の部族長は他の原住民にもツァーリの支配下に入るようにと呼びかけている。次に，ヴァシーリーは，この二人の部族長に銀と銀鉱石のありかを尋ねるが，二人は，あやふやな情報を教えたようである。この報告書によると，最初彼らはヴァシーリーに銀鉱石のあるところに案内するといったが，その後，彼らは銀鉱石のありかについては何も知らないと言ったり，春に銀と銀鉱石の鉱山に案内すると

言ったりしていると述べられている。

　ヴァシーリーは，アンガラ川の上流にオストロジェク（小型のオストローク）を建設し，防御体制を整えた。しかし，食料が不足してきたために，40人の国家勤務者と流れ者はエニセイスク・オストロークに送り返される。彼らをピョートル・ゴルプツォフとその部下がエニセイスクまで護衛した。おそらく，エニセイスクの長官への報告も兼ねていたのであろう。ピョートルは，次のような質問をされている。「原住民はアタマンのヴァシーリー・コレスニコフにどれだけのヤサークを支払ったのか。二人の部族長は何人の人々を支配しているのか。何人の人がヤサークを支払ったのか。人質をとることによって，将来的にこれら原住民からどれだけのヤサークを徴収できそうか。敵対的な地域をツァーリの支配下に入れることは可能なのか」といった質問がなされた。

　ピョートルとその部下たちは，先の質問に対して官署で次のように答えた。「1645年の間，彼らはバイカル湖にあるオルホン島の反対側でアタマンのヴァシーリー・コレスニコフと共に越冬した。夏の聖ピョートルの日曜日の2週間前にバイカル湖の左岸に沿って航行し，アンガラ川に到達する前にツングースの部族長コテガが10人以上の兵士と共に現れた。ヴァシーリー一行は銃を持ってボートから飛び降り，戦闘が始まった。その結果，彼らはツングースの兵を捕らえ，部族長コテガを人質にした。次いで，彼らはアンガラ川の河口まで船を進め，そこにオストロークを建設した。そこからヴァシーリーはコテガの了承を得て，コテガのウルスの住民を軍隊と共にアンガラ川流域の部族長の一人ムコテイのウルスに派遣した。ムコテイをツァーリの支配下に入れるためであった。ヴァシーリー・コレスニコフはアンガラ川を遡り，部族長ムコテイのウルスに部隊を送った。そして，彼らはムコテイを捕えて，オストロークに連行し，人質とし，ウルスの住民からヤサークを徴収した。その中味は，40枚1組の黒テンを4組と35枚，3枚の赤狐，黒テン製のツングースの外套，そして3枚のビーバーであった。二人の部族長コテガとムコテイは一人につき黒テン5枚を600人分支払うことを約束した。また，彼らが言うところによると，アンガラ

川にそって約300人のウルス住民を抱える部族長がいて，その部族長をツァーリの支配下に入れるために彼らが使者を立ててもよいとのことであった。そこでヴァシーリーは20人の部隊をその部族長のもとに派遣し，ヤサークを徴収した。また，ツングース人はアンガラ川全流域に住んでいる」との答えであった[9]。

1645年，食糧供給のためにエニセイスクから小貴族イヴァン・パハボフがバイカル湖に派遣された。送られた食料の内訳はライ麦200プード（1プード＝16.38 kg）であった。

この報告書は最後にエニセイスクにおける人材不足をツァーリに訴えている。エニセイスクにはツァーリの勅令に従ってトボリスクやトムスク，そして，他の町から国家勤務者が送られてくるが，まったく役に立たなかった。なぜなら，彼らは盗みを働いたり，人を殺したり，ギャンブルに手を染めたりして裁判にかけられ，有罪判決を受けた犯罪者であったから。そして，彼らは裸，はだしで，空腹でエニセイスクにやって来て，そこから，バイカル湖方面への遠征に派遣しても，みんな逃亡してしまったようである。そこで報告者のエニセイスク長官フョードル・ウヴァロフは，このような犯罪者の国家勤務者を送ってもらうよりも，エニセイスクにやって来て，そこに長年住み着いている流れ者 гулящие люди を雇うことを提案している。そして，次のように書いている。「1645年，46人の国家勤務者がトムスクからエニセイスク・オストロークに派遣され，レナ川の港まで政府の食料を運送することになっていました。彼ら全員が逃走しました。流れ者のみを雇うべきです。なぜなら，彼らは陛下にとってずっと役に立つからです。窃盗が起こった場合，彼らは盗まれたものを埋め合わせることを約束してくれます。また，彼らは政府の軍務から逃げ出すこともしません。流れ者は冒険心に富んでいます。彼らは無法者ではありません」。こうして彼らを雇ってよいかどうかを尋ねて終わっている。以上が，バイカル湖周辺へのオストローク建設の事情であった。

このような状況下で建設されたイルクーツクは，18世紀には東シベリアの中心的都市となる。その要因については多々あると思われるが，本稿で

は検討する余裕がなく，別稿を用意する必要がある。ここでは，今後東シベリアにおいて中心的な位置を占めていく過程を考えるという意味でイルクーツクの教会・修道院建設の初期の歴史をИ.В. カリーニナの著書に従って概観したい[10]。

4　むすびにかえて

　現在のイルクーツク州の地域にロシア人が進出し始めたのは1620年代とされている。その後，1630年代にはいって，この地域に次々とオストロークが建設されていった。最初は，イリムスク，ブラーツク，トゥトゥルスクが，次いで，ヴェルホレンスク，キレンスク，バガダンスク，イルクーツク他といったオストロークが建設された。17世紀にこれら地域は1620年に設けられたシベリア主教区に入れられ，1668年からはトボリスク府主教区に属した。府主教区はそのなかで3つの教区に分けられ，トボリスク，ヴェルホトゥーリエ，エニセイスク監督区として存在し，さらに，それらはデシャチヌィ десятины とザカーズィ заказы[11]に分けられた。東シベリアにはハイリムスク，ヤクーツク，ダウルスクのデシャチヌィが設置された。ヤクーツクのデシャチヌィはまもなくキレンスクのデシャチヌィと分割され，ダウルスクのデシャチヌィはイルクーツクとネルチンスクのデシャチヌィに分割された。

　18世紀はじめ，トボリスク府主教区は中央から離れているために中央教会ではその地の新しい問題に十分対応できなくなってきた。例えば，急速に新しいオストロークが建設され，そこには修道院や教会が建てられたが，それに伴って発生する諸問題，現地住民のキリスト教化の諸問題など，これらに迅速に対応できなくなっていた。そこで，1706年12月15日にトボリスク府主教区の中にイルクーツク・ネルチンスク主教の肩書きで特別に府主教代理教区が設けられた。初代の主教はヴァルラームであり，彼の教区には42の教会が属した。

　1727年には宗務院の決定により独立したイルクーツク主教区が設けら

れた。初代イルクーツク主教は聖インノケンチー・クリチツキーであった。最初のうち、イリムスクやヤクーツクのザカーズィはイルクーツク主教区に属してはいなかったが、1731年にこれらザカーズィも加わり、ロシア帝国内でも最大の規模を誇る教区に成長し、東シベリアの教会行政の中心となった。

　東シベリアではオストロークの建設後も重要な施設であった教会建設はかなり遅れた。例えば、イルクーツク・オストロークは1661年に建設されたが、教会が建てられたのはその12年後であった。オストロークの建設者たちは、近くの森で木を切り、材木を組み立て建物を作ることはできたが、教会での礼拝に必要なイコンやワインなどの品々はロシア政府に頼まなければならず、当時の道路事情から、輸送が思うにまかせなかった。さらに、教会堂の建設については管轄する主教の認可と清めの儀式を受ける必要があった。17世紀のイルクーツク地方はトボリスク府主教の管轄であり、彼から認可を得、清めの儀式を受けるのに数年が必要であった。当然、教会建設はオストローク建設よりもかなり遅れたので、初期の段階では木造の礼拝堂 часовня が教会代わりになった。

　ごく初期の礼拝堂は、通常、門の上にあるオストロークの見張り用の塔の中に設けられた。このような様式の礼拝堂は、モンゴル時代以前に出現したが、15・16世紀には中央ロシアでは姿を消していた。しかし、シベリアでは17世紀末まで造られた。門の上に置かれた塔は軍事的・守備的意味を持っていたので、当然、そのなかに造られた礼拝堂も祈りの場としての意味だけでなく、オストロークの守備のシンボル的な意味を併せ持っていた。これら塔のなかに造られた礼拝堂はすべて現在まで残らなかった。

　やがて、行政的に重要な地点に教会が建てられ始める。イルクーツク周辺でも教会建設が始まり、1631年にはブラーツクで、1645年にはイリムスクで、そして、1646年にはヴェルホレンスクで教会が建てられた。

　イルクーツク・オストロークが建設された当初、そこに建てられた教会はすべて木造であった。石造りの教会が建てられるようになったのは、イルクーツクがその地方の行政上の中心となっていった18世紀初めのこと

であった。1731年にイルクーツクはその地域の中心となり、その頃、独立したイルクーツク主教区が出現したが、そのときには10の教会が存在していた。

イルクーツクにおける修道院の出現も早かった。イルクーツク・オストロークが建設された直後、そこから4ヴェルスタ（1ヴェルスタ＝1.067km）ほど離れたアンガラ川の対岸の深い森の中にゲラシムという人物が庵を設けたのが始まりであった。1669年にゲラシムはエニセイスク長官に修道院建設用の土地の確保を願い出た。同年、川沿いの空き地にゲラシムが庵を建てる許可がアレクセイ帝から下り、1672年にはシベリア主教コルニーリーから修道院建設の許可も得た。

まず、修道院では木造の教会、ヴォズネセンスカヤ教会が建てられた。そこからこの修道院はヴォズネセンスキー修道院と呼ばれる。次に、柵と修道士のための僧房が造られた。しかし、1679年に火災が発生し、すべての施設が失われた。その後、修道士のイサイヤによって復興され、1686年にはヴォズネセンスカヤ教会も再建された。18世紀初めには、修道院の所有地も大幅に拡大し、また、製塩業も営むようになった。1764年には修道院で働く農民の数も464人を数えるほどの大規模な修道院に発展した。当時は第三級修道院に分類されたが、1797年には第二級に、そして、1836年には第一級修道院に成長した。

18世紀初めにイルクーツクが東シベリアの行政上の中心地となるにつれて、教会行政の中核となっていった様子を概観してきた。教会の中心地となるには修道院の存在が欠かせないことから、イルクーツク周辺の最初の修道院の建設についても簡単に触れた。しかし、これだけでは、どうしてイルクーツクが東シベリアの中心的都市に成長しえたのかを解明するには程遠い。この問題は稿を改める必要がある。また、イルクーツク周辺の教会の歴史を概観することで、ロシアがシベリアに進出を始めた初期の段階と当時では教会建設の意義が違ってきていることが分かった。すなわち、当初の教会建設は、オストロークとその支配地で暮らすロシア人のためであった。支配下に置いた現地住民はキリスト教徒になることは制限された

ようである。それはクラスノヤルスクの建設のところでも述べられていた。おそらく，現地住民をキリスト教化していくことによって，ヤサークが取れなくなることを恐れてのことであったと考えられる。しかし，イルクーツクでの教会建設がおこなわれていった頃は，現地住民のキリスト教化も視野に入れられている。17世紀までのモスクワはシベリアから年間8万から10万ルーブリの税を得，それはロシア政府の国家予算の8分の1に相当した(12)。巨額なヤサークが減少するような方針転換がなぜなされたのか。この点についても稿を改める必要がある。

(1) B. Dmytryshyn, E. A. P. Crownhart-Vaughan, T. Vaughan ed. Russia's Conquest of Siberia, Oregon, 1985, p. xxxvii
(2) シチェグロフ（吉村柳里訳）『シベリヤ年代史』 日本公論社 昭和50年 41-69ページ
(3) 同書 53-54ページ
(4) Russia's Conquest, pp. 126-132
(5) カチン人は，チュルク語系の民族で，ハカス人の一グループ。17世紀には現在のクラスノヤルスク市周辺地域に暮らしていた。
(6) Russia's Conquest, p. 126
(7) Ibid. p. 132
(8) Ibid. pp. 224-227
(9) Ibid. pp. 225-226
(10) И.В. Калинина, Православные храмы иркутской епархии XVII-начало XX века, М., 2000
(11) デシャチヌィは特別な役人デシャチンニク десятинник の導入によってできた主教区の中の一管区。ザカーズィは一人の司祭が世話をする教会が幾つか集まった教区。
(12) И.В. Калинина, стр. 10-12

なお，本稿作成に当たり一橋大学名誉教授中村喜和先生には貴重な文献を紹介していただきました。末節ながらここに御礼申し上げます。

〔2〕 東シベリアのデカブリスト

佐 保 雅 子

1　はじめに
2　アレクサンドル1世の時代
3　結社の成立
4　蜂起・裁判
5　ブリャーチヤのデカブリストたち
6　定住流刑生活—むすびにかえて—

1　はじめに

　ニコライ1世の即位式が行われることになっていた1825年12月14日，朝9時ころからサンクト・ペテルブルクの元老院広場にむかう兵士の1団があった。アレクサンドル・ベストゥージェフにひきいられた近衛モスクワ連隊の1個大隊で，彼らは時おり「コンスタンチン万才」と叫んでいた。まもなく，ニコライ・ベストゥージェフの指揮下にあった近衛海兵隊と擲弾兵の数部隊が合流して，正午頃にはほぼ3千人が青銅の騎士像のまわりに整列した。のちにデカブリストの乱と呼ばれ，「立ち往生した革命[1]」として知られる事態の発生であった。彼らは総指揮官トゥルヴェツコイ公爵がオーストリア大使館に逃げ込んでいたことも知らず，1日中寒風のなかに立ちつくした。
　この日，近衛部隊の兵士たちから忠誠の宣誓をうける筈だった新皇帝ニコライ1世の命により，夕方から近衛砲兵隊による攻撃がはじまった。周辺をとりまいた市民も含めて，見境いなしの射撃がなされ，叛乱部隊は四散した。広場に残された死体の多くは，ネヴァ川の氷を割って流された。

ガレルナヤ街，河岸通りの小路などに逃げた兵士たちは一網打尽に逮捕された[2]。

　首都における蜂起惨敗の報が届いたのち，12月29日から1826年1月3日にかけて，ウクライナ地方のいくつかの駐屯地で連隊兵士の叛乱がおこった。しかしこれらも，指導者ペステリが12月13日に逮捕されていたこともあり，チェルニゴフ連隊の指揮官セルゲイ・ムラヴィヨフが戦傷のあげく捕われたのをきっかけに総崩れとなり，ひとたまりもなく鎮圧された。

　政府は叛乱制圧ののちも，デカブリストと総称されるいくつもの結社構成員にたいする追及の手をゆるめず，逮捕者に対して，国事犯として厳罰をもって臨んだ。主謀者を死刑に処し，多数をシベリアに流刑した。

　この蜂起は当時のロシア社会に激しい衝撃を与えた。祖国戦争の勝利によってよびさまされた誇りや民族意識の高揚と，膨大な戦費による極度の経済的疲弊のはざまで不安定になっていた民心をゆさぶった。ルィレーエフが蜂起の主体となった北方結社の指導者のひとりだったこともあって，作家や詩人たちも活発な言論活動を展開した。

　プーシキンはどの結社にも加入していなかったが，知らせをきいて手紙や覚書などを焼却したうえ，参加しようとペテルブルクに向った。しかし途中で首都からきた旅行者にあって蜂起が鎮圧されたことを知り，流刑地ミハーイロスコエ村にひきかえした[3]。1827年にはシベリアで重労働に服しているデカブリストたちにむけて，"重いくさりは地の上に落ちて，ひとやはくずれ，戸口で自由が"君たちを迎える，とはげましの詩を送り[4]，翌年，ヴォルコンスキー公爵の2歳で死んだ息子の墓碑銘で，"みどり児は笑みをたたえて，はるかなる流刑の地をうち眺め，母の幸を願い父がために祈る"と悼んだ[5]。

　ネクラーソフは，生れたばかりのその子を義母に託して，1862年に夫の流刑地シベリアに旅立った公爵夫人ヴォルコンスカヤを公爵夫人トゥルヴェツカヤとともに長編叙事詩「デカブリストの妻[6]」で描いた。1872年に発表されたこの作品は，ラズノチンツィの青年たちに大きな感動を与え

たといわれる[7]。

　レールモントフは，12年間のシベリア流刑を終えてのちカフカスの部隊に配属されたデカブリスト，ア・イ・オドエフスキーの想い出を訴う。また，代表作といわれる「沈思」にはデカブリストの思想的影響が著しい，と評されている[8]。

　1905年を経て1917年にツァリーズムを根底からくつがえした革命が体制を整えたのち，デカブリストの蜂起は広場に名をとどめるだけのささやかなエピソードとなった。運動の担い手が，主としてドヴォリャニン層の出身者であり，民衆と歩みを共にする視点をもたなかったこと，体制の既得権益の保持をはかりつつ立憲君主制を導入するという西欧型の近代化を目指すものにすぎなかったこと，みるべき成果をあげられなかったばかりでなくむしろニコライ1世の反動政策を助長したことなどが，社会主義革命をなし遂げたソ連にとっては，学ぶべき歴史の歩みと評価されなかったからであろう[9]。

　最近になって，ロシアではイルクーツクのデカブリスト博物館を中心に「シベリアにおけるデカブリスト」の史料学的調査・研究に手がつけられ，一応整理された名簿が発表されている。

　本稿では，デカブリスト運動の概略をみたうえで，東シベリア・ブリャーチヤで流刑に服した数名の横顔をスケッチしてみたい。19世紀初頭のロシアで狼煙をあげ，「エルマークを呪いながら[10]」シベリアでながく暮した青年士官たちがのこした足跡をたどってみたいと考えたからである。

2　アレクサンドル1世の時代

　前述のように，デカブリストの多くはドヴォリャニン[11]層の出身であった。したがって農奴制を基礎とする農地経営の問題は彼らの共通の関心事であった。

　君主にたいする奉仕の精神と忠誠心にうらづけられた封地の下賜によってイヴァン3世の治下に形成されたドヴォリャニン層は，ロマノフ朝の発

足後，数世代を経過して専制政治体制の確立をみる頃には名実ともに土地貴族となり，宮廷政治の中枢部でも重用される階層になっていた。彼らは生活の基盤としての土地にまつわる諸問題にふかくかかわらざるを得なかったのである。

1801年，皇帝アレクサンドル1世の即位は，内外から期待とよろこびをもって迎えられた。政治改革の新局面の到来とみなされたのである。

1796年に帝位についた先帝パーヴェルは「ロシア史における1つの謎」とされる性格異常者で，極端な専制君主であった。彼はフランス革命を憎悪するあまり円い縁のついた帽子まで恐るべき「自由主義」の兆候として排除した。ロシア人の海外留学・外国書の輸入を禁止し，出版には教会と官憲による二重の検閲を課した。さらに軍隊式の「規律」を政治にも拡張し，違反者は容赦なく追放・流刑に処したばかりでなく，ツァリーズムの支柱となっていた土地貴族層の利益に反する政策も敢てとるにいたった。自給自足的農奴制経済から穀物の商品化による市場経済体制への転換は農奴の賦役労働の極度の強化を招き，農民叛乱の原因となって地主層を圧迫した。叛乱はロシアの3分の2を占める32県にまで拡がった。いわゆる農奴制の危機である。

気まぐれな外交による外圧と，数千人に達したシベリア流刑は側近までを恐怖と不安にかりたてた。そしてパーヴェルは在位わずか6年で宮廷クーデタにより弑虐された。皇太子アレクサンドルも承知のうえであった[12]。

アレクサンドル1世は農奴解放の夢をもっていた。西欧における中世的社会機構の崩壊は後進的農業国ロシアにも影響を及ぼした。しかし地主の諸権利の制限，土地ぬきで農民を売買することの禁止など，アレクサンドルの意図した改革案は，保守的地主層の抵抗にあって，ことごとく挫折した。公開市場における農奴の売買が禁止されたのはようやく1808年であった。

農奴制廃止の失敗は，この時期のロシアにおける工業の発展にも影響を与えずにはおかなかった。工業は，西欧諸国のように土地をもたない，ま

たは土地から切りはなされて都市に流入する労働力を得られず，主として，土地に固執していた，または土地に縛りつけられた農民に頼らざるを得なかった。このため工場の立地条件や規模も限定され，何よりも熟練労働者の育成が困難であった。これは製品の質に反映し，西欧市場における輸出競争で立遅れる結果となった。国内で工業製品を吸収する購売力をもつ富裕な階層は未成熟で，しかも貴族層はエカチェリーナ2世以来の伝統をかたくなに守ってフランスなどからの輸入品を常用していたから，工業発展による国家財政の向上は望むべくもなかった。

ポーランド分割の結果ひきついだ対外債務に加えて，アレクサンドルの治世で相次いだ戦争の結果は，国の財政に壊滅的な打撃を与えた[13]。この危機を脱するみちとして保守政治家が選んだのが君主制の一層の強化であった。彼らが専制政治と農奴制の維持及び自由思想の排除に力をそそぐなかで，1809年10月，スペランスキーの国政改革案が出された[14]。これは長期にわたって漸進的に実現される予定であった。この案は図のように外見上近代国家の体系をもっているようであるが，立法権はツァーリと国家評議会にあるものの，法案提出権と裁可権はツァーリのみに帰属した。行政権は政府に属し，大臣は評議会に責任を負い，司法権は独立して，国民から直接えらばれる裁判官の代表によって行使されることになっていた。この案は一応検討されたが，祖国戦争の開戦にむけて緊張が高まるにつれて，改革に反対する空気がひろがった。実施は無期限に延期され，スペラ

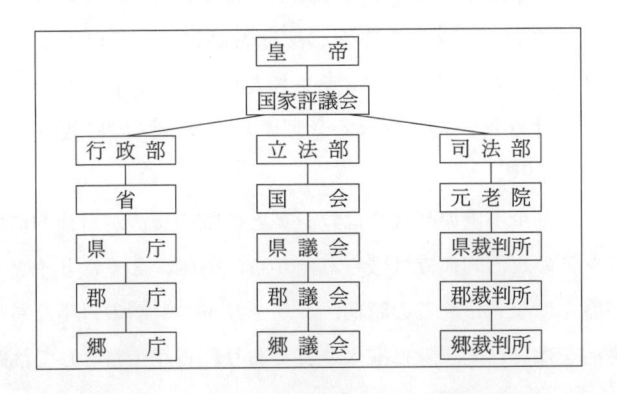

```
              皇   帝
                │
            国家評議会
       ┌────────┼────────┐
     行政部    立法部    司法部
       │        │        │
       省      国 会    元 老 院
       │        │        │
      県 庁   県議会   県裁判所
       │        │        │
      郡 庁   郡議会   郡裁判所
       │        │        │
      郷 庁   郷議会   郷裁判所
```

ンスキーは失脚した。

　アレクサンドルはポーランドに1818年に憲法を与えたが、ロシア国民が最初の憲法を獲得したのは1905年革命の後であった。デカブリストたちの多くは、このアレクサンドル1世の時代に青年期を迎えたのである。

3　結社の成立

　デカブリスト結社の誕生には自由主義思想の影響が大きかったといわれている。ひとつはフリーメーソン運動であり、他は祖国戦争の従軍で親しくふれたヨーロッパ文明から得た知見であった。

　ロシアにおけるフリーメーソンの運動は18世紀中葉に誕生した。これは政治改革よりは、個人の自己完成を重視する人々がロッジを形成し、神秘主義者、慈善家、自由主義者など雑多な人々を含むものであった。この自由主義的傾向がデカブリストたちをひきつけた。

　1822年には、フリーメーソンの結社は完全に禁圧されたが、秘密結社の一般原則、宣誓の方法、加入の儀式等、デカブリストの結社は、多くの点で、フリーメーソンの組織を模倣していたといわれている。とくに、南方結社と1825年に合体する統一スラブ人同盟は、同名のフリーメーソン・ロッジから直接派生した組織であった[15]。

　デカブリストたちは自由主義的政治制度についての思想を、外国文献及びヨーロッパの革命運動に関する知識から得ていた。彼らの多くは、主としてエンサイクロペディスト学派の家庭教師によって自宅で教育をうけた。デカブリストの父親たちがフランス人たるべく教育されたのにたいして、息子たちはロシア人たるべく念願するフランス風に教育された人々だったのである[16]。

　アレクサンドル1世の時代にはロシアと西欧の交流が飛躍的に増大した結果、ロシアの政治的孤立は破られたから、外国、とくにドイツへの旅行や留学が盛んになった。この時期、ドヴォリャニン層の青年たちは領地における生活をはなれて軍隊に編入されており、青年士官として活躍してい

た。ナポレオン軍を追撃してヨーロッパの土を踏んだ彼らは強烈な印象をうけた。社会的・経済的・文化的落差の大きさはロシアの後進性をいやがうえにも彼らに認識させ，1814年に帰国したときには，まるで異国にやってきたようなものだと思わせるほどであった。

　1816年2月9日，ペテルブルグのムラヴィヨフ[17]邸でデカブリスト結社の基となった「救済同盟」（忠誠なる祖国の息子たちの会）が発足した。メンバーはアレクサンドル・ムラヴィヨフ（24歳），ニキータ・ムラヴィヨフ（20歳），セルゲイ・トゥルヴェツコイ（26歳），イワン・ヤクーシキン（25歳），マトヴェイ・ムラヴィヨフ（22歳），セルゲイ・ムラヴィヨフ（19歳），の6名で，全員が近衛士官であった。彼らは，農民の解放と立憲君主制の導入こそがロシアを救う方途だという考えを共有していた。秘密結社の結成については簡単な討議がなされただけで，新会員の加入は全員の承認によることと会規を作成することをきめた。ただ，新しい君主が即位にあたって制限君主制に同意しないときは忠誠の誓いを拒否することも話題になってはいた。

　穏健で漸進的改革をめざしていた「救済同盟」はパーヴェル・ペーステリ[18]の加入によって性格を変えてゆく。彼は共和主義的統治形態の実現を主張して穏健派と対立した。彼にとっては単なる理論など無意味であった。結社の仕事への献身によってメンバーの信頼をかちとり主導権を得た彼は，同盟を革命的組織と位置づけ，明確な政治目標の設定をめざしたのである。

　ペーステリを含む4名が特別委員会をつくって，1817年に新規約が作成され，救済同盟は福祉同盟に再編成された。ただしこの規約には各人が所有する農奴の解放を義務づける条項は含まれず，また政治活動にも言及されていなかった。活動分野として掲げられたのは，慈善，教育，正義及び国民経済の4種である。これは結社が発覚した場合に備えるためと，初心者を恐れさせないために，真の目的を隠した表看板にすぎなかったが，この後同盟員は次第に増加した。

　1818年，ペーステリはトゥルチンに赴任して，直ちに同盟の南方支部の

結成に着手した。彼は徐々に辛抱づよく説得して共和主義的綱領の同調者をふやした。南方支部が活気づくのに反比例して，北方支部はペーステリのあとをつぐ指導者を欠き，おまけに設立者のひとりアレクサンドル・ムラヴィヨフが脱退したこともあって沈滞する一方であった。この事態を憂慮したペーステリの北方支部への働きかけも成功せず，活動方針の統一をはかるためのモスクワ会議，すなわち同盟支部の総会が1821年に開かれることになった。

　この総会の目的はふたつあった。ひとつは対立する内部の意思の調整であるが，他は同盟員のうち不適格な分子を排除することであった。政治的傾斜がつよまるにつれて大貴族や将官クラスの中に脱退者がふえていた。内報者はあとを絶たず，警戒態勢を強化していた政府に，討議の内容まで正確に報告が届いていた。そこでこの総会で同盟の解散が決定された。結果は時をおかずに政府にもたらされて，所期の目的は達成されたのである。

　同盟は極秘裡に幹部会を開き，モスクワ，スモレンスク，ペテルブルグ，トゥルチンに主要4支部を設けることを決定した。活動方針については，ペーステリが共和主義政体実現の初志をまげず，このときから南方支部は独立して南方結社を名告ることになった。保守的な自由主義者の拠点として急進的な南方結社と対立をつづけていた北方支部も，翌年，北方結社を発足させた。

　両者は政治綱領を憲法草案のかたちでのこしたが，これらは根本的に相容れない性格のものであった。南方結社はペーステリが長年にわたり熱心に主張してきた組織形態と綱領をそのままうけいれ，彼が活動全体を単独で指揮することになった。綱領はルスカヤ・プラウダと名付けられ，革命後は強力な独裁的臨時政府の樹立が提案されていた。

　北方結社の活動は依然として不振のままであった。その原因は組織形態によるものと考えて，幹部の熱意をよびさますために3頭指導部体制が導入された。ニキータ・ムラヴィヨフ，エヴゲーニー・オボレンスキー，セルゲイ・トゥルヴェツコイの3名である。ニキータ・ムラヴィヨフによる憲法草案は，北方の自由主義的上層階級の意向を反映して，立憲君主制，

政治的社会的解放，革命後は国民議会を召集して新しい統治形態を決定する，というものであった。しかしこれは結社の最終決定をみるにはいたらなかった。指導部の意見もまとまらず，トゥルヴェツコイにいたっては，皇帝を説得して制限君主制を実現させ，その正式承認を得るため国民議会を召集するよう勅許を得ようと考えていた。皇帝の暗殺も議論していた南方結社とは遠くへだたる立場である。

　両結社に共通していたのは，大衆を革命にひきこまないという点だけであった。フランスで18世紀におこったような内乱，無政府状態，社会的混乱の発生を恐れたためである。ただしペステリの革命構想によれば，各種政府機関が集中している首都における反乱が突破口になるはずであったから，北方結社と南方結社の統一行動は不可欠の前提であった。そこで彼は数次にわたって特使を送り，1824年には自ら北方結社に赴いて説得を試みたが不調におわった。両結社は最後まで統一されることはなかった。この原因は，両結社の加盟者の出自からくる社会的，経済的底流に求められねばならない，とマズーアは指摘する。

　「北方結社の会員には著名な貴族の大地主および近衛将校が相当数おり，かれらには急激な行動をとったり，南方会員が説くような共和主義思想に同調したりする気持はなかったのである。一方，南方にはそういう分子は事実上いなかった。会員の大部分は，経済上の富にも，政治上の権力にも恵まれていない階級に属していた。かれらは主として貧しい陸軍将校で，多くは土地を所有せず，その経済的身分上当然ブルジョア民主主義的思想を抱いていた[19]」からである。

　1825年早々，ムラヴィヨフが家庭の事情で委員を辞し，トゥルヴェツコイがキエフに転属を命じられたのち，北方結社の指導者になったのがルィレーエフであった。著名な詩人ですぐれた文筆家であった彼は熱心に勧誘して理想主義的な新会員を加入させた。そのなかには，ニコライ，アレクサンドル，ミハイルのベストゥージェフ3兄弟，詩人オドエフスキー，キュヘリベーケルなどがいた。多くは小土地所有者で，ほとんどが農奴を所有していなかった。保守的で実務的なムラヴィヨフに指導されていた結社の

空気は一変し，ロマンチックで陶酔的な高揚感が横溢する文化人集団の様相を呈してきた。

この間に南方結社はポーランド人結社[20]と同盟を結び，統一スラブ人同盟[21]との合体に成功した。統一スラブ派は，革命運動は大衆とともにすすめるべきだとする立場をとっていた。ペーステリも含めて南方結社の指導者が兵士たちを専制君主に対抗する単なる武器とみなしていたのとは基本的に異なるものであった。兵士は複雑な経済的政治的問題を分析する力はもたないかもしれないが，それでも革命の意義を説明すべきだとスラブ派は主張し，また工場労働者とも接触をはかっていた。合体が成立したのは，双方がそれぞれの目的達成のために勢力の拡大をのぞんでいたからである。11月初旬にペテルブルグに帰還したトゥルヴェツコイはこの状況を報告し，南方結社は1826年中に事をおこす準備をしていると告げた。

それにひきかえ，この時点で北方結社にあったのは熱意と夢想だけで，具体的な準備どころか「革命」のイメージさえ共有されてはいなかった。事態を急変させたのは，アレクサンドル1世の死去であった。

4 蜂起・裁判

1825年11月19日，アレクサンドル1世がクリミア旅行中タガンローグで急逝した。子供がいなかったために皇位は次弟でポーランド総督だったコンスタンチンがつぐ筈であった。訃報がペテルブルグに届いた日，三弟ニコライを含めて近衛軍と国家機関の官公吏がコンスタンチンに忠誠を宣誓した。3日後にはモスクワでも同じ手続きがとられた。

しかしアレクサンドルの遺書によって，コンスタンチンは既に1823年1月14日に皇位継承権を正式に辞退してニコライを継承第1順位につかせていたことが明らかになった。ニコライはコンスタンチンに対して，あらためて自ら辞退を公表するよう要求した。親書がペテルブルグとワルシャワを往復していた3週間，ツァーリは空位のままであった。ニコライがようやく即位の決意をかため，12月14日が元老院と近衛軍の宣誓の日とさ

だめられた。

　デカブリストたちはこの機会を逃しては蜂起は不可能になると考えた。ただ結果については誰もが悲観的であった。にもかかわらず「ロシアを目覚めさせ，失敗はあとの世代に対する教訓になる」から起つべきだとルイレーエフは主張し，同調したニコライとアレクサンドルのベストゥージェフ兄弟は，多くの軍の本営を訪ねまわった。「我々はすでにコンスタンチンに忠誠を誓っている。コンスタンチンが自ら姿をあらわして辞退の宣言をしない限り，ニコライに対して宣誓すべきではない」と蜂起の大義を彼らは説いた。しかしイズマイロフ，フィンランド，エゲル各連隊の司令官たちがそろって不参加を表明した。準備不足で計画性もなく，したがって成算のない行動に兵士を参加させるわけにいかず，自分も四つ裂き刑になるのはごめんだ，とはっきり述べる将軍もいた[22]。

　北方結社の総指揮官はセルゲイ・トゥルヴェツコイ公爵であった。彼は近衛大佐であったが軍略に長けていたために選ばれたわけではなく，リトアニアのゲディミン王家を祖先にもつ古くて高貴な一族のひとりであるという社会的身分のゆえである。これは反乱軍にとってまことに不幸なことであった。決起当日彼はあらわれず，義兄が大使をつとめていたオーストリア大使館に保護を求めて逃げ込んだのである[23]。

　12月14日，午前7時に集合した元老院のメンバーはすでにニコライに対する宣誓をすませて散会していた。人気のない広場に集合したのは，前述のように，アレクサンドル，ニコライのベストゥージェフ兄弟にひきいられた3千人の兵士だけであった。彼らは「コンスタンチン万才」「コンスチトゥーツィア（憲法）万才」を叫んでいたが，兵士のなかには，コンスチトゥーツィアとはコンスタンチンの妻の名であると信じていた者も多かったという[24]。

　総指揮官に裏切られたリーダーたちは指揮官を選ばねばならなかった。低い肩章のベストージェフ兄弟は総指揮官にふさわしくないという理由で，近衛歩兵軍団副官のオボレンスキ公爵が選ばれた。しかし彼はイニシアチヴに欠けていた。広場のまわりに集りはじめていた市民を蜂起の環に

ひきこむ機略ももたず，時間は空費されただけであった。

　政府軍の兵力は9千人を上廻っていた。ニコライは実力行使をためらって，降伏し兵舎に帰るよう説得する使者を再三送ったが効果はなかった。日暮れが迫って，政府軍からの寝返りが出ることを恐れたニコライは，ついに3門の砲をひき出すことを許可した。砲口がむけられても，兵士たちは仲間が自分たちを撃つことなど信じられず無抵抗で立ちつくしていた。免責のための警告を発したのち発砲がはじまって蜂起軍の運命は決した。ニコライの治世は，この流血とともにはじまったのである。

　南方の反乱はより積極的な形をとった。結社の動きはメンバーとして活躍していたイワン・ウィット伯爵などをとおして，政府側によって逐一把握されていた。北方蜂起の前日，1825年12月13日にペーステリが逮捕されて緊迫感は一気に高まった。北方の蜂起を知ったメンバーが自らの去就について討論している間に，マトヴェイとセルゲイのムラヴィヨフ兄弟にも逮捕状が出された。12月29日に，兄弟が留置されていた家屋にあらわれた4名の統一スラブ人結社員が彼らの救出に成功した。この実力行使は公然たる違法行為であったから，南方結社も直ちに行動に移らざるを得ないことになった。

　セルゲイ・ムラヴィヨフはチェルニゴフ連隊の数中隊を集め「人民を奴隷状態から救い，兵役軽減その他の改善を計る」ために立ち上る旨を告げ，同意した兵士とともに，12月30日にキエフの近郊都市ワシリコフに進軍した。この町の兵士は抵抗せずに反乱軍に加わったためにセルゲイ軍は軍旗と軍金庫を奪い，すべての囚人を衛戍監獄から解放した。統一スラブ派は直ちにキエフを奇襲することを主張したが，ムラヴィヨフは徐々に移動して他の諸部隊を獲得する方策をとろうとした。そればかりでなく，鎮圧のために送られてくる兵士たちも戦うことなく反乱軍に合流するであろうと考えていた。

　情報収集のためキエフに送った密使は帰らず，合流を期待した連隊が既に移駐しているなど不本意な条件の下で，わずか千人程度の歩兵から成る反乱軍のなかからも脱走者が出て，士気はおとろえてきた。1826年1月3

日，政府軍の軽騎兵・砲兵の分遣隊と遭遇した際にセルゲイは頭部を負傷した。兄が死亡したと思ったイッポリート・ムラヴィヨフは自殺し，また側近も兵士たちの面前で自殺した。兵士たちは，セルゲイを襲おうとしたほど深い絶望感にとらわれた。

政府軍は反乱兵を捕えて鉄鎖につなぎ，モギリョフに送った。命をとりとめたセルゲイはペテルブルグで北方結社員たちと合流させられた。統一スラブ人結社の兵士たちによる小規模で散発的な抵抗はあったが，数日で手際よく南方の反乱も鎮圧されたのである。

南方における反乱軍の敗北の原因は，セルゲイ・ムラヴィヨフの用兵の緩慢さと自由意思の過度の尊重に求められる。内乱の際に不可欠な，意表を衝く迅速性を彼は重視せず，しかも，兵士たちに対して反乱軍にふみとどまるか離脱するかを自由に選択できる，としばしば言明した。これが，政府軍の偵察活動を助ける結果となった。

デカブリストたちは北方でも南方でも敗れ，帝位は守られた。しかしこれは「ロシアにおける専制政治と民主主義との間の長い闘争へのまさにその前奏曲と考える」べきだとマズーアは主張している。「この闘争を開始した人々の民主主義思想は後の世代にとってはひ弱いものとしか見えないし，デカブリストの寄与は小さいものとしかみえないかも知れない。しかし砲火は開かれ，旧ロシアは挑戦をうけ，未来の成功への信念は時が経つにつれて深まっ」ていったからである[25]。

反乱制定ののち直ちにニコライ自身が冬宮で逮捕者の取調べを開始した。蜂起の指導者たちをはじめ多くの関係者が次々と新しいツァーリの前に引き立てられた。150人ほどの逮捕者について，ニコライは質問をしたあと，各人のうけるべき取扱い，すなわち，鎖をつけるべきか，特別の監視下におかれるべきかなどを細かく指示した[26]。この取扱いは進んで自白した者については緩められた。オーストリア大使館から拘引されたトゥルヴェツコイは，ひざまずいてニコライの手に口づけし，涙ながらに命乞いをして[27]，北方結社員のリストを差し出した[28]。こうして逮捕者はふえた。

ニコライの処置は迅速であった。元老院広場の蜂起からわずか3日後の

12月17日，全ロシアの秘密結社の調査のため，特別委員会が設置された。ニコライの指名により，委員は陸軍大臣，文部大臣，宮廷書記官，ペテルブルグ総督の他3名で，議長は陸軍大臣がつとめた。委員会はすべての結社について，設立の目的，活動内容を徹底的に調べあげ，詳細な報告に結社員のリストをそえて5月30日にニコライに提出した。

6月1日には早速国事犯のための特別裁判所が設立された。裁判官は国家評議会，元老院，内閣，宗務院の代表に加えて数名の文官武官であった。法務大臣が検事総長になった。法廷は6月2日に開廷し11日に閉廷した。

被告は全く出廷を命じられることもなく，担当委員が監房を訪れて取調委員会における発言の再確認を求められただけであった。これを拒んだ者にも，それが証言拒否にあたることを告知されることもなく，再度確認の機会も与えられなかった。結局，「異端糺問所」的性格を有していた調査委員会における被告たちの発言が最終証言として法廷に提出され，これに基いて判決が下された。

起訴された者は全体で579名で，うち290名が無罪とされた。有罪の289名中134名は微罪により降等のあと各方面の部隊に分散して送られるか，または地方警察当局の監視下におかれた。4名が国外追放，20名が裁判の過程で死亡した。不明者は9名である。

のこり121名が結社の指導的立場にあった者と認定され厳罰に処せられた。北方結社員61名，南方結社員37名，統一スラブ人結社員23名である。彼らは第1等級から第11等級まで罪状に応じて認定され課刑された。四つ裂きによる死刑は北方結社員ルイレーエフ，カホーフスキー，南方結社員ペステリ，セルゲイ・ムラヴィヨフ，ベストゥージェフ＝リューミンの5名であった。他の第1等級31名は斬首による死刑，残りはシベリア流刑で，等級に応じて一定期間の重労働に服せしめる旨が判示され，ニコライ1世の裁可を仰ぐことになった。

新帝に期待された温情は与えられなかった。5名の四つ裂き刑が絞首刑に，31名の斬首刑が終身のシベリア徒刑にかえられただけであった。刑の執行は1826年7月13日午前3時にはじまった。すべての囚人が降等の儀

式に呼び出された。肩章ははぎとられ，軍服はとりあげられて寛衣が配られた。各人の剣は折られて焚火に投げ込まれた。そして絞首刑の執行がなされたのである。報告をうけたニコライはすべてが順調に終ったことを神に感謝し，ひとり教会で祈った。

モスクワ連隊とチェルニゴフ連隊の兵士たちの流刑は1826年2月からはじまっていた。約1500人がカフカスへ送られた。一部の兵はきびしい体罰をうけたうえ，東方へやられた。同年7月21，23日，最初の一組のシベリア送りがはじまった。その中にはトゥルヴェツコイ公爵，ヴォルコンスキ公爵，アンドレイとピョートルのボリソフ兄弟，オボレンスキ公爵などがいて，イルクーツクへ送られた。この組につづいて別の組が次々と送られた。

こうしてロシアにおける「自由のためのたたかい」のドラマでの第一幕が終った[29]。

5 ブリャーチヤのデカブリストたち

流刑囚は鎖につながれて小グループにわけられ，4人に1人ずつの護送兵がついて送られた。流刑地は点在していたが，最大のグループはイルクーツクを経てチタ監獄に収容された。懲役期間，徒刑期間を終えた者に対しては定住流刑制度が適用された。これは一定の地域に居住させ，半ば自由，半ば拘束的な生活を強制するものであった。チタ監獄から東シベリアブリヤーチヤのペトロフスキィ・ザヴォードに移動させられたグループにはデカブリストの指導者たちも含まれていた。彼らをまとめたのは，数個の小グループよりも1個の大グループのほうが管理しやすい，というシベリア総督ラヴィンスキの持論によるものであった[30]。

ペトロフスキィ・ザヴォードには14名が送られた。彼らの定住流刑地はペトロフスキィ・ザヴォードに近いイルクーツク郡で，バイカル湖の東部に流入するセレンガ川支流域に点在する8つの寒村であり，地区の中心はヴェルフニェウヂンスク市であった。

ブリャーチヤに定住したのは，北方結社員6名，南方結社員1名，統一スラブ人同盟員5名，いずれの結社にも加入していないが元老院広場の蜂起に参加した者2名である[31]。

北方結社　　　(1) ムラヴィヨフ・アレクサンドル・ニコラエヴィチ (1792-1863)。退役大佐。父は空軍少佐で社会活動家であり，モスクワ馬術学校を設立した。幼時，家庭で教育をうける。モスクワ大学在学中から軍給養部の管理下にある馬術部で勤務につく。祖国戦争に参加，ボロジノの会戦で活躍しアンナ十字勲章4等級に叙せられたほか在外勤務に伴い，プロシア，バヴァリア，オーストリアなどで各種の勲章をうける。1814年参謀本部に入り18年に退役した。

モスクワ県ヴォロコラムスク郡に600人の農奴を妻のために購入。1826年にはほぼ10万ルーブルの負債を負っていた。フリーメーソン三徳ロッジのメンバーで，北方結社の創設者のひとりであったが蜂起には参加しなかった。

1826年1月，ヴォロコラムスク郡で逮捕され，6等級で有罪，官位及び貴族の身分を剥奪されずにシベリアに送られる。流刑地はヤクーツクであったが，妻の母E・C・シャホフスキ公爵夫人の請願によりヴェルフニェウヂンスク市に変更されて1827年1月4日に到着，定住流刑生活に入る。

(2) オボレンスキー・エヴゲーニィ・ペトローヴィチ (1796-1865)。公爵，フィンランド連隊陸軍中尉，近衛歩兵軍団当直上級副官。ノヴォミール市貴族であった父公爵は4等文官でトゥーラ県知事だが他県にも1348人の農奴を所有し，338800ルーブルの債務があった。

フランス人の家庭教師により教育をうける。1814年から近衛砲兵旅団第1小隊に，士官学校生として軍籍をもつ。北方結社員として元老院広場で総指揮官となる。蜂起当日，参謀部スミルノフ病院の病室で逮捕される。

第1等級で有罪。終身重労働の刑を宣告され，流刑第一陣としてイルクーツクに送られる。ブラゴダート鉱山で働くが刑期は1826年に20年，32年に15年，更に35年には13年に短縮された。1839年，トゥルンタエヴォ村

への定住が命じられた。

　(3)　ベストゥージェフ・ニコライ・アレクサンドロヴィチ (1791-1855)。海軍大尉，第8艦隊乗組員。海軍幼年学校，兵学校を経て1809年海軍少尉に任官し，バルト海の灯台監視副官としてクロンシュタットに勤務ののち1821年から海軍省管理部で銅版印刷局設立に関与。その功によりヴラジーミル4等勲章をうける。軍籍にあるままでロシア艦隊史を執筆し，1825年7月，海軍省博物館の館長に就任した。また資料編纂官として，数次にわたってオランダ，フランス，ジブラルタル方面への航海に出かけた。評論家としても著名で，1821年ロシア文学愛好者自由協会員になり，論説部門の編集長，協会の副会長をつとめた。また22年には検閲委員にも選ばれている。

　1824年に北方結社に加入し蜂起当日は近衛海兵隊を卒いて参加した。1825年12月16日，クロンシュタットから八露里ほどのコスノム村の砲兵下士官ヴェルーソフの家で逮捕された。判決では第2等級とされたがニコライの裁可により第1等級，終身重労働に変更されて1827年9月28日，シベリアに送られた。刑期は13年にまで短縮され，1839年，セレンギンスク村での定住流刑を命じられた。

　(4)　ベストゥージェフ・ミハイル・アレクサンドロヴィチ (1800-1871)。近衛モスクワ連隊2等大尉。海軍幼年学校を卒業して，クロンシュタット，アルハンゲリスクで勤務し，1825年にモスクワ連隊に移る。24年に北方結社員となる。蜂起には，指揮下にあった第3歩兵中隊をひきいて，先頭をきって参加し，元老院広場で逮捕された。

　第2等級で有罪，終身重労働を宣告されたが20年に短縮されて1827年9月28日，兄ニコライと共にシベリアへ。刑期は兄と同じく13年になり1939年から兄とともにセレンギンスク村で定住流刑生活に入る。

　(5)　トルソン・コンスタンチン・ペトローヴィチ (1793-1851)。海軍大尉司令部副司令官。父は陸軍大佐。海軍兵学校在学中にスウェーデン漕艇部隊との海戦で戦功をあげ，士官に昇進した。1819年から21年まで1本マストの帆船での南廻り世界一周航海にも参加した。

北方結社員ではあったが，拙速な行動に反対して蜂起には参加しなかった。1825年12月15日逮捕される。第2等級により有罪，重労働20年が宣告され，1826年12月10日シベリアに出発。チタ監獄，ペトロフスキィ・ザヴォードに送られたが1832年に期限が10年に短縮された。1837年からセレンギンスク村に定住し，ベストゥージェフ兄弟と再会した。

　（6）　キュヘリベーケル・ヴィリヘリム・カルロヴィチ（1797-1846）。作家，退職8等官。父はザクセンの貴族で生涯パーヴェル1世の近侍をつとめた。1808年までパーヴェルから下賜された父の領地エストニアのアヴィノルムに住んでいたが，リヴォニアのヴェロー市にあるブリンクマン学寮を経て，1811年，ツアルスコエ・セロにつくられたリツェイに入学し，プーシキンと出逢う。17年，最優等で卒業して外務省につとめると同時に高等師範付属の貴族寄宿学校でロシア語とラテン語を教える。20年に辞職し，上級侍従ナリューシキンの秘書としてパリに赴く。反王党派の結社で開いた公開講座の内容が問題となって帰国を命じられカフカスの官吏となったが同僚との決闘により辞職，チフリスを去る。その後はモスクワやペテルブルグに住んで大学付属の寄宿学校で教鞭をとりながら文学雑誌を発行した。農奴は所有していない。

　ルイレーエフと共に蜂起に参加した。鎮圧されたのちペテルブルグを脱出したがワルシャワ郊外で逮捕され，1826年10月7日，第1等級で有罪，20年の重労働を宣告された。勅令によりシベリアではディナブルグス鉱山の囚人隊所属となる。重労働の期限が15年に短縮され，1835年からバルグズィンで定住流刑生活を送る。

南方結社

　（1）　トルストイ・ヴラジーミル・セルゲーエヴィチ（1806-1888）。モスクワ県土地貴族。父は近衛陸軍中尉。母は公爵の娘で，その父がリャザン及びトヴェリに647人の農奴を所有していた。外国人の家庭教師のほかモスクワの司祭，ギムナジウムの教官などから家で教育された。1823年からエカチェリノスラフスキー重騎連隊の下士官となる。1825年12月18日に逮捕される。第7等級により有罪とさ

れ，2年の重労働が宣せられたが，これは1年に短縮された。1827年4月チタ監獄に到着し，イルクーツク県トウンキンスク要塞に直送される。1829年一兵卒としてカフカスに送られ，39年陸軍中尉。43年病気のため妹の領地で静養。その後カフカス前線コサック部隊副官として再度戦闘勤務につき，戦功により騎兵となり1等大尉に任ぜられる。1851年から55年までカフカス県官吏をつとめるがその間秘密機関による監視をうけつづけた。大赦により退職したのちは，伯母の遺産として受けた領地でくらした。

統一スラブ人同盟　(1) アンドレーエヴィチ・ヤコヴ・マクシモヴィチ(1801-1840)。第8砲兵旅団陸軍少尉。ポルタフスク県ペラヤスラフスク郡の貴族。農奴は所有していない。1811年モルダヴィアのトヴェリ竜騎兵連隊，1825年キエフ兵器廠勤務。1826年1月14日キエフで逮捕され，7月10日第1等級で有罪，終身重労働を課せられたが20年に減刑されたうえ1827年シベリア流刑。チタ監獄からペトロフスキィ・ザヴォードに送られる。期限が13年に短縮され1839年からヴェルフニェウヂンスク市に定住したが翌年死亡。

(2) シムコフ・イヴァン・フヨードロヴィチ (1803-1836)。サラトフ歩兵連隊少尉補。ポルタフ県貴族。農奴413名。ハリコフ大学で学ぶ。1820年アレクスポリスキ歩兵連隊で陸軍曹長として軍務に就く。1825年に統一スラブ人同盟に加入。1826年4月12日に勤務地の第2部隊で逮捕される。第4等級で有罪，12年の重労働とされたが，これは8年に短縮された。1827年チタ監獄に到着，30年，ペトロフスキィ・ザヴォードに送られる。労働期間を終えて，ヴェルフニェウヂンスク郡バトゥリノ村に定住。34年にミヌシンスク村への移転を請願したが容れられず，36年にフォークラ・デメトリエヴナ・バトリーナとの結婚を申請したが，本人の死亡により実現しなかった。

(3) ボリソフ・アンドレイ・イヴァノヴィチ (1798-1854)。退役陸軍少尉。スロヴォ＝ウクライナ県の貴族。父は黒海艦隊の退役少佐。父の指導により家庭で教育され，数学と砲術をデカブリストア・カ・ベルステルに教え

られた。1816年，弟と共に砲兵士官学校に入り，第26砲兵旅団で軍務につく。家庭の事情により退役。

弟ピョートル及びユ・カ・リュブリンスキーと共に統一スラブ人同盟を設立した。1826年1月逮捕され第1等級で終身労働に処せられる。7月23日弟と共にシベリアへ。イルクーツクから，アレクサンドロフスク醸造工場及びブラゴダツキー鉱山における労働を経て1827年チタ監獄に移される。1830年ペトロフスキィ・ザヴォードへ。労働の期間は13年に短縮され，1939年ポドロパートカ村で定住生活を開始し41年にマーラヤ・ラズヴォードナヤ村に移った。精神を病んでいたが，同居していた弟の急死のあと自ら命を絶った。

(4) ボリソフ・ピョートル・イヴノヴィチ（1800-1854）。第8砲兵旅団陸軍少尉。兄の退役後も軍務を続ける。1826年1月第8砲兵旅団で逮捕された。兄アンドレイと同一の判決をうけ，その後も離れることなく常に行動を共にしていた。左腕に，弓，鎌，鎖とともに，婚約した小間使マリビーナ・ボロドヴィーチェヴァの頭文字の刺青をしていた。

(5) リュブリンスキー・ユリアン・カジミロヴィチ（1798-1873）。本名はモトシノヴィチ。リュブリンスキーという姓は故郷の世襲領地リュブネツに由来する。父はポーランドの貧しい小貴族，いわゆるシュラフタであり，農奴は有していない。カトリック信者。1803年から11年までカトリック系の学校に通う。

優秀なシュラフタとして1817年ノヴォグラート＝ヴォリンスク郡の下級裁判所の8等官になるがやがて辞職して，クレメネツキのリツェイに入学し，卒業後ヴィリニュス大学の事務局に職を得た。1819年から21年までワルシャワ大学の行政学及び法律学の聴講生となる。ポーランド人の秘密結社に加盟したことを理由として逮捕されたが，起訴理由がないためにワルシャワから追放されて，母の住むノヴォグラート＝ヴォリンスクに送還され，警察の監視下におかれた。ここでボリソフ兄弟と出逢い，統一スラブ人同盟を結成した。

1826年2月15日に収監命令をうけ，ペテルブルグに移送され，7月10

日，第6等級で有罪，5年の重労働の宣告をうけ1827年4月チタ監獄に到着。刑期は3年に短縮され，満了までイルクーツク郡トゥンカ要塞に送られる。1844年イルクーツク県ジルキ村への移住が決定された。

その他　　(1)　グレボフ・ミハイル・ニコラエヴィチ (1804-1851)。10等文官。債務償還管理国家委員会副書記官。クールスク郡プティブリスク郡貴族。父は6等文官。農奴700人，うち300人に抵当権がついていたため多額の債務があった。1818年から21年までB・K・キュッヘリベッケルが教えていたペテルブルグの貴族寄宿学校で学ぶ。修了時に12等の官位をうけ司法省に勤務をはじめる。

結社に加盟してはいなかったが元老院広場の蜂起に参加して1825年12月17日に逮捕された。1826年7月10日，第5等級で有罪，10年の重労働を宣告された。8月22日，期限を6年に短縮されてシベリアに送られた。チタ監獄を経て1830年ペトロフスキィ・ザヴォードに移り，32年に労働の期限終了ののちヴェルフニェウヂンスク郡のカバンスク村における定住が命じられたが，彼はニジニェウヂンスク管区のブラーツク監獄で発病したミハイノフと同居するための請願を出した。これは"自己の不品行にひたすら固執するもの"として拒否され，殴打されたのちの中毒症状によりカバンスク村で死亡した。この死亡につき，囚人管理局下士官イリヤ・ジューコフとナタリヤ・ユリエヴァの有責性が公的記録により明白にされている。彼は47才であった。

(2)　キュヘリベーケル・ミハイル・カルロヴィチ (1798-1859)。近衛海軍中尉。海軍幼年学校を卒業，1814年，近衛海軍に登録される。1821年から24年まで1本マストの帆船に乗り組み，カムチャツカ沿岸の一周航海に成功し，ヴラジーミル4等勲章をうける。貴族だが農奴は有していない。

結社に加盟していないが蜂起には参加。逃げ出してM・パーヴロヴィチ大公のもとに行ってからセミョーノフスキー官房に寄って逮捕される。第5等級で有罪，重労働8年の期限が5年に短縮されて1827年チタ監獄を経て1830年9月までペトロフスキィ・ザヴォードで受刑。31年からバルグ

ズィンで定住流刑生活を送った。

39才と33才で死亡したアンドレエヴィチとシムコフ，撲殺されたグレボフ及び赦免を請願して皇帝の許しを得ることに成功したムラヴィヨフ[32]とトルストイを除く9名のうち，1855年にアレクサンドル2世の即位記念の大赦をうけるまで流刑の地に生きていたのは4名であった。

6 定住流刑生活──むすびにかえて──

定住流刑制度は指定された場所で地方警察の厳しい監視のもとで運用された。この地方で縁者・兄弟などがひきはなされていないことは注目すべきである。ロシア人のあまり住んでいない極寒の地に定住し行動を規制されながらブリャート人と交わる暮しでは，極めて強靱な精神力が要求される。骨をかむ孤独は同居者によってどれほど癒やされたことであろうか。

夫に随って流刑地に赴いた妻たちのことはよく知られているが，セレンギンスク村のベストゥージェフ兄弟とトルソンのもとには，母と姉妹が移ってきた。兄弟の母は1844年に，領地を売り3人の娘を連れてセレンギンスクに移住したい旨の請願を出した。国事犯に課せられるすべての制限事項の遵守を誓ったにもかかわらず，ニコライ1世はこれを拒否した。妹たちがシベリアに向ったのは，母の死後であった。トルソンの母と妹は許されてセレンギンスクにやって来た。母はこの村で死去し，息子とその友人たちの列席のもとで葬られた。妹は兄に出された大赦令ののちモスクワに帰った。

流刑時最年長で34才のニコライ・ベストゥージェフから26才のピョートル・ボリソフまで，9人のデカブリストはみんな若かった。国事犯として一切の称号と特権を剥奪され，政治活動を全面的に禁止されていた彼らは，生れてはじめて「下層階級」に融けこみ，恋をした。トゥルンタエヴォ村のオボレンスキーは1845年に許可を得て自分のお手伝いであった解放された農奴の娘と結婚し，9人の子を設けた。ニコライ・ベストゥージェフは

受洗したブリャート人と，ミハイル・ベストゥージェフはコサック1等大尉の娘と結婚し，トルソンはブリャート人と事実婚の関係にあった。またバルグズィン村のヴィリヘリム・キュヘリベーケルは，郵便局を営むブリャート族の娘と結婚し，ミハイル・キュヘリベーケルはお手伝いをしていた平民の娘と結ばれて6人の娘を得た。トゥンカ村のリュブリンスキーは現地の農夫の娘と結婚した。婚姻で生れた子供たちは，大赦によって父が貴族の権利を回復したのちは，その身分をうけついだ。

　妻たちは献身的に夫につくし，懸命に働くことで生計を担った。流刑囚には定住費用として2000ルーブリ，年間費用として1000ルーブリが政府から支払われていた。更に，親族から金銭的援助をうけられない人々には一兵卒と同程度の額が補助された[33]。これは低額だったから妻の労働力は貴重であった。デカブリストたちの流刑生活は彼女たちの深い愛情に支えられていたのである。貧しさのなかで彼らはさまざまな分野における啓蒙活動に力を注いだ。

　ピョートル・ボリソフはペトロフスキィ・ザヴォードで懲役刑に服しているときから作業場付近の植物や昆虫を採集して標本をつくった。定住生活に入ってからも周辺の動植物の生態系の観察をつづけ，みごとなデッサンや水彩画のコレクションをのこした。ウクライナの屋敷で育ち，小間使の名を腕に彫った情熱的な彼は1818年に兄とともに自然愛好協会をつくった。その精神が生涯のおわりまで持続したのである。彼らはマーラヤ・ラズヴォードナヤ村で学校をひらいた。

　ベストゥージェフ兄弟もセレンギンスク村で学校をはじめた。彼らは天性の教育者であった。識字率は極度に低かったから子供たちはもちろん村人にも読み書きを教えたばかりでなく，手仕事の訓練をさせるなど職業教育もはじめた。

　この兄弟は優れた技術者で，機械工学の知識も有しており，農作物を運ぶ軽量の馬車，水流を利用した発動機，海洋クロノメーターなどを工夫して製作した。またセレンギンスクにシベリアで最初の大気水象学測候所をつくり体系的な観測をつづけるなど天文学研究者としての素質もあった。

ニコライ・ベストゥージェフは人類学にも興味を示してザバイカル地帯を広く調査し,「ブリャーチヤの経営」,「ザバイカルの経済」,「グシノエ湖」などの論稿を発表した。とくにグシノエ湖の石炭層の発見者として知られている。また絵画をよくし,仲間のデカブリストたちの肖像や収容所内部の様子など,当時を知る手がかりを多くのこしている。

デカブリストたちは農業につよい関心を示した。シベリアの野菜不足は深刻であったから,彼らはヨーロッパロシアから種子をとりよせたり,温床栽培や人工加熱実験にとり組んだりして各地で成果をあげた[34]。

トルソンはトルキンスク鉱泉を訪ねたり,東シベリア一帯を踏査したり,農作業の方法を研究した。農器具を改良し,農業機械の発明にも挑んだ。セレンギンスクのデカブリスト博物館には彼のつくった打穀機のモデルが展示されている。

ミハイル・キュヘリベーケルも農村の経済について研讃を積み,農民を指導して新しい農業技術の普及につとめた。圃場をもち,穀物ばかりでなく野菜も育てた。バルグズィン村には"カルロヴィッチ農場"が現在でものこっている。彼は天体及び気象学的観測をつづけて,ザバイカルの地勢図もつくった。

著名な詩人であったヴィリヘリム・キュヘリベーケルはこの地方の民間伝承と民俗につよい関心をもった。詩作品ばかりでなく,文字をもたなかったブリャート人の口承伝説や民話を採集してロシア語による記録をのこしている。アレクサンドル・ベストゥージェフはシベリアを舞台とする物語を綴り,現地の各種言語を研究し,ニコライ・ベストゥージェフはブリャート語の辞書を編集した。

このように,デカブリストたちは近衛士官だった前歴からは予想もできないほど多くの分野で活動した。おそらく小規模で設備も整わないものであったろうが,学校の開設はブリャーチヤにおけるロシア語の普及に貢献したばかりでなく,貴族階級が培ってきた文化の移入にも役立った。シベリアには伝統的な貴族制度がなかったから,現地の人々にとっては,彼らははじめて接する「上流の人々」でありヨーロッパ文化の香りなのであっ

た。ブリャート人との婚姻は，デカブリストがスローガンとして掲げた「自由のためのたたかい」の個別的な実践だったともいえよう。

　農業にたいする関心のつよさは，彼らの出自と無関係ではあるまい。ドゥヴォリャニン層は領地の広さを農奴の数で表現するほど農地経営にたいする依存度が高かった。伝統に従って軍人たるべく家庭で教育されている間に，彼らには，動植物・農産物に触れる機会が多かった。また，退役ののちは爵位の継承者として領地に戻ることを運命づけられていた者も多かった。したがって，農業は彼らにとって未知の分野ではなかったのである。シベリアの気候条件に適した農作業のために創意工夫をこらした機械を開発することも，彼らにとってはこの延長線上のことであった。

　彼らの暮しは貧しかった。それゆえ，実験装置が不要で，たしかな観察眼と根気さえあれば成果をあげられる動植物の生態学的研究はうってつけの分野であった。雪と氷から解放されるとき，彼らはフィールドに出た。安楽な暮しや特権を棄てて追ってきた妻，母や妹たち，それから現地で得た妻子たちに支えられていたとはいえ，それぞれの研究に没頭することでデカブリストたちは生きる力を得ていたと思われる。大赦に間にあわなかった者も，みな50才代の半ばまでの30余年間をシベリアで暮したのである。

　1856年8月26日，大赦によりデカブリストたちは身分を回復して監視を解かれ，ヨーロッパ・ロシアへの帰還をゆるされた。ミハイル・ベストゥージェフは妻の死後，リュブリンスキーは妻子とともに，それぞれモスクワとペテルブルグに戻ったが，オボレンスキーとミハイル・キュヘリベーケルは死ぬまで流刑地に残った。理由は必ずしも明らかではないが，大家族をかかえて，帰ってからの生活の見通しなど経済上の問題もあったようである。キュヘリベーケルは1858年，死の前年に，極東シベリアの金鉱山の採掘権の認可を得ようと政府に働きかけている。

　ブリャーチヤのデカブリストのうち，この4名は蜂起の日にはじまったニコライ1世の治世がクリミア戦争のあと終焉を迎えるのを見届けたことになる。

デカブリストの流刑はシベリアへのインテリゲンツィアの移植にほかならなかった。それまでシベリアのインテリゲンツィアは，常に何とかして西へ引っ越すことに努めたのであるがデカブリストたちは定住を余儀なくされたからである(35)。

　ドヴォリャニン層の若ものたちは，ミドルクラス・ノーブルメンとして数世代にわたって大切に育てられてきた。彼らはノブリス・オブリッジを身につけ，優れた素質をもち，知識欲旺盛な青年たちであった。ロシアにおける「自由のためのたたかい」第1幕の主役とて登場した彼らが目指したのは立憲君主制の確立と農奴制の廃止であり，「革命」のイメージとして描いたのはツァーリの暗殺だけであった。ブリャーチヤに住みはじめたとき，彼らの指導者としての能力は，生活の改善・向上と現地人の教育にむけられた。政治活動が厳しく弾圧されたニコライ1世の時代には文学・哲学上の活動が極めて活発におこなわれ，進歩的作家や思想家たちが悲惨な運命を辿ったことはよく知られている。極寒の地にあって農作業にはげむデカブリストたちには，剣を鎌にかえた平安が訪れていたのであろうか。

　デカブリストの「革命」は挫折した。ロシアにおける革命は，ボリシェヴィキに指導されて，デカブリストが連帯を考えもしなかったプロレタリアート・兵士・農民によるソヴェト政権の樹立という形をとって，ツァーリズムを廃止した。元老院広場に海兵隊をひきいて参加したニコライ・ベストゥージェフの孫のひとり，ニコライは，革命後の外国による干渉戦に赤衛軍の兵士として参加し，セレンギンスクで戦死した(36)。

　1917年の社会主義革命によって確立され，70余年つづいたソヴェト政権をロシアにおける「自由のためのたたかい」第2幕の主役とみなすことは議論のわかれるところだが，デカブリストの「革命」に比して，歴史上占めるその地位の重さは論をまたないところであろう。

(1)　A・G・マズーア，武藤潔・山内正樹共訳，『デカブリストの反乱』1983年，光和堂，205頁
(2)　前掲，210頁
(3)　プーシキン・アレクサンドル・セルゲーェヴィチ（1799-1837）。国民的詩

人。皇帝アレクサンドル1世は1820年に首都から追放することをきめた。そのためプーシキンは南ロシアに4年，更に北方のプスコフ県ミハイロスコエ村にある母方の領地で地方警察などの監視下におかれた。金子幸彦訳『プーシキン詩集』1978年，岩波文庫。213頁

　ロシアの子供たちはソ連時代にも幼時から耳になじんだ詩の数篇を暗誦していた。「知恵の日」という9月1日の入学式には，9年制の学校の新入生歓迎行事として詩の朗読大会が開かれることも多く，プーシキンの人気はそこでも高かった。

(4)　"シベリヤへ"前掲，123頁
(5)　"幼きヴォルコンスキィへの墓碑銘"前掲，142頁
(6)　ネクラーソフ・ニコライ・アレクセーェヴィチ（1821-1878）。多くの詩作品のすべてを，純粋な想像にはしることを厳しく避けて，直接みたもの，聞いたことに取材した。彼はデカブリスト，ヴォルコンスキーの息子，ミハイル・セルゲーェヴィチ・ヴォルコンスキー公爵と親交があり，両親のシベリアでの生活を聞く機会が多かった。

　流刑囚がシベリアに送られたのち，9人の年若い夫人たちが夫の後をしたってシベリヤへ行った。処刑者の妻には離婚の自由が認められていた。にもかかわらず，彼女たちは住みなれた上流の生活をすて，周囲の反対を押しきって極寒の地へ旅立ったのである。

　ニコライ1世はシベリア行きを許したもののきびしい制限を付した。一切の財産上，名誉上の権利を剝奪し，単に"流刑者の妻"と呼ばれるのみで，貴族の称号を用いることも禁じた。彼女たちはながくシベリヤに暮し，老いてようやく故郷に帰った。谷耕平訳『デカブリストの妻』1950年，岩波文庫，204-209頁

(7)　前掲，219頁
(8)　レールモントフ・ミハイル・ユーリエヴチ（1814-1841）。プーシキンの後継者とも言われた。祖母の兄弟2人がデカブリストであったため，幼いときから専制政治に対する批判的精神を自ら育てていた。騎兵旗手だった1837年，プーシキンに捧げる"詩人の死"を発表し，カフカスへの転属流刑に処せられる。首都に帰ってからも旺盛な創作活動をつづけたが，M・A・シチェルバトヴァ公爵夫人をめぐって決闘し，二度めのカフカス流刑の勤務中だった1841年に些細な争いから，士官学校同期生との決闘で死亡した。稲田定雄訳『レールモントフ抒情詩集』1952年，創元社，193-195頁
(9)　ソ連ばかりではなく，日本のテキストも同様である。ソ連邦史は勿論，ロシア史でも，ほんの数頁言及するだけで，年表上も2，3行で片付けられている。たとえば岩間徹編『ロシア史』1971年，山川出版。年表30頁。

⑽　エルマーク・イヴァノヴィチ（？-1585）。コサックの首領。指揮下のドン・コサックをひきいて，シベリアに広大な領地を有していたストロガノフ家の傭兵となり，1858年から3年がかりで西シベリアを征服し，ロシアの植民政策の基礎をきづいた。

⑾　土地貴族と訳されることが多い。イヴァン3世（在位1462-1505）によりモスクワ大公国の権限が強化されるにつれて，大公に仕える旧諸公や貴族の数が急増した。彼らは門地制にまもられて，家柄に応じて文武の高官に任命された。家柄の良い者は，たとえ無能であっても，より家格の低い者の下の地位につくことを拒否できたので，国政の円滑な運営が妨げられた。

　　貴族勢力を抑止するために，イヴァンが利用したのがドヴォリヤニンである。ドヴォリヤニンは大公に仕える下級の奉公人で封地を与えられ，軍隊の主力を構成していた。封地は主として大公の御料地や，征服した諸公や貴族から没収した土地であった。これは世襲貴族たちの私有地とは異って各種の役務の提供を条件としていたために，ドヴォリヤニン層は，大公の最も信頼し得る臣下であった。岩間編，前掲95-97頁

⑿　前掲175-178頁

⒀　1806年，対トルコ，対ペルシャ。1809年，対スエーデン。数次にわたる対仏戦が1812年の祖国戦争へとつづく。

⒁　マズーア，前掲，38頁

⒂　前掲，59-67頁。なおフリーメーソンの影響の大きさは文学作品からもうかがうことができる。たとえば「戦争と平和」にはピエールの入会時の手順が詳細に叙述されている。レフ・トルストイ・工藤精一郎訳『戦争と平和』2001年，新潮文庫第2巻112頁-139頁

⒃　マズーア，前掲，73頁

⒄　旧い家系の貴族。この一族からは8名が運動に参加した。前掲，227頁

⒅　パーヴェル・イヴァーノヴィチ・ペステリ（1793-1825）。彼は貴族ではなく，腐敗した行政で悪名高かったシベリア総督の息子。12才でドイツに留学し，4年後に帰国してペテルブルグ士官学校に入学，優等の成績で卒業した。

　　ボロジノの会戦で重傷を負う。ウィトゲンシテイン将軍の副官に任ぜられてトゥルチンに赴任したが，1821年27歳で大佐に昇進し，ヴァトカ連隊の連隊長になる。活動的な革命家としてロシアのジャコバン派といわれた。マズーア，前掲，86頁

⒆　マズーア，前掲142頁

⒇　ポーランドフリーメーソンと真正ポーランド人の後身。民族独立を目的に1821年に結成された。本部ワルシャワ。外部からの積極的な援助，特にウクライナ民族主義者の支持を期待した。1825年1月にペステリはポーランド

代表との間で「専制のくびきを断つこと」についてその共同行動を協定した。但し，国境問題については言明を避けた，という。マズーア，前掲，162-166頁

(21) 貴族中の最貧困者層によって1823年に結成された。多くは下級の陸軍士官または官吏であり，のちにラズノチンツィを構成する階層の「権力に毒されたこと」のない人であった。マズーア前掲170頁。

(22) 前掲，198頁

(23) 前掲，193頁

(24) 岩間編，前掲，189頁

(25) マズーア，前掲，232頁

(26) 前掲，234頁

(27) 前掲，239頁

(28) 前掲，203頁

(29) 前掲，240-254頁

(30) 前掲，259-260頁

(31) ブリャート共和国文化省がB・Nペトロフの編集で，ウラン・ウデのヴェリク出版から2002年に「ブリヤーチヤのデカブリストたち（Декабристы в Бурятии）」という小冊子を出版した。

これは受入機関にのこされた各人についての記録を丹念に調査した結果をまとめたもので，出自，経歴のほか，顔色，頭髪の形状その他身体的特徴について仔細に述べてある。またおそらくニコライ・ベストージェフの手になると思われる肖像画も多数含まれている。以下の記述はこの小冊子による。

(32) 1827年の請願が容れられて，ヴェルフニェウヂンスク市につとめ，イルクーツク市長として転出したあとアルハンゲリスク県の知事になっている。1851年，大佐（部隊長）の位階で軍役に再編入され，同年少将に昇進し1861年中将。クリミア戦争にも参戦し，1856年，ニジニ・ノヴゴロドの軍事総督。1861年に軍務を退き，元老院議員に選出されてモスクワに移る。1863年にモスクワで死去，ノヴォヂェーヴィチイ修道院に葬られた。前掲，9頁

(33) マズーア。前掲，266頁

(34) たとえばウリュリスクでの馬鈴薯と粟，チタでのアスパラガス，メロン，きゅうり，カリフラワーなどの栽培がある。マズーア前掲，275-276頁

(35) 前掲285頁

(36) 「ブリャーチヤのデカブリストたち」28頁。

デカブリスト関連年表

1801年	アレクサンドル1世即位
02年	地主の農奴に対する流刑特権廃止
03年	「自由農民法」地主に農奴解放権付与
04年	商人に対して土地付き農奴購入権付与
05年	対仏同盟に参加
06年	トルコとの戦争（〜12）ペルシャとの戦争（〜13）
07年	ティルジットの和約（対フランス）
08年	スウェーデンとの戦争（〜09）フィンランド併合
	公開市場における農奴の売買禁止
09年	スペランスキー国家改革案提出
12年	祖国戦争（〜14）
14年	講和成立ウィーン会議
1816年	救済同盟成立
17年	特別委員会規約作成，福祉同盟発足
18年	ペステリ，トゥルチンに赴任，福祉同盟南部支部成立
21年	モスクワ会議。南方結社設立
22年	北方結社設立
23〜4年	南北統一の試み失敗
25年	アレクサンドル1世死去。ニコライ1世即位。
	12月14日 元老院広場で北方結社蜂起。
25〜26年	12月30日〜1月3日 南方結社反乱
25年	12月17日 調査特別委員会設立
26年	6月1日 特別裁判所設立
	7月13日 刑の執行
	7月21日 シベリア流刑はじまる
1855年	3月 ニコライ1世死去。アレクサンドル2世即位
56年	8月26日 大赦令によりデカブリスト復権。

デカブリストの居住地

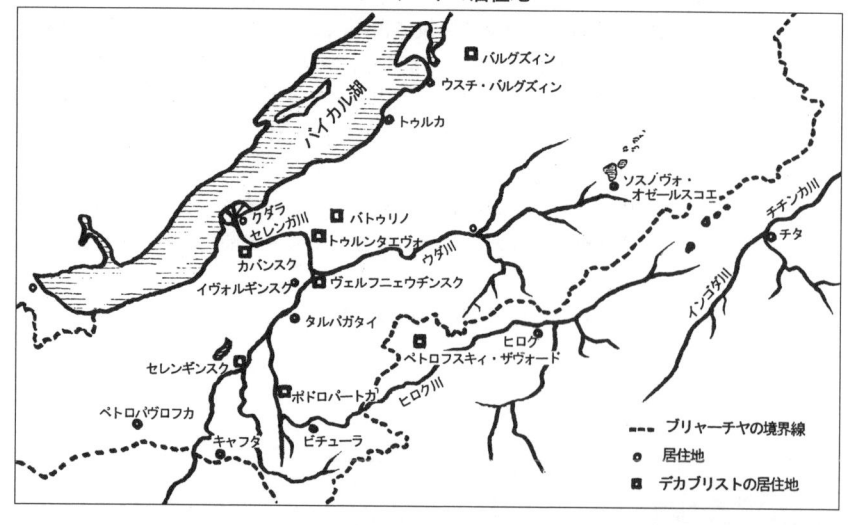

19世紀末におけるシベリアの諸民族分布図(6)

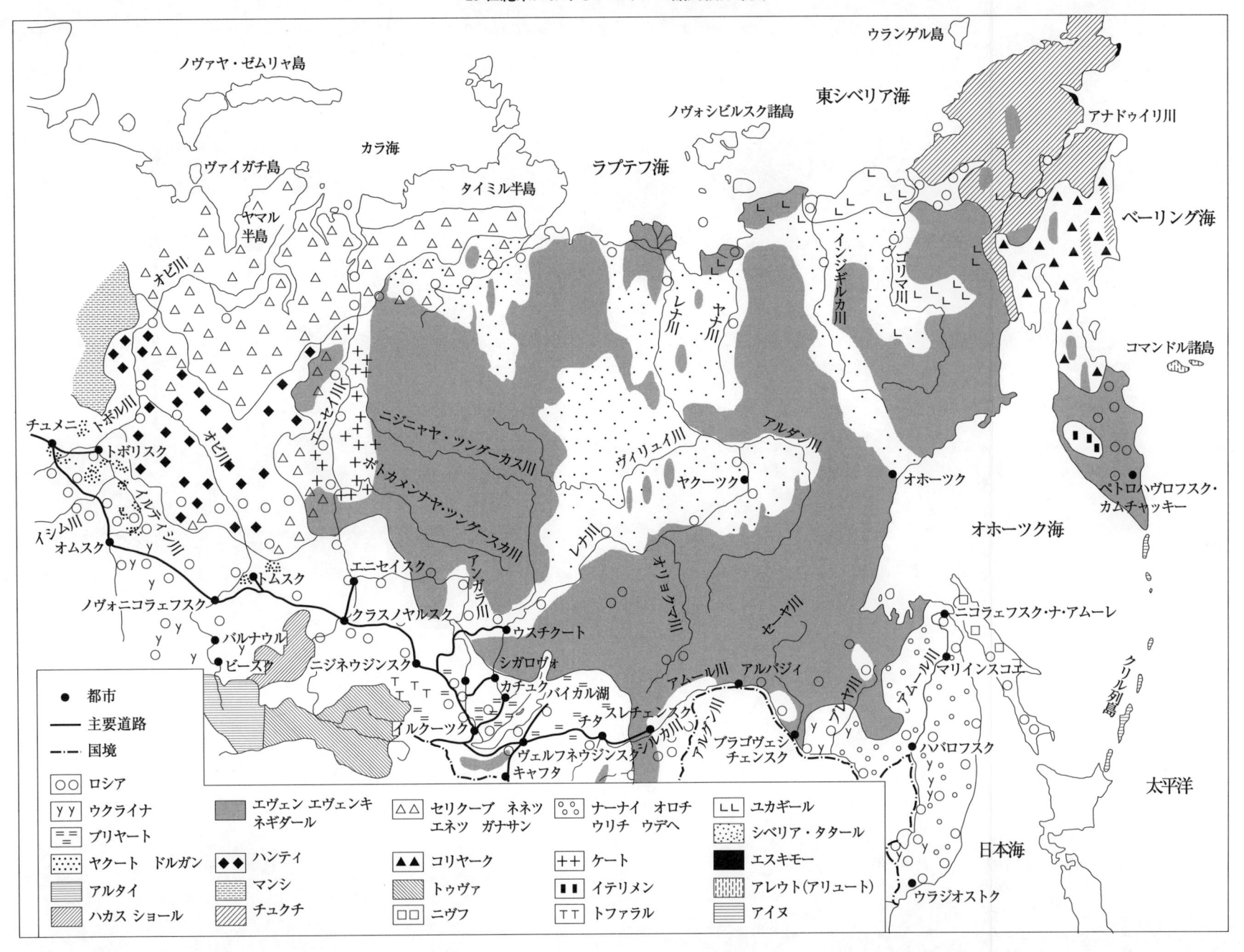

代以下のコリヤーク語の母語話者は，ほとんどいないと言われている。文字通り「消滅の危機に瀕した言語」である。コリヤーク語の母語話者の最低年齢を仮に 40 歳とし，彼らの平均寿命を 70 歳として見積もると，今から 30 年後にはこの言語も消滅してしまうことになる。

　本稿は，消滅の危機に瀕している言語等を使用するシベリア少数民族の人名システムについて，歴史的観点から眺め，言語系統別に，①ハンティ民族とマンシ民族（ウラル諸語のフィン・ウゴル語派），②ネネツ民族（ウラル諸語のサモエード語派），③コリヤーク民族（古アジア諸語），④ヤクート民族（アルタイ諸語のチュルク語派），⑤ブリヤート民族（アルタイ諸語のモンゴル語派），⑥ナーナイ民族（アルタイ諸語のツングース・満州語派）の順序で，主としてロシア語書『世界の民族の人名システム』[4]の記述と 2002 年に実施されたロシア連邦の国勢調査に関するインターネット情報[5]に基づいてまとめたものである。

　折込みの「19 世紀末におけるシベリアの諸民族分布図」及び資料「世界の主なる民族言語系統とシベリア少数民族の分類」を参照の上，読んでいただきたいと思う。

(1) Krauss, M. E. (1992) "The World's languages in crisis." Language 68 (1)：pp. 4-10
(2) シベリア少数民族の人口については，インターネット情報「多民族国家ロシア　民族別人口」(http://www.hi-net.zaq.ne.jp/nizhniy-kobe/nationalities.htm) からのものである。
(3) シベリア少数民族語の話者数については，インターネット情報 (http://www.gks.ru/PEREPIS/t6.htm) による。
(4) Крюков, М. В., ред."Системы личных имен у народов мира."(Москва, Наука, 1986)
(5) 主に http://www.gks.ru/ と http://www.raipon.org/russian_site/people/people_perepis_2002_rus.htm の情報を利用した。
(6) 川端香男里（他）監修『ロシアを知る事典』（平凡社，2004）329 頁。

2章　シベリア先住民にかかわる問題から

〔1〕　シベリア少数民族の人名システムについて

清　水　守　男

　　まえがき
　1　ハンティ民族とマンシ民族の人名システムについて
　2　ネネツ民族の人名システムについて
　3　コリヤーク民族の人名システムについて
　4　ヤクート民族の人名システムについて
　5　ブリヤート民族の人名システムについて
　6　ナーナイ民族の人名システムについて
　　あとがき

ま え が き

　今，世界で多くの言語が消滅の危機に瀕している。マイケル・E・クラウス氏によれば，世界で話されている言語を約6,000とすると，急テンポで押し寄せるグローバリゼーションの荒波により，21世紀末までにはその内の20〜50％が消滅し，40〜75％が消滅しかけることになるという[1]。
　シベリア，カムチャッカ半島北部を中心に分布するコリヤーク語を例に挙げると，2002年10月9日に実施された国勢調査によれば，コリヤーク人は8,743人[2]であるが，コリヤーク語の話者数は3,000人程度[3]となり，40

1 ハンティ民族とマンシ民族の人名システムについて

オビ・ウゴル人，つまり，ハンティ人（Ханты）とマンシ人（Манси）[1]は西シベリアのオビ川とその支流（ハンティ・マンシ自治管区，チュメニ州）に住む北方民族である。2002年のロシア連邦の人口調査によれば，ハンティ人は28,678人で，マンシ人は11,432人である。

ハンティ語とマンシ語は，ウラル諸語のフィン・ウゴル語派に属している。

2002年の国勢調査によれば，ハンティ語の話者数は14,000人程度で，マンシ語の話者数は3,000人程度である。また，ロシア語普及率[2]については，ハンティ人は96.6％で，マンシ人は91.7％である。

今日のハンティ人とマンシ人の人名は，ロシア人名[3]と同じ3語，つまり，名，父称，姓から成っている。ロシア語名が確立したのは，18世紀末の住民へのキリスト教布教後であり，ロシア人司祭による洗礼の際にハンティ人とマンシ人に与えられた。

以前，オビ川沿岸のウゴル人は，彼らの間で普及する新しい名前に対して，大変敏感な民族であった。これにはそれなりの理由があり，同じ村に同じ名前を持つ2人が住むと，そのうちの1人は死ぬことになるという迷信がハンティ人とマンシ人の間にはあったからである。それで新生児には村では誰も付けていない名前を与えていた。

ハンティ人とマンシ人がロシア人と出会うまでは，姓も父称もなかった。16世紀のロシア語文献，いわゆる「ヤサク台帳」[4]でも明らかなように，彼らは，名前（Ванхо, Агна, Себеда, Пынжа, Салтык, Югра, Ахтамак など）のみを持っていた。

以前オビ・ウゴル人には，幾つかの名前を与える習慣があった。子どもが誕生すると，子どもの霊を決める占いの儀式で，死亡した先祖（または親戚）の名前を子どもに与えていた。そうすれば彼らの霊は，新生児の中に住み着くと考えられていた。継承するための名前の数は制限されており，先

祖にちなんで新生児のみに与えられていた。他の家系グループの名前を与えることは，絶対に禁止されていた。なぜならば，そのような名前は，自分の家系グループに敵対行為を呼び寄せることになると考えられていたからである。

　また，新生児には最初に出会った人の名前や，戸外に出て最初に見たもの（鳥，獣，など）で名前をつけるという習慣が，ハンティ人とマンシ人には存在していた。その名前は日常使うものであり，替え玉のようなものであった。なぜならば先祖にちなんで付けられた名前は，霊が子どもに住み着いたことを突き止めるまでは，声を出して発音してはならなかったからである。ハンティ人とマンシ人の考えでは，替え玉の名前は，その子を殺す可能性のある敵対勢力から，子どもを匿うためのものであった。家族内でしばしば子どもが死にそうになると，子どもにはある種の卑称の意味を持つ名前（「肉バエ」，「ごみ」など）が与えられていた。そのような名前を持つ子どもは，悪霊の注意を引き寄せず，長生きすると考えられていた。また，彼らは成熟期に入った時から死ぬまで持ち続けることになる第三番目の名前も持っていた。その名前を持つことは，イニシエーション儀式と関係があったのかもしれない。

　①西シベリアにロシア人がやって来たこと，②洗礼名が義務的に導入されたことにより，二番目の替え玉である名前は，洗礼名に置き換わっていった。

　昔からある名前の一部は，語源的には，あだ名に似たもので，それは一定の人間の資質，外観的特徴（Унху「大男」，Нярох「はげ頭」など）などと関係があった。

　17世紀から18世紀にロシア語文献中で確認されたその他の名前は，親族名による人間への呼びかけ（Азия「父」，Ай пох「年少の息子」など）と関係があった。

　ハンティ人とマンシ人はお互いに呼び合う時，めったに名前を使わなかった。大抵彼らは，特に親戚の者は，親族用語を使っている。例えば，ики「男性」は妻から夫への呼びかけであり，ими「女性」は夫から妻への呼

びかけである。пох「息子」，зви「娘」は両親から息子，娘への呼びかけである。特に親戚（妻の父，妻の母，夫の父，夫の母，娘の夫，息子の嫁）に対し，名前での呼びかけは禁止されていた。彼らに対しては，親族用語のみを用いて呼んでいた。しかし，オビ川沿岸のウゴル人の伝統的な名前は，大抵周りの物，または人間の資質と関係があり，話し言葉である普通名詞（Чухпелек「足の速い人」，Аньянг「美しい人」，Нерин「どもりの人」など）から形成されていた。

ロシア人司祭や国の役人により，これらの名前から父称（例えばЮзорからЮзорин сын「ユゾルの息子」，АйдарからАйдаров сын「アイダルの息子」，КырнышからКырнышов сын「クィルヌィシの息子」）が形成されていった。後になって，そのような父称は，ハンティ人とマンシ人の姓として登場することになる。父称は，既に18世紀に導入された洗礼名からも形成されていた。17世紀の文献では，名前とそれから作られた父称または姓の列挙が見られた。例えば父親の名前Елгоза Лосмов から，息子の父称Лойда Елгозин が誕生し，父親の名前Кынлабаз から，息子の姓Кынлабазов が誕生した。十月革命前までは公式名（ロシア語名）は僅かであったので，しばしば別人の名前と一致することがあった。それは，オビ川沿岸のウゴル人の伝統的観念とは矛盾していた。時には1家族内に「イワン」という名前の息子または，「マリヤ」という名前の娘が数人いることもあった。なぜならば，司祭たちは，洗礼の際に教会暦[5]により名付けていたからである。それでハンティ人とマンシ人の家族内や日常の交流においては，キリスト教以前の名前が公式名と並んで使われていた。公式名は，大抵オビ・ウゴル人と隣接して住むロシア人が使用していたものである。現代ではオビ川沿いの多くの地区では，公式名が最終的には日常生活で使われている。

ハンティ人とマンシ人の姓は，ロシア語の接尾辞や語尾を用いて形成される。そのうち最も普及しているのは，-ов(Остеров, Тояров, Тайманов, Таратов など)と-ев(Тушев, Сабеев, Артанзеев, Ромбандеев など)である。また，多くの姓は，-ин(Талигин, Пакин, Шешкин, Прасин など)で終わっている。まれに-ын(Цымбицын, Ранцын など)で終わるものがある。比較的広く知られ

ているのは，-хов または-ков（Сайна<u>хов</u>, Послан<u>хов</u>, Куро<u>ков</u>, Пели<u>ков</u> など）で終わる姓である。これらの姓の語源は，オビ・ウゴル人名（Сырян<u>ко</u>, Ерким-<u>ко</u>, Султан<u>ко</u>, Юрлым<u>ко</u> など）と関係があり，それらの接尾辞-ко（他の方言では-ку, -хо となる。）は，ハンティ語で「男性」を意味している。単語に様々な発音がある為，しばしば名前の к が，姓では х に変更（Вогал<u>ко</u>-Вогал<u>хов</u>）されたり，姓の中で変更（Русмели<u>ков</u>-Русмели<u>хов</u>）されたりする。似たような姓で，語尾が変更されるケース（Русмели<u>хов</u>-Русмилен<u>ко</u>）もある。恐らく，よそからやって来た住民が持つ言語の影響であろう。-ков の語尾を持つ姓の起源は，16 世紀から 17 世紀の接尾辞-ка のついたロシア式の名前の綴り方（Иваш<u>ка</u>, Вас<u>ка</u>, Емел<u>ка</u>, Моч<u>ка</u> など）とも関係があると思われる。

　コンダ川上流に住むマンシ人に見られる比較的少数グループの姓を形成しているのは，語尾-кумов を持った姓（Вой<u>кумов</u>, Ломыт<u>кумов</u>, Квасин<u>кумов</u> など）である。кум, хум は，マンシ語で「男性」を意味する。時折，ハンティ語（-ко）とマンシ語（-кум）の両方の接尾辞を含んでいる名前や姓（Воте<u>кумко</u>, Кат<u>кумков</u>）を見かけることがある。それらはハンティ人とマンシ人が互いに移動したり，混血したりした複雑な民族的過程を反映している可能性がある。時折，伝統的な名前と同じ姓（Чухла, Пугуня, Вогаль, Литва など）を見かけることがある。それらの幾つかは，北方少数民族語の起源のものである。大変珍しいのは，ロシア人やシベリアの民族に見られる語尾-ых を持つ姓（Паин<u>ых</u>）である。19 世紀になると，-ий, -ой の語尾を持つ小グループの姓（Бальщ<u>кий</u>「バルィク川から」Юганс<u>кий</u>「ユガン川から」, Цынгинс<u>кой</u>「ツィンギン・ユルタから」）が登場するが，それらは基本的には地名語源のものである。

　ある地区では昔の名前が今でも日常生活で使われている。例えば，Уля ики（ики は「老人」），Кулькатли（「悪魔を捕まえた男」），Кучум（「酔っ払い男」）のような男性名や，Уенг ими（ими は「女性」），Уна пелки ими（「夫の女性」），Хором Катя（「美しいカーチャ」）のような女性名がある。彼らの公式名は，異民族間や混血民族の社会で使われている。

(1) かつてハンティ人はオスチャク人（Остяки）と呼ばれ，マンシ人はヴォグル人（Вогулы）と呼ばれた。
(2) ロシア語普及率は，インターネット情報(http://www.gks.ru/PEREPIS/t5.htm) による。
(3) 今日のシベリア少数民族が人名の基本モデルとするロシア人名について，簡単に述べておく。ロシア人の名前は，三つの部分，すなわち，名（имя），父称（отчество），姓（фамилия）から成る。

　名は，異教時代には東スラヴ語起源のもの（接辞-слав, -мир, -волод など）と，スカンジナヴィア起源のもの（Олег, Игорь など）があった。989 年頃にキリスト教受容によって，教会暦に現われる聖人の名が洗礼名（クリスチャン・ネーム）としてギリシャ語および教会スラヴ語の形で用いられ始めた。名は，多くの指小形，愛称形（Иван → Ваня など）を派生させる。

　父称は，父親の名から作られ「〜の息子/娘」の意味を持つ。父親の名に所有形容詞の接辞-ов, -ев を付加し，さらに接辞-ич（男子の場合），-на（女子の場合）をつけて作られる。父称は，16 世紀のモスクワ大公国で上層階級の特権として用いられ始め，17 世紀末には一般に社会的地位のある人間に対する丁寧な呼びかけとなった。現代では名と父称の組み合わせ（例：Иван Иванович, Татьяна Николаевна）が敬意を込めた呼びかけとして用いられている。

　姓の多くは，名から作られる。すなわち名に所有形容詞の接辞-ов/-ев, -ин をつけたもので，起源は父称と同じである。女性の姓は，男性の接辞にさらに語尾-a をつけたものである。姓は，16 世紀中頃から貴族の一部で使用され始めた。貴族の中には所領の地名から姓（接辞-ский など）を作る者もいた。農民が姓を持つのは，1861 年の農奴解放の後である。

(4) ヤサク台帳（ясачные книги）とは，帝政期においてロシア政府がシベリアの非ロシア系民族から徴収した毛皮類，家畜などの現物税（ясак）の台帳のことである。
(5) 十月革命（1917 年 11 月 7 日）前は，新生児のすべてが教会で名前を付けてもらっていた。通常，両親は，教会暦によってその日にゆかりの聖人の名前を選んで子どもの名前としたわけであるが，両親の希望で他の日の聖人名を付けることもできた。その結果，例えば教会暦で 1 年に 170 日も現われるイワン（Иван）は，最もありふれたロシア人の男性名となった。

　十月革命後は，教会で名前を付けてもらう必要はなくなり，各人好き勝手な名前を戸籍登録課（загс）に登録すればよいことになった。

2　ネネツ民族の人名システムについて

　2002年のロシア連邦の人口調査によれば，ネネツ人（Ненцы）[1]は41,302人で，人口において北方少数民族の中で第1位を占めている。
　ネネツ語は，ウラル諸語のサモエード語派に属する。
　2002年の国勢調査によれば，ネネツ語の話者数は32,000人程度である。また，ロシア語普及率については，ネネツ人は90.2％である。
　ネネツ人は，かなり広い地域（ヤマロ・ネネツ自治管区，ネネツ自治管区，タイミル［ドルガン・ネネツ］自治管区，アルハンゲリスク州，チュメニ州，クラスノヤルスク地方）に分散居住している。西は白海の東海岸から東はエニセイ川の下流地域まで，北は北極海沿岸から南は森林地帯まで広がっている。プル川と幾つかの支流に沿って，ネネツ人の集落はタイガ地帯に及んでいる。
　ネネツ語は，①広範囲にわたる分散居住，②隣接する民族との親密な交流，③地域により異なった歴史的発展状況—これらにより，かなりはっきりとした西地区方言と東地区方言を形成していった。この方言グループの境界線は，条件つきだがウラル山脈に沿っている。
　ネネツ人の名前は，かなり複雑な状況下にあり，最も完全で，最初の人名システムがしっかりと保存されていたのは，東地区のヤマル半島とタイミル半島の人名である。ネネツ人が分散定住した西地区，特に，カニン半島とチマン・ツンドラ地帯では，人名は，ロシア式に変更された。
　ネネツ人の民族名は，かなり広く普及しており，大抵，新生児への名前は，家族内で尊敬されている人や，祖母，叔母，産婆により与えられる。同時に2つの名前（より広く使われるための公開された名前と禁じられた名前）が与えられることがある。
　名前を選択する際には，子どもの外見的特徴や行動，誕生に伴う家庭状況，誕生した場所，時間，天気の特徴，出産に関連した願いごとなどが考慮に入れられていた。

名前は大抵，普通名詞から作られる。その語源については，原則として解明が可能である。例えば，Мюсена「遊牧する子」という名前は，住居を移動した時に生まれた子を意味する。その他に，Натена「待ちに待った子」（家庭で，今か今かと息子の誕生を待っていたことから），Сэвтя「視力の良い子」，Ясавэй「土地に詳しい人」，Еване「孤児」（父親の死亡後，娘が生まれたことから），Еля「誕生を願っていた女の子」，Маяне「苦しみを背負った子」（その女児を産んだ母親は，大変難産であったことから），Сывне「雪女」（冬に生まれたことから），Хадне「吹雪の子」（女の子の誕生が強い吹雪の時と一致したことから），Яляне「光の子」（女の子の誕生が太陽の光と比較されたことから）などの名前がある。家族の中で最年少者となる新生児を名付けるために，Ебцота「ゆりかごを自由にできる子」（彼の後ゆりかごは，もう誰にも必要ではなくなることから），Сюнз「末っ子，へその緒」，Ябцо「尻尾，後ろの端」（兄，姉の最後尾を占めることから），Ноляко「最も若い子」などの名前が使われている。

　例えば，少年にВавля「死者のベッドに寝る子」という名前を付けると，彼は生涯，死亡した祖父の席に座わらされることを強いられるようである。その名前には強い人間，良い主人，家長になるという夢が託されている。またЕля「誕生を願っていた女の子」という名前を持つ少女の祖母は，裁縫の上手な女性として有名であった。少女に付けた名前の持ち主である祖母は，大変上手に飾り物を縫っていたことや，刺繍で飾り付けをしていたことを少女が幼いうちから話して聞かせていた。それで子供の頃から少女が祖母の真似事をし，彼女の技術をマスターしようとしていたことは，納得できる。

　また，病気の場合には，先祖の名前が呪い師より授けられることがある。ネネツ人の考え方によれば，先祖の霊は，新生児に死者にちなんだ名前を付けることを求めているのである。そのようにしてどこの家庭においても，幾つかの名前が継承されている。

　ネネツ人の男性名と女性名は，それが形成された単語（Вэсако「老人」，Ирико「祖父」，Хасавако「男性」，Неко「女性」，Пухуця「老女」，Хадако「祖母」

など）の意味においても，お互いにはっきり区別されている。また，ネネツ語には一定の語尾を付けることにより女性名を形成する方法がある。例えば，男性名の Ебцота, Сата, Яля, Ябта は，女性名では Ебциота<u>не</u>, Сата<u>не</u>, Яля<u>не</u>, Ябта<u>не</u> となり，語尾が -не と変わる。

誕生の際に与えられる名前は，通常，思春期を過ぎると禁じられた名前になり，その人に付いて一生持ち続けられる。名前の変更については，長期間にわたる重い病気や，人生上の失敗が連続してある場合など，個々のケースについてのみ認められる。

ネネツ人の習慣によれば，大人に対し名前で呼ぶことは禁じられていた。呼びかけの際には，親族用語（誰々さんの兄，姉，父，母など）が使われていた。現代ではこの名前の禁止は，尊敬の表現として理解されている。特に年齢が上の人間に対しては，名前で呼びかけることは，無礼なことと見なされている。それで禁止された名前の代わりにロシア語から借用された名前を使うのは，大変便利であると考えられるようになった。

また，名前から派生した形（指小形，愛称形，卑称形）は，広く形成されている。例えば，女性名 Сэр'не からは，Сэр'неко（指小形），Сэр'некоця（指小形・愛称形），Сэр'не'я（卑称形）が作られる。

ウラル山脈より西側のネネツ人は，19世紀の第一四半期からキリスト教の影響を集中的に受けた。最初，洗礼の際与えられるクリスチャン・ネームは，ネネツ語名と平行して存在し，主としてロシア人と交流する際に用いられていた。しかし，ネネツ人と北方ロシア人住民たちとの親交が益々拡大するにつれ，ロシア語名が自分のものとなり，次第にネネツ語名は排除されていった。現代ではこのグループのネネツ人は民族名を持っているが，それは毎日の生活での交流においてのみ使用されている。それもかなり制限されている。全ての公式的な社会では，ロシア語名が使われている。この地区の若者たちは，原則として，ロシア語名を持っている。ロシア語名は，家庭生活ではネネツ語の発音規則に従って作り変えられ，ネネツ語の接尾辞を用いて指小形や愛称形なども形成されている。例えば，Варук, Варка（ロシア語名は Варвара），Игней（Игнат），Кока（Николай），Марте（Матрена），

Пара，Парако（Прасковья），Оси（Осип），Петрако，Путрук（Петр），Саля，Саляко，Сандра（Александра）などのネネツ語名がある。ソヴィエト政権時代になるとロシア語名からの借用範囲は，かなり拡大し，ネネツ人の間には，Майя，Нина，Октябрина，Светлана などの名前が登場した。

この過程は，東部地区の住民にも及んでいった。特に学校では，ネネツ語名は，ロシア語名から借用した名前（ネネツ語名 Еля→ロシア語名 Елена，など）に広く取って代わっている。しかしながら，逆の傾向も観察される。最近では，ヤマル半島に住む一部の若者の間で，公式の生活に自分たちの民族名を導入しようという動きが見られる。

名前と並んであだ名が存在し，時折，名前を排除してしまうことさえある。あだ名は既に成人している人にも与えられており，人物の外見，行動，性格などの特徴（Пянэ「木のような足」，Сэвси「目の見えない人」，Хаси「耳の遠い人」など）を示している。

主として，ウラル山脈より東側の地区では，民族名の他に民族語の父称も使われている。それは，ロシア人の父称をモデルにして作られたものである。また以前のネネツ語の氏族名は，今日では姓として受けいれられている。その際，①「ネネツ語の名＋ネネツ語の父称＋ネネツ語の姓」（例：Папаля Ехэравич Вануйта），②「ネネツ語の名＋ロシア語の父称＋ネネツ語の姓」（例：Сэр'не Павловна Ладукей），③「ロシア語の名＋ネネツ語の父称＋ネネツ語の姓」（例：Николай Пилютович Вара），④「ロシア語の名＋ロシア語の父称＋ネネツ語の姓」（例：Евгения Григорьевна Тайбарей）のバリエーションが可能である。

ネネツ語の姓は，多くの場合，形態的にはロシア語形とは異なっているが，意味が同じことから，氏族名からの借用語と見なされている。例えば Камаров は，氏族名 Ненянг からの借用語（Ненянг は，「蚊」のことだが，ロシア語では комар となることから）であり，Бобриков は，Лидянг からの借用語（бобр「ビーバー」）である。

最近では，父称と姓は，公式生活の全ての分野で使用されている。家庭においては，それらは使われてはいない。

(1) ネネツ人は，かつてはサモエード人 (Самоеды) とも，ユラク人 (Юраки) とも，ユラク・サモエード人 (Юраки-Самоеды) とも呼ばれた。

3 コリヤーク民族の人名システムについて

コリヤーク人 (Коряки) は，コリヤーク自治管区とカムチャッカ州を中心に居住し，定住コリヤーク人であるヌイムイラン人 (Нымыланы) と，遊牧民でトナカイ飼育をするチャウチュヴェン人 (Чавчувены) に分けられる。

コリヤーク語は，古アジア諸語に属している。

2002年のロシア連邦の人口調査によれば，コリヤーク人は8,743人である。1989年の時と比較すれば，199人減少したことになる。

コリヤーク語の話者数は，2002年の国勢調査では3,000人程度である。また，ロシア語普及率については，コリヤーク人は100%である。

今日のコリヤーク人名は，ロシア人名と同じ3つの部分からなる個人名（名，父称，姓）で構成されている。

以前のコリヤーク語名そのものは，1つの形である。多くの名前は，語源究明がなされている。ある名前は，動物名 (Кайнын「熊」, Милют「うさぎ」など) と一致するか，名前の一部に動物名を含んでいる。

多くの名前は，死者の魂が新生児の形で再生するというコリヤーク人の伝統的観念と関係がある。名前を命名する時，コリヤーク人の鬼神 (Камак「地下の魂, マンモス」, Нинвит「悪霊」, Кала「魔女」) と関係がある単語も使われている。

名前となる名詞の形態的特徴は，簡単なもので，接尾辞がない単語か，語根と接尾辞からなる単語のどちらかである。一音節の語根の重複により形成される名前 (Ав'ав', Г'энг'эн, Вэв'в'э, Пепе など) もある。

多くの名前は，男性名と女性名を区別する形態上の特徴を持っていないが，ある女性名(Буввуна「石のような女性」, Лэктынэ「到着した女性」, Чейвынэ「さまよう女性」など) は，歴史的には，「女性の生きもの（メスの動物）」と

いう意味を持つ語根 нэв/нав に起源を求める成分-нэ/-на，-н を含んでいる。それらは，原則として語源的意味を保持している。

　20世紀初期になると，当時まだ大変少数であったロシア人がカムチャッカ半島に定住し始めた。ロシア語名は，ヌイムイラン人の方がチャウチュヴェン人よりもかなり早く普及した。圧倒的多数のヌイムイラン人は，ロシア語の姓(Мохнаткин，Северин，Наянов，Яганов など)を持っている。またヌイムイラン人の間では古いロシア語名(Кондратий，Никон，Прокопий，Спиридон など) が今日でも存在している。

　ヌイムイラン人とチャウチュヴェン人の個人名の形成方法と使用方法には，ある特徴を持っている。以前ロシア語から借用されたヌイムイラン人の個人名は，今日では，しっかりした基盤を持って形成され，名，父称，姓 (例：Владимир Герасимович Мохнаткин) から成り立っている。

　チャウチュヴェン人は，つい最近まで1つの単語からなる名前を持っていた。今日では新しい，より普及した名前 (ロシア語名) に移る時，誕生の際に付けられたコリヤーク語名は，姓に変更されている。また，新しい名前は，ロシア語名から借用されていった。例えば，生まれた時，Кайнын (コリヤーク語名)と名付けられたチャウチュヴェン人は，Александр (ロシア語名) Кайиын (姓) と呼ばれるようになった。

　高齢のヌイムイラン人でさえ今日ではロシア語名と何ら異ならない名前を持っているのに対して，チャウチュヴェン人の場合は，ロシア化の影響でコリヤーク語名そのものから姓と父称が修正を加えて形成され，名前のみがしばしばロシア語名から移行された形で使われている。

　コリヤーク人の男性民族名 (Кавав など) から女性の姓を形成する時，①何の変更も無しにそのままの形を用いる方法と，②ロシア語の影響で語尾 -a を付けて作る方法の2通りが可能である。①の例として，父親の名前が Василий Алотович Кавав (姓) とすると，娘は，Людмила Васильевна Кавав (姓)，息子は，Николай Васильевич Кавав (姓) となる。男女とも同じ姓の形になる。一方，②の場合は，夫の名前が Иван Сидорович Этекъев (姓) とすると，妻は，ロシア人の姓と同じ語尾-a を持つ Кечин Акимовна Этекъева

(姓)となり，息子は，Яков Иванович Этекъев（姓）となる。男性と女性では，姓の語尾が異なる。

今日では，2語からなる名前，いわゆる二重名(公式名であるロシア語名と日常生活や家庭内で使われるコリヤーク語名)による命名法が存在する。例えば，発音が似ている2つの名前(コリヤーク語名 Екав とロシア語名 Екатерина, Каляан と Галина など)は，義務的ではないがしばしばこの命名法が使われている。

今日のコリヤーク人名は，規定されたものはなく，厳格に確立されているわけではないが，基本的な傾向としては，ロシア人名に倣っている。3つの単語から成る名前の成分すべてが格語尾を持っているわけではなく，しばしば，姓のみ格変化し，名と父称は不変化のままということがある。人名の格変化についても，最終的に決められた規則はない。

公式のスピーチでは名前と姓が大変頻繁に使われ，父称は省略される。

コリヤーク人名の愛称形は，個人の公式名に関係なく形成される。愛称形は，個別的に家庭内で与えられ，明白な語源（女性名の Ывынъыпиль「苺」など）を持っているが，中には語源究明が不可能なものもある。原則として，名前の愛称形を形成するのに愛称・指小の意味を持つ接尾辞は必要としない。

4　ヤクート民族の人名システムについて

ヤクート人(Якуты)[1]は，主としてサハ共和国に住んでいるが，クラスノヤルスク地方のタイミル［ドルガン・ネネツ］自治管区や，エヴェンキ自治管区，マガダン州，サハリン州，及びアムール州にも住んでいる。2002年のロシア連邦の人口調査によれば，ヤクート人の総人口は，443,852人である。

ヤクート語は，アルタイ諸語のチュルク語派に属する。

2002年の国勢調査によれば，ヤクート語の話者数は457,000人程度[2]である。また，ロシア語普及率については，ヤクート人は87.4%である。

今日のヤクート人名は、3つの単語（名，父称，姓）から成っており、ロシア人名と同じである。大部分の人名は、完全にロシア人名(例：Егор Захарович Иванов) と一致しているが、ヤクート語起源の姓（例：Яков Еремеевич Могусов)も多くある。今日では、時折ヤクート語の名前も見かけられる。

ロシア語名から派生した姓（Иванов，Петров，Васильев など）は、ヤクート人の間で最も普及している。特徴的であるのは、ヤクート人名には教会起源の姓（Протодьяконов，Дьячковский，Попов など）が多い点である。名前の中には、ロシア人の若い世代の人々の間でさえ、ほとんど使われなくなったような名前（Евдокия，Иннокентий，Афанасий，Прокопий など）の存在が確認されている。通常、現代の若者たちは、ロシア語名の短縮形のような名前（Галя，Таня，Петя，Света，Зина，Надя など）をパスポート名として持っている。

ロシア語の名、父称、姓は、ロシア人が来訪し、ヤクート人へキリスト教を布教した17世紀〜18世紀頃に誕生した。今日では、ロシア語名から借用されたヤクート語名は、ヤクート語の発音規則に従い音声上の変更がなされている。例えば Анна（ロシア語名）は Аана（ヤクート語名）に、Григорий は Киргиэлэй に、Мария は Маарыйа に、Николай は Ньукулай に、Микита (Никита) は Микиитэ に、Гавриил は Гаврила に変わっている。多くの場合、そのようなヤクート語名には、ロシア語とヤクート語の音声システムの相違により、幾つかのバリエーションが誕生している。例えばロシア語名の Евдокия からは、ヤクート語名の Двэбдэкиэйэ と Двэбдэкиэй が、Трофим からは、Дороппуун と Доропуун が誕生している。また、ロシア語名 Гавриил から借用されたヤクート語名 Гаврила には、Хабырылла，Хабыыла といったバリエーションが生まれている。ロシア語を知っているヤクート人は通常、名前の不変化（ロシア語）形を使用している。公式の場合、現代語ではロシア語形の名前の発音と綴り字は、認められているが、日常生活での交流や文学においては、ヤクート語形での綴り字も認められている。

ヤクート人が持つ借用ロシア語名の中には、音声上の変更がなされた指小形(ヤクート語名 Баанья ← ロシア語名 Ваня，Вааса ← Вася，Кирилкэ ← Кирилка，

Макаарка ← Макарка, Матырыас ← Матреша など）も存在する。ヤクート語の指小形・愛称形の接辞-каан, -чаан, -с, -ча, -лаан, -чик, -лыыр, -ка を使って形成された名前は，今日では広く普及している。特に最後のヤクート語の接辞-ка は，ロシア語形と一致している。それらは，ヤクート語の多くの音声上のバリエーションを作っている。例として，ヤクート語名 Дьаакып（ロシア語形は Яков）からできた Дьаакыпчаан, Маарыйа（Мария）からできた Маайыс などがあり，その他, Ааныка（ロシア語形は Анка), Тайылалыыр (Данилушка) などもある。それらはあらゆる年齢層の人々に使われており，会話においても，文学においても使われ続けている。また，幾つかのロシア語の借用名からは，語尾を省略した形が誕生している。例えばロシア語名 Матрена からできたヤクート語名 Мотуруона からは，省略形の Мотуо, Мотуона が形成されている。

名前には相手の年齢的特徴を与える普通名詞（Сэмэнчик уол「セーニャ少年」, Маайыс кыыс「マーシャ少女」, Ааныс эмээхсин「アンヌシカおばあさん」など）を付けることができる。ロシア革命後には，ソ連の他の民族と同様にヤクート人の間では，Ким, Коммунар, Спартак, Марат, Светлана のような名前が登場した。

異教時代には，ヤクート語名は，出生の時に与えられるものや，後になってから付けられるものもあった。ロシア正教受容後，ヤクート語名そのものは，洗礼の時に与えられるロシア語名と共に使われ続け，しばしばその構成要素として登場していた。例えば，名前 Логуй Уйбаан（ヤクート語名とロシア語名 Иван のヤクート語形）は，つまり彼の名前は Иван でもあり，また別名 Логуй でもある。同様に, Тойтох Киргиэлэй という名前は，彼は Григорий でもあり，別名 Тойтох でもあることを意味する。出生の際，付けられるヤクート語名は，普通名詞から形成されたものである。名前は様々な動機付けにより選択された。ある場合には，新生児の肉体的欠陥によって名前は与えられ，他の場合には，その名前は子どもが誕生する時の状況を示していた。また，ある場合には，病気，死，悪霊から新生児を守る為に，名前は，好ましくない卑称の意味を持っていた。それは，悪霊を欺く為に出生

の時に付けられた。名前は，後に禁止されたものとなるが，その代わり，あだ名が与えられ，それは，名前として使われていた。大抵，品物の名称，動物名，その他の「醜い」言葉が，名前に使われるあだ名（名前兼あだ名）として登場していた。後になって付けられるあだ名は，外見的特徴，性格を反映したもの，何かの事件に関連したもの，また住んでいる場所などに関係したものなどが与えられた。それらのあだ名は名前として機能し，その使用頻度は，名前を上回っていた。名前兼あだ名は，現代ヤクート語の観点から言えば，その語源的な意味を失ってしまったか，もしそれが借用語であるならば，その意味が不明であるものが多い。しかし中には意味を残しているあだ名も存在する。

　今でも意味が明らかである名前兼あだ名は，普通名詞，つまり品物，植物や動物の名前，人間または動物の体の部分名（Атырдьах「熊手」，Манчаары「スゲ」，Куобах「うさぎ」など）に起源を持っている。最大グループを構成しているのは，人間の性格の良い所，悪い所，人目につく外見的特徴，歩き方，振舞い方，肉体的欠点を意味するあだ名（Сэргэх「敏感な人」，Чоруун「乱暴な人」，Болторхой「丸顔の人」など）である。また，あだ名は，土地の名前またはそこの特徴（Хорула「ホルラ出身の人」，Арбай「藪」など）から与えられることがあった。民族名称のあだ名や愛情表現（Брааскай「ブリャート人」，Далбарай「ひよこちゃん」，Биэбэй「はとちゃん」など）も見られる。多くのあだ名は，ロシア語から借用された名詞（Алаадьы ← ロシア語の оладья「ホットケーキ」，Бороон ← барон「男爵」，Саллаат ← солдат「兵士」など）からも形成されている。

　ヤクート人の名前兼あだ名は，最も多く見られる簡潔な形のもののみならず，形容詞と結合した複数の単語からなるもの（Оччугуй Уйбаанныыр「年少のイワヌシカ」，Тимир Айах「тимир 鉄＋айах 口，最も大きい杯」）も存在する。

　洗礼の際に与えられる公式名であるロシア語名と並んでヤクート語名は，長期間（17世紀〜20世紀）にわたって第二の名前として存在していた。

　現代では，公式の，そして唯一可能な名前として，新生児はしばしば他ならぬヤクート語名を貰うことがある。ヤクート人は，叙事詩や現代ヤクー

ト人作家の人気作品の中から名前を貰ったり，サハ共和国を流れる大河にちなんで名前を与えられたりする。ヤクート人は，古い名前の中から選んだり，全く新しいものを創造したりする。

ヤクート人の民族名兼あだ名には，男性名と女性名を区別する特別の形態的接辞はない。例えば，Тимир Айах という名前は，女の子の名前として記録されているが，同時に Айах は，男性名としても使われている。ある名前は，男性のもの（Айал, Сылан, Тимирдэй など）としてのみ確定しており，また他の名前は，例外的に女性のもの（Чыскый Удаган, Чычкыйа など）として使われている。男性名としても，女性名としても認められているもの（Быллай など）もある。今日，一部の女性民族名においては，形態的にロシア語名と同じ接尾辞-а を使って表現されている。

ヤクート人の姓は，キリスト教受容以前の名前をベースにして，形成されていった。最初のヤクート人の姓（Таяхов「таях は，棒，長い杖」, Тингеев「тиинг は，りす」, Кыльяров「кылый は，片足で跳ぶ」など）は，父親の名前からロシア語の接尾辞-ов, -ев, -ин を使って作られた。ある姓は，土地の名前（Сергеляхская「ヤクート地名 Сэргэлээх「馬を繋ぐ柱のある所＋ロシア語の接辞-ская」から」）から形成された。

時の流れと共に，ロシア語名をベースにした姓が誕生していった。その後，-ович, -евич の語尾を持つロシア語の父称が登場した。父称が女性名と結び付き始めたのは，かなり後になってからである。最初の頃，女性の父称は，形の上では男性のもの（例：Акулина Николаевич）と全く同じであった。現代では，父称は，ヤクート人の間で広く普及している。父称を形成するヤクート語の接尾辞（Уйбаанабыс―ロシア語形は Иванович, Баылайабына―Васильевна, Хаарылабыс―Карлович など）は，ヤクート語の発音規則に従っているため，ロシア語形とは異なっている。

姓を形成する接尾辞（Кустуукап―ロシア語形は Кустуков, Тимирдээйэп―Тимирдяев, Маппыайап―Матвеев など）においても同様で，ヤクート語形は，ロシア語形とは異なっている。

ロシア語から形成された現代のヤクート人名は，日常の交流において，

公式のビジネス社会において，ロシア人名がロシア人の社会生活，言語生活において機能しているのと同様に機能しているのである。

(1) ヤクート人は，自称サハ人（Caxa）と呼んでいる。
(2) ヤクート語の話者数についてであるが，2002年の人口調査によれば，ヤクート人が443,852人であるのに対して，ヤクート語の話者数は，インターネット情報（http://www.gks.ru/PEREPIS/t6.htm）によれば，457,000人程度で，ヤクート人の総人口より多い数値になっている。他の民族語の例から考えると，恐らく，誤植であるか，またはヤクート民族以外のヤクート語話者が含まれていると思われる。

5　ブリヤート民族の人名システムについて

2002年のロシア連邦の人口調査によれば，445,175人のブリヤート人（Буряты）[1]がおり，彼らは，主にブリヤート共和国内に住むが，イルクーツク州のウスチオルダ・ブリヤート自治管区にも，チタ州のアガ・ブリヤート自治管区にも住んでいる。その他，モンゴル国の北部や中華人民共和国の東北部にもブリヤート人は，住んでいる。

ブリヤート語は，アルタイ諸語のモンゴル語派に属する。

2002年の国勢調査によれば，ブリヤート語の話者数は369,000人程度である。また，ロシア語普及率については，ブリヤート人は96.4％である。

今日のブリヤート人の公式命名法は，ロシア人や他の民族と同じ3つの構成要素，つまり名，父称，姓（例：Владимир Санданович Базарон）から成っている。

日常生活では，人名の完全形は使われずに，様々な呼びかけ方法が採用されている。日常の家族間の交流や，農村住民の間では，①「生格形の父親の名前＋個人名」（例：Занданай Лариса, Солбоной Батор），②祖父または母親がよく知られている場合には，「生格形の祖父または母親の名前＋孫または息子を意味する用語＋個人名」（例：Галданай аша［または эээ］Эрхито［Эрхэтэ］ガルダンの孫であるエルヒト，Натаалиин хубуун Баир ナタリヤの息子であるバイ

ル），③「生格形の祖父の名前＋生格形の父親の名前＋個人名」（例：Бадмын Дугарай Эрдэм, Буурайн Гармын Тамара など），④「氏族または家族の一員である人々のグループを意味する接尾語-тан(-тон, -тэн)を付けた家長の名前(生格形)＋個人名」（例：Ошортоной Марина, Бадматанай Зорикто），⑤「姓＋生格形の父親の名前＋個人名」（例：Саганов Матвейн Светлана），⑥「接尾辞-тан (-тон, -тэн)を持つ生格形の姓＋個人名」（例：Арсалановтанай Оюна, Очировтоной Эржэна）といった個人を決める幾つかのスタイルが使われている。

　公式の礼儀正しい呼びかけには，①「名＋父称」（例：Баргай Иванович），②「нухэр（ロシア語の товарищ）＋姓」（例：нухер Уланов），③「нухер＋役職名」（例：нухер бригадир）のうちの1つが使われる。

　名前のタブーは，遠い昔のものとなりつつある。それは，人々の迷信深い考え方や，単語と物を同一視したり，名前と名付けられた人を同一化したりすることと関係している。宗教（ラマ教）の影響が弱まり，ロシア人の人名システムが広く普及した結果，今日のブリヤート人は，名前のタブーについては知らない。しかし，直接名前で呼びかけるのは避けるという習慣は守られている。

　以前，家庭では子供たちに呼びかける時，上下関係と子どもの性別を示す用語が使われていた。兄に対しては，аха, ахаадай, ахаадий と呼び，姉に対しては，эгэшэ, эгэшээдии と，最年少の子どもに対しては，отхон, отхондой と呼んでいた。これらの用語は，多くの家庭で子供たちがお互いに呼びかける時に使用していただけでなく，両親が子どもたちに呼びかける時にも使用していた。もし家庭に多くの子どもがいる場合は，誕生の一貫性をより明確に表わすための名前や，子どもの外観的特徴，性格的特徴などを意味する新しい名前を与えていた。

　名前で呼びかけることは，話者との親しい友人関係を意味したり，反対に馴れ馴れしい無礼な行為を意味している。

　ブリヤート人の名前の由来は,他の民族の名前と同様に多種多様である。

　ブリヤート人の家系図には，①野性の動物や家畜の名前（Булган「クロテン」，Хэрмэн「りす」，Шоно「狼」など），②鳥の名前（Бургэд「鷲」，Гулуун「鶩

鳥」など)、③魚の名前 (Сордон「カワカマス」, Алгана「カワスズキ」など) に起源を持つ名前が多く載っている。その他に、例えば Алаг「縞模様の人」、Борогшон「灰色の人」など、動物の毛に由来する名前がある。そのような名前は、昔の民族、この場合はモンゴル人の動物形態知識と関係がある。描写的な単語に起源を持つ名前 (Билдуу「愛想のよい人」, Морхоосой「かぎ鼻、転じて、もったいぶる人」, Хазагай「曲がった人」など) も存在する。

普通名詞や形容詞からは、今日では、①「平和」、「静寂」、「永遠」、「栄光」といった格調高い文体の単語 (Амгалан「平和な、静かな」, Алдар「栄光」, Мунко「永遠の」など)、②「幸福」、「力」、「無事」といった概念と関係のある単語 (Жаргал「幸福」, Баир「喜び」, Бата「強い」, Батор「英雄」など)、③「知恵」、「教育」、「文化」に関係のある単語 (Бэликто「知恵」, Эрдэм「科学」, Соел「文化」など)、④「宝石」、「花」に関係のある単語 (Эрдени「宝石」, Эржена「螺鈿」, Сэсэг「花」など) などの名前は人気がある。

17世紀になると、チベット仏教であるラマ教が浸透したことにより、ザバイカル (バイカル湖以東の地区) のブリヤート人の間では、チベット語やサンスクリット語起源の名前が普及し始めた。例えばチベット語起源のものとしては、Галсан「幸福」, Доржо「ダイヤモンド」, Содном「善行」, Цырма「愛すべき母」などがあり、サンスクリット語起源のものには、Радна「宝石」, Арья「神聖な」, Осор「光の普及」などがある。

その一方、ドバイカル (バイカル湖以西の地区) のブリヤート人は、ロシア語名を用いていた。

姓は、①キリスト教が普及したこと、②洗礼儀式が原住民にも導入されたことにより、19世紀後半になって初めてブリヤート人の間に登場した。ドバイカルに住むブリヤート人の姓は、20世紀最初の10年間ですでに形成された。しかし、全ブリヤート人に姓が普及するのは、十月革命後になってからのことである。今日のブリヤート人の姓は、基本的には父親の名前から形成されている。従ってソヴィエト政権初期の世代の者は、1940年代まで同じ語幹から、つまり父親の名前から作られた姓と父称を持つことができた。例えば、2人の男性ブリヤート人の名前である Бата (名) Цибикович

（父称）Цибиков（姓）と Номгон（名）Номоевич（父称）Номоев（姓）には，父称と姓に各々共通の語幹（Цибик と Номо）が見られる。それらは，父親の名前から作られたものである。また，彼らの息子たちは，父親の名前（Бата と Номгон）を使い，各々の名前から姓として Батоев，Номгонов を，父称として Батоевич，Номгонович を名乗ることができた。

今日では，ブリヤート人の姓（Болотов, Тугулов, Доржиев, Уршеев など）を形成する為に，ロシア語からの借用接尾辞 -ов, -ев が利用されている。また，この接尾辞と並んで，両親の所属を意味するブリヤート語の接尾辞 -ай, -ин, -э を持つ姓（Батожабай, Гомбоин, Галсанэ など）も使われている。この種の姓は，主としてザバイカルのブリヤート人の間に見受けられる。

父称は，初め超エリート集団やインテリの間に登場した。一般大衆に父称が形成され，正式なものとなったのは，ソヴィエト時代になってからのことである。しかし，父称は，お互いに呼びかける時に使われているにもかかわらず，今日でも高齢者のパスポートには，しばしば父称が記載されていないケースがある。ブリヤート人の父称は，ロシア語の接尾辞 -ович, -евич, -овна, -евна を使って父親の名前から，大変稀なことだが，祖父の名前から形成されている。

今日では，父称を使った呼びかけは，都会においても，農村地においても，普通の現象である。しかし，農村に住む住民の間では，しばしば古い日常生活の呼びかけの形を使っている者もいる。

(1) ブリヤート人は，かつてはブリヤート・モンゴル人（Буряты-Монголы）とも呼ばれた。

6　ナーナイ民族の人名システムについて

ナーナイ人（Нанайцы）[1] は，主にハバロフスク地方に住む民族である。2002年のロシア連邦の人口調査によれば，ナーナイ人の総人口は 12,160 人である。

ナーナイ語は，アルタイ諸語のツングース・満州語派に属する。

2002年の国勢調査によれば，ナーナイ語の話者数は4,000人程度である。また，ロシア語普及率については，ナーナイ人は100%である。

以前のナーナイ人は，名前のみを持っており，父称と姓はなかった。1897年2月9日（旧暦1月28日）に実施された第1回全ロシア国勢調査の時には，戸別調査表にナーナイ人の姓として，所属する氏族名が記入された。しかし，これはナーナイ人にとって何の意味も持たなかった。文字がなく[2]，文盲であったので国勢調査後も名前のみが存在し続けた。勿論，自分の所属する氏族名は，各人が知っていた。

ナーナイ人のロシア語名は，積極的なロシア正教の布教活動により，19世紀の70年代から80年代にかけて現われ始めた。20世紀初めになると，多数のナーナイ人が2つの名前（ロシア語名とナーナイ語名）を持っていたが，日常の交流では彼らは，常に伝統的な名前を使っていた。①使い慣れていること，②ナーナイ人の名前は，繰り返し使用されることは大変まれなことから，伝統的な名前が優先されていた。それは大きなメリットを持っていた。姓と父称なしで某氏の名前を呼ぶと，それは誰のことを言っているのか，各人には，はっきりと理解されていた。それに対してロシア語名は，大変頻繁に繰り返し使用されていたので，ある村では「イワン」という名前の人間が数人いることもあった。

伝統的なナーナイ人名は，そもそも最初は普通名詞から形成されていたが，大多数のものが今日その意味を失ってしまった。それでも少数の名前は，明らかにすることができる。

男性名では，①狩猟，仕事で使う道具（Гида「やり」，Сурэ「斧」など），②魚（Око「ウグイ」），③鳥，昆虫（Дзэвэ「スズメバチ」），④必需品，衣装（Ганга「鍋をかける木製フック」，Отон「桶」，Сикэ「ジャンパー」）に起源を持つ名前が与えられた。また，幾つかの名前は，人間の性質を表わす単語（Гокчоа「曲がった人」，Гогда「背の高い人」，Сиантоли「けんか好きな人」，Моранга「声の高い人」など）からも作られた。

女性名は，①植物（Нэсултэ「ナナカマドの実」，Сингэктэ「ウワミズザクラ」

など），②人間の外見的特徴（Нэликэ「細い人」，Улэкэн「かわいらしい人」など）などと関係があった。

女性名の中には卑小の意味を持つ名前（Кэкэчэн「女奴隷」，Кисоатка「犬のえさ」など）も見受けられた。同様の名前は，男性名（Чуки「いやらしい奴」，Полокто「去年の犬のえさ」，Уку「腫れ物」，Хусуктэ「頭のかさぶた」など）に対しても付けられた。通常，この種の名前が子どもに付けられるのは，よく赤ん坊が死亡する家庭であった。そのような名前は，悪霊を追い払ったり，誤解させたりして，子どもを悪霊から守るという使命があった。

名前は，誕生後まもなく新生児に与えられた。子どもに名前を付けることは，家族構成員，年長者は勿論のこと，年少者でさえも可能であった。時には，一般の人や偶然立ち寄った人にさえも助言を求めることがあった。もし人が死にかけている場合，その人と同じ名前が，その村の別人の所で年齢に関係なく使用されていた場合には，二番目の人は，必ず名前を変更していた。I. ロパチン氏の発表[3]によれば，もし子どもが重い病気をすると，彼の名前は，変更されていた。また，もし母親の子どもが死にかけている場合には，その母親に新しい名前が付けられることもあった。この場合，彼女には悪霊に不快な印象を与えるような名前，脅して追い払うような名前が付けられた。

ソヴィエト時代になると，以前の氏族名を使ってナーナイ人に姓を与えようという考えが普及していった。ほんの一部のナーナイ人は，自分の父親または祖父の名前から姓（Хайтанин，Муска，Девжак など）を貰っていたが，そのような例はナーナイ人の中では1〜2%以下であった。ロシア語の姓（Суслов など）を持つナーナイ人は，更に少なかった。

1920年代からナーナイ人の間で，ロシア語名が普及し始める。昔からの名前は，次第に制限されていき，1950年代〜1960年代になるとナーナイ人の子どもは，ロシア語名のみを持つようになった。今日ではナーナイ人の若者は，ロシア人と同じ名前を持っている。35歳〜50歳のナーナイ人は，ロシア語名を持っているが，彼らの多くは，伝統的な第二の名前も持っている。それはロシア語名よりも，かなり稀にしか使われていない。今日，

多くの老人は，伝統的な名前を使っているが，公式名，つまりロシア語名も持っている。

ナーナイ人の父称は，ソヴィエト時代，特に 1930 年代の身分証明制度[4]の導入時期になってやっと登場した。しかし，当時，父称は，父親がロシア語名を持っていた場合にのみ記載されていた。後になって，父親のナーナイ語名も父称として使われ始めた。今日，父称は，ナーナイ語名とも，ロシア語名とも結合している。それにもかかわらず高齢の，特に女性のナーナイ人が携帯するパスポートには，父称が記載されていないことがある。

ロシア語名とナーナイ語名の統計的な相関関係について述べるならば，1962 年に 100 家族以上のナーナイ人（大人が 233 人，その内，男性は 102 人で，女性は 131 人）が住んでいたナーナイ人だけの村―ボロニ村（ナーナイ地区）における名前と父称の組み合わせに関する調査データがある。それによればロシア語名を持っていたのは，男性が 56 名であり，女性は 72 名であった。男性のロシア語名は，しばしばロシア語名の父称のみならず，①ナーナイ語名の父称（Владимир Партувич など）とも結合していた。また，男性のナーナイ語名についてもそれは言え，②ロシア語名の父称（Чико Павлович など）とも，③ナーナイ語名の父称（Покори Куроктович など）とも結合していた。同様の現象は，女性名（①Надежда Пысувна，②Ята Сергеевна，③Кильта Чиговна など）においても見られた。

今日でも昔からの習慣を踏襲しているため，直接呼びかける時，名前を使うことは少ない。名前と父称は，主に公式の場合に用いられている。

以前，人に対して，特に老人に対して，名前で呼ぶのはタブーであることは，厳格に守られていた。彼らに対し，名前で呼ぶことは無礼であると考えられていたため，様々な呼び方に頼っていた。その際には，相手より年下の親戚の名前や親族用語を使って呼んでいた。例えば男性に対しては，①彼の息子の名前（例：「ペーチャの父」），②弟の名前（例：「イリューシャの兄」），③妻の名前（例：「ディヤリクタの夫」）を使って呼んでいた。個人的呼びかけの際には，親族用語も使われていた。兄に対して，弟や妹は，aга または даи ага「兄」と呼んでいた。このような用語は，他人との会話の中で

兄を話題にする時にも用いられていた。新族用語 дама「祖父」，дамин「父の兄」は，通常，親戚の者たちのみならず，同じ村人同士や，知人同士が交流する際にも使われていた。それらは相手に対する敬意，表敬の意味を表わしていた。新族用語 даня「父（または母）の姉，祖母」は，彼らの孫のみならず，親戚でない者も女性に対する呼びかけとして使っていた。娘の夫に対しては，家庭内では常に名前では呼ばず，аоси（「娘の夫」）と呼んでいた。花嫁，兄弟の妻に対しては，эукэ（「花嫁」）と呼んでいた。今日では老人や家庭内の年長者は，伝統的な習慣を捨て，親戚の者を名前で呼ぶこともある。しかし家族の年少者は，年長者に対し，名前で呼びかけることはしていない。それは下品なことであり，無礼なことである。今日でも昔からの伝統により，弟や妹は，自分の兄，姉に対して，名前では呼んでいない。家庭内の年長者は，年少者を поя, нэку「年少の人」と呼んでいる。нэкуという用語を使って，大人は，同じ村の子どもに対しても呼んでいる。しかし，今では年長者は，年少者に対して，しばしば名前でも呼んでいる。

以前，夫は，妻を呼ぶ時，子どもの名前（例：「ヴォヴァの母」，「タマーラの母」）を付けて呼んだり，мама「老女」と呼んでいた。しかし妻に対して，しばしば名前でも呼ぶことができた。それに対して妻は，夫に対して，名前では決して呼んではいけなかった。妻は，夫を呼ぶ時，自分の子どもの名前（例：「ヴォヴァの父」）を付けて呼んだり，мапа「老人」と夫を呼んでいた。今日では若い夫婦，特にインテリ層の間では名前が使われている。

(1) ナーナイ人は，かつてはゴリド人（Гольды）と呼ばれた。
(2) ナーナイ語の文字については，1931年にローマ字によるナーナイ語文語が創始され，1963年にロシア文字に改められて今日に至っている。
(3) Лопатин, И. "Гольды." Владивосток, 1922.
(4) ソ連にパスポートが導入されたのは，1932年末であった。16歳以上の全ての市民は，姓名，父称，出生年月日，出生地，民族，職業などを明記した国内旅券を所持しなければならなかった。

あとがき

　今日のシベリアに住む少数民族は，戸籍上，ロシア式の名，父称，姓を名乗っている。各民族によって多少異なるが，一般的に言えば，最初の名は，ロシア語名から作られ，次の父称は，父親のロシア語名（または民族語名）から作られる。姓については，父親の民族語名から作られる。そのため，このような命名方式では本人自身の民族語名は表面化してこないことに注目したい。ロシア語の名前は，その民族にとっていわば「表向きの」名前であり，彼らが魂のこもった「真の」名前と考えるのは，あくまでも伝統的な民族語の名前の方である。たとえ普段使わなくても，それは彼らにとっては自らのアイデンティティの証として欠かすことができないものである。

　名前を付けることは，通常，言葉が現実に直接作用するという「言霊（ことだま）」観念と関係がある。それゆえに，親たちは子どもが生まれると，名前どおりの子どもに育つようにと知恵をしぼる。マイナス評価の民族語名ですら，子どもが死，病気，失敗といった不幸な出来事を避けるために付けられるという意味では，やはり「言霊」の思想に基づいている。

　今日では，民族語による名付けそのものが消失しかかっている。学校の子どもたちの多くは，すでに自分の民族語名を知らず，ロシア語名だけが自分の「真の」名前だと信じている。

　この先，シベリア少数民族が持つ固有の名前が，今後どのような形で残されていくのか，大いに関心のあるところである。

参考文献（順不同で，注で掲載したものは除く）
(1) 世界の文字研究会編『世界の文字の図典』（吉川弘文館，1993）
(2) 亀井孝（他）編『言語学大辞典1〜6』（三省堂，1988〜1996）
(3) 呉人恵『危機言語を救え』（大修館書店，2003）
(4) 21世紀研究会編『人名の世界地図』（文藝春秋，2001）
(5) 東郷正延（他）編『ロシア・ソビエトハンドブック』（三省堂，1978）

(6) Суперанская, А. В. и др., ред. "Справочник личных имен народов РСФСР." (Москва, Русский язык, 1987)

(7) Нрознак, В. П., глав. ред. "Языки народов России : красная книга." (Москва, Academia, 2002)

1 世界の主なる民族言語系統一覧

インド・ヨーロッパ諸語	東スラヴ語派	ロシア語, ウクライナ語, ベラルーシ語
	西スラヴ語派	ポーランド語, チェコ語, スロヴァキア語
	南スラヴ語派	ブルガリア語, セルボ・クロアチア語, スロヴェニア語, マケドニア語
	バルト語派	リトアニア語, ラトヴィア語
	ロマンス語派	フランス語, スペイン語, ポルトガル語, イタリア語, ルーマニア語
	ゲルマン語派	英語, ドイツ語, オランダ語, デンマーク語, 等
	インド語派	ヒンディー語, ウルドゥー語, ベンガル語, 等
	イラン語派	ペルシャ語, 等
	ヘラス語派	ギリシャ語
	アルバニア語派	アルバニア語
ウラル諸語	フィン・ウゴル語派	フィンランド語, ハンガリー語, エストニア語, カレリア語, マンシ語, ハンティ語, 等
	サモエード語派	ネネツ語, エネツ語, ヌガナサン語, セリクープ語, ヤマロ・ネネツ語, 等
古アジア諸語		チュクチ語, コリャーク語, ユカギール語, ケット語, ニヴフ語, 等
アルタイ諸語	チュルク語派	トルコ語, トルクメン語, アゼルバイジャン語, カザフ語, ウズベク語, 等
	モンゴル語派	モンゴル語
	ツングース・満州語派	満州語, エウェンキ語, エウェン語, ナナイ語, 等
	カフカス諸語	グルジア語, チェチェン語, 等
	東アジア諸語	朝鮮語, 日本語, 中国語, ベトナム語, 等

注：網掛けの箇所は、シベリア少数民族が所属する言語グループである。

2 シベリア少数民族の分類と人口一覧

言語系統		言語名・民族名	ロシア語表記	1989年人口	2002年人口	主な居住地
ウラル諸語	フィン・ウゴル語派	ハンティ	Ханты	22,283	28,678	北方諸族, ハンティ・マンシ自治管区
		マンシ	Манси	8,279	11,432	北方諸族, ハンティ・マンシ自治管区
	サモエード語派	ネネツ	Ненцы	34,190	41,302	北方諸族, ネネツ, ヤマロ・ネネツ自治管区
		セリクープ	Селькупы	3,564	4,249	北方諸族, シベリア中西部
		ガナサン	Нганасаны	1,262	834	北方諸族, タイミル自治管区
		エネツ	Энцы	198	237	北方諸族, タイミル自治管区
古アジア諸語		チュクチ	Чукчи	15,107	15,767	北方諸族, チュクチ自治管区
		コリヤーク	Коряки	8,942	8,743	北方諸族, コリヤーク自治管区
		ニヴフ	Нивхи	4,631	5,162	北方諸族, サハリン州
		イテリメン	Ительмены	2,429	3,180	北方諸族, カムチャツカ州
		カムチャダール	Камчадалы	—	2,293	北方諸族, カムチャツカ州
		エスキモー	Эскимосы	1,704	1,750	北方諸族, チュクチ自治管区, 米アラスカ州沿岸
		ユカギール	Юкагиры	1,112	1,509	北方諸族, サハ共和国北東部
		チュヴァン	Чуванцы	1,384	1,087	北方諸族, チュクチ自治管区, マガダン州
		アレウト	Алеуты	644	540	コリヤーク自治管区, アリューシャン列島
		ケレキ	Кереки	—	8	コリヤーク自治管区
アルタイ諸語	チュルク語派	タタール	Татары	5,522,096	5,554,601	タタールスタン共和国
		ヤクート	Якуты	380,242	443,852	サハ共和国
		トゥヴァ	Тувинцы	206,160	243,442	トゥヴァ共和国
		ハカス	Хакасы	78,500	75,622	ハカシア共和国
		アルタイ	Алтайцы	69,409	67,239	アルタイ共和国
		テレウト	Телеуты	—	2,650	西シベリア, ケメロヴォ州
		テレンギト	Теленгиты	—	2,399	西シベリア, アルタイ共和国
		ショール	Шорцы	15,745	13,975	西シベリア, ケメロヴォ州
		ドルガン	Долганы	6,584	7,261	北方諸族, タイミル自治管区
		クマンジン	Куманцинцы	—	3,114	アルタイ共和国, アルタイ地方
		ソイオト	Сойоты	—	2,769	ブリヤート自治共和国
		トファラル	Тофалары	722	837	北方諸族, イルクーツク州
		チュルム	Чулымцы	—	656	トムスク州東部
	モンゴル語派	ブリヤート	Буряты	417,425	445,175	ブリヤート自治共和国
		エヴェンキ	Эвенки	29,901	35,527	北方諸族, エヴェンキ自治管区
	エヴェンキ	エヴェン	Эвены	17,055	19,071	北方諸族, サハ共和国
		ナナイ	Нанайцы	11,883	12,160	北方諸族, ハバロフスク地方, アムール川下流
		ウリチ	Ульчи	3,173	2,913	北方諸族, ハバロフスク地方
	ツングース・満州語派	ウデヘ	Удэгейцы	1,902	1,657	北方諸族, ハバロフスク地方, 沿海地方
		ケート	Кеты	1,084	1,494	北方諸族, クラスノヤルスク地方
		オロチ	Орочи	883	686	北方諸族, ハバロフスク地方
		ネギダール	Негидальцы	587	567	北方諸族, ハバロフスク地方
		ウルタ	Ульта	179	346	北方諸族, サハリン州

注：網掛けのシベリア少数民族については、本資料の地図「シベリア少数民族の人々はシステムなどについて」も参照のこと。
注1：各民族の人口については、1989年1月12日にソ連で実施された全民族調査の人口であり、「2002年10月9日にロシア連邦で実施された全国国勢調査の〔民族構成〕欄の人口である。数値データは、インターネット情報（http://www.hi-net.zaq.ne.jp/nizhniy-kobe/nationalities.htm）による。
注2：ヨーロッパ系の「北方諸族（Народы Севера）」とは、ロシアやシベリア北辺のツンドラ、タイガ地帯で暮らす26の原住民族の総称で、北方少数民族のことでもある。

〔2〕 先史時代における東シベリアの人類・言語の拡散

佐 藤 規 祥

  1 はじめに
  2 東シベリアの先史文化
  3 遺伝学上の系統
  4 言語学上の系統
  5 まとめ

1　はじめに

　シベリアの東部地域は，西部地域と比較して，民族・言語の多様性に富んでいる。その西部では，主としてウラル語族に属する諸言語が拡散しており，これにチュルク系の少数の言語が加わっているにすぎない。他方で，東部では，アルタイ語族に属するとされる主要な言語の他，系統的に孤立した諸言語が散在している。こういった状況は，時代をさかのぼって後期旧石器時代における文化の多元性においても，同じように観察することができる。それならば，言語の系統論的な視点から見た多様性は，それほどに古い時代から形成されてきたものなのであろうか。そもそも東シベリアにおける文化，民族，言語の多様性は，いつどのようにして形成されたのか，先史時代に振り返って考察してみたい。

2　東シベリアの先史文化

　ここでは東シベリアを指す地域を便宜上，次のように定めたい。すなわ

ち，南はバイカル湖付近を南端として，アンガラ川を下り，エニセイ川に沿って北極海に出る線より東側のロシア国土領内を意味するものとする。

この地域は高緯度の内陸にあって，寒冷で厳しい環境であるにもかかわらず，驚くべきことに，最終氷期の最寒冷期（約18,000年前）においても，人類集団の居住が途絶えることがなかった。後期旧石器時代における東シベリアの文化は，その時代区分，起源，地域，特徴の点で大きく二つに分けられる（Madeyska 1990）。

第一は，現生人類の文化として確認されるものの中で最古の遺跡群で，アルダン川流域を中心に35,000年前頃か，むしろそれよりずっとおそくから現れたもので，ジュクタイ文化と名づけられる。両面加工の石器をもつことで特徴付けられるこの文化は，中国北方から伝播したものであるとされている（Yi, S. & Clark, G. 1985）。その起源についての異論もあるが，いずれにせよ，それはモンゴロイドの文化であったと思われる。この文化は，10,500年前頃にレナ川中流域でスムナギン文化に取って代わるまで連綿と続いた。

第二は，バイカル湖の周辺とエニセイ川上流域に集中して分布する遺跡群であり，24,000年前頃から現れた。片面加工の石器をもつことで特徴付けられるこの文化の代表的な遺跡，マリタ，ブレチなどからは，特徴的なビーナス像や水鳥の彫刻品などが出土することで知られる。これよりわずかに早い同時期に，ヨーロッパ・ロシアの平原，ウクライナ内陸部，さらにはチェコ南東部，オーストリアなどでも共通した特徴をもつ文化が出現していることから，東ヨーロッパから東進して伝わった文化である，と繰り返し指摘されている（Dolitsky 1985）。また，人骨の特徴からコーカソイドであったともいわれている。マリタ文化は，さらに楔形細石核という石器を一般的特徴とする文化として発展し，徐々に東シベリア全体に拡散し，レナ川中流域で先行するジュクタイ文化を置き換えることになった。

このように，ほぼバイカル湖より東のレナ川流域と，それより西のアンガラ，エニセイ川流域で分かれる，第一のジュクタイ文化と第二のマリタ文化とは，単なる地域的な変種というよりは，実際にあらゆる面でまった

く異種の性格を持っていたようである。そして，それらの流れを汲む文化は，やがてそれぞれ異なる時代にベーリング陸橋（ベリンジア）を通りぬけて，新大陸へと伝播したと考えられている。しかしながら，その正確な時代と詳しい経路をめぐる問題は，資料的にも乏しく容易に解決できそうにない。

3 遺伝学上の系統

前述のように，東ヨーロッパからはるか東シベリアへと伝播したとされるマリタ文化が，実はコーカソイドの集団が移住した結果であることは，最近の分子生物学の成果によっても裏付けられるように思われる。トローニ等の研究グループ (Torroni et al. 1998) は，ミトコンドリア DNA に含まれるヨーロッパ人に特徴的な母系の遺伝子（ハプログループ H）の地理的分布を調査したところ，意外な結論が得られた。すなわち，約25,000年前に起源を持つと想定されるこの遺伝子は，バスク人（約50％）と北欧の民族（約40％）で高く，他のヨーロッパ人と北コーカサスのアディゲ人（約30％）などでは頻度が低くなる。ところが，シベリアのモンゴロイドであるはずのヤクート人で，意外にも約10％も現れるのである。

他方で別の研究グループのセミーノ等 (Semino et al. 2000) は，ヨーロッパおよび中東の民族に特有の Y 染色体に含まれる父系の遺伝子を系統別に22系列に分類し，その地理的分布と頻度を調査した。そのうちの22番目の（M 3 を含む）系列はヨーロッパ人に観察されないのに，シベリアの原住民やアメリカ先住民（アメリンド）に観察されることを指摘している。このことから，コーカソイドがヨーロッパに拡散したのと同時期に，すでにシベリアへも別の波となって進出したことが考えられるのである。

氷河期における東シベリアの地は，東端のベーリング陸橋を通り抜け，当時まだ陸続きだった新大陸へ到る中継地でもあった。その意味で，新大陸における先住民の文化，民族，言語の起源を探究する問題とも深く関連付けられてきた。ところが，最近の遺伝学の成果によると，アメリカ先住

民に共通する祖先は，シベリアではなくモンゴルで出現したという(Neel et al. 1994；Merriwether et al. 1996；Lell et al. 1997)。ここで注意せねばならないのは，考古学上の文化と，言語の系統と，父系と母系でも異なり得る遺伝学上の系統とは，必ずしも互いにそっくり一致するというものではないということである。ヨーロッパなどと比較すると，広大で人口が希薄な東シベリアの地は，想像以上に複雑な過去を秘めているのかもしれない(Pitulko et al. 2004)。

4 言語学上の系統

東シベリアの民族，言語の系統は，考古学上の文化区分とは無関係に大きく二つに分類される。すなわち，第一はウラル語族またはツングース系，チュルク系，モンゴル系をまとめたアルタイ語族のいずれかに属する，言語系統の定まっている言語である。そして，第二はそれ以外の言語系統がこれまでのところ定まっておらず，ひとまとめに古アジア(またはパレオアジア)諸語と称される言語である。古アジア諸語とは，互いの親族関係と無関係に，一括して総称されているにすぎない。したがって，これに属する言語の系統は，個別に検討する必要がある。西から順に，ケット語，ニヴフ語，ユカギール語，チュクチ・カムチャツカ語族，エスキモー語が分布している。

ここでは，第一の部類に属する言語については簡単に触れるだけにとどめて，第二の部類に焦点を当てて，それぞれの系統に関して提示されている説を，考古学上の成果と照らし合わせながら，検討してみたい。

1 アルタイ語族およびウラル語族に属する諸言語

アルタイ語族とは，次の三つの系統が同系であることを前提とした名称である。第一はツングース系の主要なエヴェン，エヴェンキの他，ネギダル，ナーナイ，ウリチ，オロチ，オロッコ，ウデヘといった諸言語。第二はモンゴル系のブリヤート語。第三はチュルク系のヤクート語。なお，東

シベリアの地域外にも，ここに属する言語が多数話されている。ツングース祖語は新石器時代において，バイカル湖の南部で話されていたとされる。モンゴル語とチュルク語の祖語の原郷地もまた，バイカル湖南部のどこかその近くに位置していたはずである。

ウラル語族のサモエード系に属するガナサン語，エネツ語は，エニセイ川の下流域に居住している。

アルタイ語族とウラル語族の原郷地の問題は，本題の枠から大きくそれてしまうので，ここではとくに触れないでおく。

2 ケット語

エニセイ諸語のうち現存する唯一の言語であり，クラスノヤルスク地方におけるエニセイ川中流域およびその支流域で話されている。

ケット人はかつてエニセイ川の上流，バイカル湖の北西部にも居住していたのだが，ツングース系のエヴェンキ人やモンゴル系のブリヤート人に吸収されてしまった（Forsyth 1991）。青銅器時代においては，彼らが今よりはるか南方に居住し，カラスク文化（紀元前1,300-800年）の担い手であったことが，考古学的な観点から説明されている。カラスク文化は，バイカル湖の北西部に位置するミヌシンスク盆地で続いていたが，紀元前8～6世紀にかけて生じた人口増加によって次第に北上し，それまでのステップ地帯から森林地帯へと拡散し，エニセイ川流域のクラスノヤルスクに至ったのである（Okladnikov 1959；Симченко 1975；Членова 1975）。

これはチュレノヴァが主張しているように，ケット語の地名が，バイカル湖の西でエニセイ川上流一帯に広く観察され，その分布域がちょうどカラスク文化域と一致していることから，かつてはケット人がこの地でカラスク文化の一端を担っていたという説をうまく説明する（Членова 1975）。

ケット語以外の死滅したエニセイ諸語は，コット語，アサン語，アリン語，プンポコル語であり，比較的よく似通っている。最近になって，スタロスチン（Старостин 1995）がこれらの言語を比較，対応し，エニセイ祖語の再建を試みた。

これまでに，多くの研究者によって親族関係のある言語を探る試みがなされてきたが，いまだに一般に支持されるような説は現れていない(Членова 1975)。スタロスチンはエニセイ祖語を再建するのと同時に，彼が同系であると主張する他の諸語族の祖語との比較もまた提示している（Starostin & Ruhlen 1994）。それによると，エニセイ諸語はシナ・チベット語族と系統的に比較的近く，さらに北東コーカサス語族との関係も深いと考えているようである。とりわけ，はるか遠方の北米で話されるナ・デネ語族との系統的関係も無視できないという彼の壮大な説は，純粋に言語学的な側面から立証しようとするだけでは，一般にはとても支持されそうにない。

考古学的な観点からは，それらの語族を結びつけて考える説は今のところないようである。けれども，後期旧石器時代においてシベリア内陸部から北米大陸へ到達したことを示す文化は，これまでに知られるところ限られている。そのひとつにスムナギン文化が注目される。この文化は，連綿と続いたジュクタイ文化に代わって，レナ川中流域に 10,500 年前頃に出現し，7,500〜8,000 年前にはアラスカ半島に伝播したとされる（Powers 1990；Dumond 1980）。また，この文化の起源は，エニセイ川流域のマリタ文化から生じたとされる（Dolitsky 1985；Vasil'ev 1993）。今後の研究が俟たれる。

以下に，スタロスチンが試みたエニセイ諸語を比較，再建した語彙例と，さらに他の語族の祖語と比較，対応した語彙例の一部を引用する(Starostin & Ruhlen 1994；Старостин 1995；Nikolaev 1991)。なお，例中の*印は想定される祖語の形，V は不特定の母音を表す。

(1) エニセイ祖語*bul「足」(ケット語 būl；コット語 pul；アサン語 pul-an；アリン語 pil；プンポコル語 bulun)：北東コーカサス祖語*bymłV「足」(チェチェン語 ber-g；ツェズ語 bula「ひづめ」；アヴァール語 mal「足」)
(2) エニセイ祖語*bis「晩」(ケット語 bīś；コット語 pīš；アサン語 pičiga；アリン語 pis；プンポコル語 bič-idin)：北東コーカサス祖語*bVsV「晩，夜」(チェチェン語 busa「夜に」)
(3) エニセイ祖語*sir-「夏」(ケット語 śīli；コット語 šelpan；アリン語 šil)：

北東コーカサス祖語*cōjwīłhV「秋」(アンディー語 sibiru；ツェズ語 sebi；ツァフール語 cuwul；ヒナルク語 cuwa-ż)：古代中国語*-ćhiw「秋」

(4) エニセイ祖語*sur「血」(ケット語 sur「血」；コット語 šur；アサン語 šurama「赤い」；アリン語 sur「血」；プンポコル語 tulsi「赤い」)：北東コーカサス祖語*č'āɫwV「血」(チェチェン語 c'ij「血」；アヴァール語 č'ago-「生きた」；タバサラン語 č'iwi)

(5) エニセイ祖語*siń「老いた」(ケット語 śīń)：北東コーカサス祖語*śwani「年」(アヴァール語 son；ラック語 šin など)：シナ・チベット祖語*snī-ŋ「年」(古代中国語*nīn「年」など)：ナ・デネ祖語*śānh「年老いた」(ナヴァホ語 sání「老人」など)

少なくとも以上の数例を見る限りでは，それらの語族の間に偶然とは思われない関係があるようにも思え，興味深い説であるといえる。

3 ニヴフ語

ギリヤーク語とも称し，現在はサハリン島北部とアムール川下流域で話されている。現在居住しているアムール川流域には，ニヴフ語とは異なる基層の言語の地名が多く見られることから，かつてニヴフ人が別のところからやって来て今の地に定住した，という説もある。ただ，それがいつ，どこから来て，それまでどのような文化に帰属していたのかについては，知られていない。いずれにしても，後期旧石器時代からずっと東シベリアのどこかの文化圏において定住していたのではないかと考えられる。

また，系統関係についても不明で，これまでのところとくに有力な説は現れていない。近隣の言語との関係も，あまり期待できそうにない。ただし，唯一の例外は，チュクチ・カムチャツカ語族との遠い関係である。最近では，ロシアのムドラクとニコラエフが予備的研究として，ニヴフ語とチュクチ・カムチャツカ語族との語彙の比較，対応を試みたものがある。彼らの仮説によると，これらの極東の諸言語が，さらに北米で話されるアルモサン・ケレス諸語（ユロック語，アルゴンキン諸語，スクワミッシュ語などを含む）との間に系統関係があるらしい（Mudrak & Nikolaev 1989）。しかし，比較している語彙が少ないことや，対応自体が不確かであるなど，

一般的な支持を得るにはまだ十分とは言えそうにない。

以下に彼らの比較，対応している語彙例の一部を簡略化して引用する (Mudrak. & Nikolaev 1989；Мудрак 2000)。

(1) ニヴフ語 molk「クマ」：チュクチ・カムチャツカ祖語*mečwe「クマ」(イテリメン語 met's-k'e)：アルゴンキン祖語*maθkwa「クマ」(ユロック語 nikwec「グリズリー」)
(2) ニヴフ語 ŋ-yčx「足」：チュクチ・カムチャツカ祖語*xəčka「足」(イテリメン語 qthaŋ)：ユロック語-ckah「足」
(3) ニヴフ語 lyx「雨」：チュクチ・カムチャツカ祖語*'łuxV：セイリッシュ語族スクワミッシュ語 yiq「雪が降る」
(4) ニヴフ語 toŋ-s「腱」：セイリッシュ語族スクワミッシュ語 ti-tn'x「腱」
(5) ニヴフ語 aqm「あられ」：中央アルゴンキン祖語*ākim-「雪」
(6) ニヴフ語 ŋaq-r「雪」：セイリッシュ語族スクワミッシュ語 maqa?
(7) ニヴフ語 hilx「舌」：チュクチ・カムチャツカ祖語*jilvə：ユロック語 me-ypł「舌」：セイリッシュ語族スクワミッシュ語-alxwcał「舌」
(8) ニヴフ語 hemi「こめかみ」：イテリメン語 k'im「髪の毛」：セイリッシュ語族スクワミッシュ語 s-q'wumay?「頭髪」
(9) ニヴフ語 qeŋ「クジラ」：チュクチ・カムチャツカ祖語*yuŋi (コリャーク語 juŋəj「クジラ」)：セイリッシュ語族スクワミッシュ語 qwanis「クジラ」
(10) ニヴフ語 laq-r「リス」：チュクチ・カムチャツカ祖語*?ləkwlV「リス」(チュクチ語 rawəl?əŋ)：ユロック語 plī?w-es「ハイリス」

以上の数例を見て言えることは，ニヴフ語とチュクチ・カムチャツカ語族との間にある程度の対応の規則性が見られるようであるが，北米の言語との間に同様の関係を見るには，不十分であると言わざるを得ない。

4　チュクチ・カムチャツカ語族

ルオラヴェトラン語族とも称せられ，チュクチ語，コリャーク語，ケレク語，アリュートル語，イテリメン (またはカムチャダル) 語が含まれる。いずれの言語もチュクチ半島とカムチャツカ半島において話されている。

ニヴフ語と同様に，いつからこの地において話されるようになり，原郷地がどこにあったのかなど，分からないことが多い。

カムチャツカ半島は後期旧石器時代から文化の交替が幾度も起こったことで知られ，とくにチュクチ半島とともに，東シベリアからベーリング陸橋（または海峡）を越えて新大陸へ到る経路として，次々と起源の異なる考古学的文化が現れたところでもあった。したがって，それらのうちのどの時代の文化で用いられた言語が最終的に定着したのか判らず，言語学的な観点からその起源を求めるのは，困難を極める。かりにレナ川中流域に続いたジュクタイ文化と関連付けるならば，カムチャツカのウシュキ遺跡に10,500年前頃にこの文化が伝わり，その後アラスカに到達したのであった。これは北米の言語との関連性を説明し得るかもしれない。

語族内部の関係ははっきりしていたとはいえ，ようやく最近になって，チュクチ・カムチャツカ祖語の語彙の再建が，ムドラクによって提示されたばかりである（Мудрак 2000）。

チュクチ・カムチャツカ語族の系統関係については，その基本的な出発点となる祖語の再建自体が，こうして今やっとできたばかりでもあるので，これまでに有力な説は出てきていない。ただ，ニヴフ語とはかなり遠い関係にあるかも知れず，無視することはできない。これについては，すでにニヴフ語のところで触れたとおりである。

ここでは参考までに，ニヴフ語を除いたアルモサン・ケレス諸語と比較，対応させている若干の語彙例を簡略化して引用する（Mudrak & Nikolaev 1989；Мудрак 2000）。

(1) チュクチ祖語*θəkan「サケ」：セイリッシュ語族スクワミッシュ語 s-c'uqwi?「魚」
(2) チュクチ祖語*gałge「カモ」：ユロック語 kelok「ガン」：セイリッシュ語族スクワミッシュ語 s-kwl-kwəl-c「アビ」
(3) チュクチ・カムチャツカ祖語*niŋvit「魂，神」（コリャーク語 niŋvit）：セイリッシュ語族スクワミッシュ語 s-na?m「まじない師の力」（中央アルゴンキン祖語*manetōwa「マニトウ」）

5 ユカギール語

現在は，インディギルカ川の東側，およびコリマ川支流のコルコドン川

とヤサチナヤ川流域で話されている。かつては，はるか西のレナ川流域までに至る広範囲に分布していたとされるが，エヴェン語またはヤクート語に吸収されてしまった。

ニヴフ語やチュクチ・カムチャツカ語族と比較して，ユカギール語が東シベリアに拡散したと想定される時代はずっと遅く，新石器時代に入ってからのことであると考えられる。

ヤンフネン（Janhunen 1996）は，原ユカギール人を特定の考古学的な文化と関係付けるのは，不可能であると主張している。しかしその一方で，ロシアの考古学者たちは，むしろその起源を現在居住している地域よりもはるかに南のバイカル湖付近に求め，ウラル語族の文化的起源との関係を強調する，という傾向が見られる。

オクラドニコフ（Okladnikov 1959）はユカギール人の起源をツングース人と結び付けて，青銅器時代におけるグラスコヴォ文化に求めている。この文化はバイカル湖の領域に位置し，紀元前 1,800～1,300 年の間続いたのである。その後，レナ川中流域へと移動，定住したということである。現在もユカギール人の衣装に，このグラスコヴォ文化の特徴が残されていると彼は主張している。

他方で，シムチェンコ（Симченко 1975）はフロビシチンの説を引用し，オレニョク川とハタンガ川の間を占める地域に，紀元前 2,000～1,000 年紀の間に起こったブオルコラフ文化に原ユカギール人が帰属していた，という考えを支持している。

またフォルモゾフの考えでは，フィン・ウゴール諸語の揺籃の地がアラル海の北岸地域における，細石器と土器を伴うケルテミナル文化にあるとし，これと起源的に関係の深い細石器を伴う文化が，バイカル湖の北西周辺において同時期に発達していたことを指摘した。この文化の担い手が，サモエード人とユカギール人の祖先である可能性を示唆している（Формозов 1972）。なお，マチューシン（Matyushin 1986）によれば，ケルテミナル文化は紀元前 7,000 年紀から 3,000 年紀まで続いていたことになる。

ところで，バイカル湖の南西部に流れるセレンガ川，チコイ川，オノン

川流域においても，ケルテミナル文化との関係が指摘され，細石器に特徴付けられるダウル文化が知られているが，これはツングースかモンゴル，あるいはチュルクのうちのいずれかか全ての民族・言語と関係しているのかもしれない。

　以上のような考古学的な成果とは無関係に，言語学的な観点からも，これまでに幾人かの研究者によって，ユカギール語とウラル語族との間に系統的な関係があることが繰り返し指摘されてきた（Симченко 1975）。ときにはそれに加えて，アルタイ語族やエスキモー・アリュート語族などとの系統関係も問題にされる。最近では，ドルゴポルスキー（Dolgopolsky 1998）やルーレン（Ruhlen 2001）等のように，ウラル・ユカギール語族として一体化し，さらにこれがユーラシアの他の諸語族と遠い系統関係があると主張するものも現れている。

　以下に比較，対応されている若干の語彙の例を簡略に引用する（1，2はBonnerjea 1971；3はDolgopolsky 1998）。

(1) ユカギール語 kel-「来る」：フィン語 kaalaa「渡る」：エスキモー語 Kile「来る」：古トルコ語 kel-「来る」など。
(2) ユカギール語 aŋa「口」：ウラル祖語*aŋe「口」：エスキモー語 aŋmaq「穴」：満州語 aŋga「口」
(3) ユカギール語 pie「石，岩」：ウラル祖語*piye「フリント，石」（フィン語 pii「フリント」）

　以上のように，その個々の対応例に大きな問題はなさそうであるが，引用外の例をあわせても，その実例があまりにも少ないために，一般的に支持を得られないのである。

6　エスキモー語

　ロシア内ではチュクチ半島の沿岸部で話されている。大部分のエスキモーはアラスカ，カナダ北部，グリーンランドなどに居住している。ロシアのエスキモーはアラスカから移り住んだ集団である。この他に，アリューシャン列島で話されるアリュート語とともに，エスキモー・アリュート（ま

たはエスカリュート) 語族を成す。

　ユーラシアから新大陸に入植した最後のアメリカ先住民であると考えられている。しかも，最初にアラスカに出現したのが新石器時代に入ってからのことであり，先行する先住民と比較してかなり遅かった。しかしながら，エスキモー・アリュート語族の原郷地を求めるのは，決して容易ではない。ただ，考古学的な観点からは，その起源が東シベリアにおける新石器時代のいずれかの文化にあることは，明らかなようである。最近提示されたパワーズ (Powers 1990) の説は，とくに興味深い。その要旨はだいたい次の通りである。

　レナ川中流域で 10,500 年前以来続いてきたスムナギン文化が，土器を伴うシアラフ文化 (6200 年前) に置き換わった。ついで，このシアラフ文化は，よく似たベリカチ文化 (5200 年前) に置き換わり，レナ川中流域から北上し，タイミル半島から東進しヤナ川，インディギルカ川，コリマ川へと至り，チュクチ半島からベーリング海峡を渡り，4200-4500 年前にはアラスカへと進出して行った。さらにこのあと，イミヤフタフ文化 (4000 年前) が同じ領域に先行するベリカチ文化を置き換えることになった。つまり，このベリカチ文化期にアラスカに渡ったのが，エスキモー・アリュート語族の祖先だったと言うのである。ベリカチ文化およびイミヤフタフ文化は，東のチュクチ半島から西のオレンスク川，ヴィリュイ川，ヴィチム川，アルダン川流域にいたる広範な領域を占めていた (Mochanov 1969 a, b；Симченко 1975)。

　ディコフ (Dikov 1978) もまた同様に，当時のカムチャツカ半島における同文化がアラスカへと広まり，エスキモー・アリュート語族の祖先となったと考えている。エスキモー語がチュクト・カムチャツカ語族の影響を強く受けているという事実は，チュクチ半島での両者の共存期間が長かったためであるかもしれない。

　言語学的な観点からも，エスキモー・アリュート語族の系統は，シベリアにおける新石器時代の文化に起源を持つ言語としばしば関係付けられる。地理的には比較的近いユカギール語や，それよりはるかに遠いウラル

語族やアルタイ語族との間に，系統関係があると指摘されることがあったが（Bonnerjea 1971；Симченко 1975），なかにはウーレンベック（Uhlenbeck 1942）のようにインド・ヨーロッパ語族との間に対応する語彙があると主張する研究者も現れた。最近ではルーレン（Ruhlen 2001）のように，これら全ての言語が共通の起源を持っていると提唱する研究者も現れている。

以下にこれまで比較，対応されていた語彙の数例を簡略化して引用する（1，2はBonnerjea 1971；3〜7はUhlenbeck 1942からの引用）。

(1) エスキモー語 kathlat'nak「話す」：ウラル祖語*kele（フィン語 kiele「言葉」）モンゴル語 kele-「言葉」
(2) エスキモー語 qulit「十」：キルギス語 qol「指」
(3) エスキモー語 anoka「風」：ギリシア語 anemos；古代インド語 aniti「息をする」
(4) エスキモー語 eknek「火」：古代インド語 agni-「火」；ラテン語 ignis「火」
(5) エスキモー語 nu-「新しい，若い」：古代インド語 nava-；ラテン語 novus「新しい」
(6) エスキモー語 unneq「わきの下」：古代インド語 aratni-；ラテン語 ulna「ひじ」
(7) エスキモー語 unuk「夜」：インド・ヨーロッパ祖語*nokt-「夜」

以上のいずれの対応例も，偶然とは思えない一致を示しているのだが，残念なことに，こういった語彙の例は数量的に限りがある。そのために，これまでの諸説が一般的な支持を得られなかったのである。

5　まとめ

以上の考察から，現在東シベリアにおいて分布する民族，言語の起源を，想定される時代順に相対的に位置付けるならば，およそ次のように並べられるかもしれない。

(1) ニヴフ語，チュクチ・カムチャツカ語族（後期旧石器時代のジュクタイ文化か？）
(2) エニセイ語族（後期旧石器時代のマリタ文化に由来するバイカル湖以西の

文化)
(3) エスキモー・アリュート語族（新石器時代のバイカル湖付近の文化）
(4) ユカギール語（新石器時代のバイカル湖北西部の文化）
(5) アルタイ語族（新石器時代のバイカル湖南部の文化）

　東シベリアにおける民族・言語の起源の問題は，これまでその大部分が全く謎に包まれているという印象が強かった。しかしながら，これまでに考古学的あるいは言語学的な視点から，それについてのいくつもの仮説が提示されてきているのは事実である。また，それぞれの部門の研究史は比較的浅く，資料的にもまだ欠くところが多い。これから新資料を積み重ねていくことによって，より説得力のある新説が現れるという期待もある。
　長い目で見て，今後の研究成果にゆだねられるところは多いと言える。

参考文献

Мудрак, О.А. 2000 *Этимологический словарь чукотско-камчатских языков*, Языки русской культуры, Москва

Симченко, Ю.Б. 1975 «Некоторые вопросы древних этапов этнической истории Заполярья и Приполярья Евразии», *Этногенез и этническая история народов Севера*, Наука, Москва. с. 148-185

Старостин, С.А. 1995 «Сравнительный словарь енисейских языков», *Кетский сборник, лингвстика*, Восточная литература РАН, Москва, с. 176-315

Формозов, А.А. 1959 «Микролитические памятники азиатской части СССР», *Советская археология* 2, с. 47-59

Формозов, А.А. 1972 «О роли закаспийского и приаральского мезолита и неолита в истории Европы и Азии», *Советская археология* 1, с. 22-35

Членова, Н.Л. 1972 «Соотношение культур карасукского типа и кетских топонимов на територии Сибири», *Этногенез и этническая история народов Севера*, Наука, Москва, с. 223-230

«Этногенез, этническая история и социальная организация народов Дальнего востока СССР», *Народы Дальнего Востока СССР в XVII-XX вв.*, 1985, Наука, Москва, с. 40-88

Bonnerjea, R. 1971 «Is there any relationship between Eskimo-Aleut and Uralo-Altaic?», *Acta Linguistica Academiae Scientiarum Hungaricae* 21 (3-4), p. 401-407

Dikov, N. N. 1978 «Ancestors of paleo-indians and proto-eskimo-aleuts in the paleolithic of Kamchatka», *Early man in America* (ed. A. L. Bryan) Edmonton, p. 68-69

Dolgopolsky, A. 1998 *The Nostratic macrofamily and linguistic palaeontology*, The McDonald Institute for Archaeological Research, Cambridge

Dolitsky, A. B. 1985 «Siberian paleolithic archaeology : Approaches and analytic methods», *Current anthropology* 26/3, p. 361-378

Dumond, D. E. 1980 «The archeology of Alaska and the peopling of America», *Science* 209, p. 984-991

Forsyth, J. 1991 «The Siberian native peoples before and after the Russian conquest», *The history of Siberia* (ed. A. Wood), Routledge, London, p. 69-91

Janhunen, J. 1998 «Ethnicity and language in prehistoric northeast Asia», *Archaeology and language II Correlating archaeological and linguistic hypotheses* (ed. R. Blench & M. Spriggs), Routledge, London, p. 195-208

Lell et al. 1997 «Y chromosome polymorphisms in Native American and Siberian populations : identification of Native American Y chromosome haplotypes», *Human Genetics* 100, p. 536-543

Madeyska, T. 1990 «The distribution of human settlement in the extratropical Old World 24000-15000 BP», *The world at 18,000 BP, II Low latitudes* (ed. O. Soffer & C. Gamble), Unwin Hyman Ltd, London, p. 24-37

Matyushin, G. 1986 «The mesolithic and neolithic in the southern Urals and Central Asia», *Hunters in transition* (ed. M. Zvelebil), Cambridge University Press, Cambridge, p. 133-150

Merriwether et al. 1996 «mtDNA Variation indicates Mongolia may have been the source for the founding population for the New World», *American journal of human genetics* 59, p. 204-212

Mochanov, Iu. A. 1969 a «The Bel'kachinsk neolithic culture on the Aldan», *Arctic Anthropology* 4-1, p. 104-114

Mochanov, Iu. A. 1969 b «The Ymyiakhtakh late neolithic culture», *Arctic Anthropology* 4-1, p. 115-118

Mudrak, O., Nikolaev, S. 1989 «Gilyak and Chukchi-Kamchatkan as Almosan-Keresiouan languages : lexical evidence», *Explorations in language macrofamilies* (ed. V. Shevoroshkin) Brockmeyer, Bochum, p. 67-87

Neel et al. 1994 «Virologic and genetic studies relate Amerind origins to the indigenous people of the Mongolia/Manchuria/southeastern Siberia region», *Proceedings of the National Academy of Sciences of the USA* 91, p. 10737-10741

Nikolaev 1991 «Sino-Caucasian languages in America», *Dene-Sino-Caucasian languages* (ed. V. Shevoroshkin) Brockmeyer, Bochum, p. 42-66

Okladnikov, A. P. 1959 *Ancient population of Siberia and its cultures*, AMS Press, New York

Pawers, W. R. 1990 «The peoples of Eastern Beringia», *Prehistoric mongoloid dispersals*, No. 7, p. 53-74

Pitulko, V. V. et al. 2004 «The Yana RHS site : Humans in the Arctic before the Last Glacial Maximum», *Science* 303, p. 52-56

Ruhlen, M. 2001 «Taxonomic controversies in twentieth century», *New essays on the origin of language* (ed. J. Trabant, S. Ward), Mouton de Gruyter, Berlin, p. 197-214

Semino, O. et al. 2000 «The genetic legacy of paleolithic Homo sapiens sapiens in extant Europeans : A Y chromosome perspective», *Science* 290/10, p. 1155-1159

Starostin, S., Ruhlen, M. 1994 «Proto-Yeniseian reconstructions, with Extra-Yeniseian Comparisons», *On the origin of languages* (ed. M. Ruhlen), Stanford University Press, Stanford, p. 70-92

Torroni, A. et al. 1998 «mtDNA analysis reveals a major late paleolithic population expansion from Southwestern to Northeastern Europe», *American journal of human genetics* 62, p. 1137-1152

Uhlenbeck, C. C. 1942-1945 «Ur-und altindogermanische Anklange im Wort-schatz des Eskimo», *Anthropos* 37-40, p. 133-148

Vasil'ev, S. A. 1993 «The upper paleolithic of Nothern Asia», *Current anthropology* 34/1, p. 82-92

Velichko, A. A. Kurenkova, E. I. 1990 «Environmental conditions and human occupation of Northern Eurasia during the Late Valdai», *The world at 18,000 BP, I High latitudes* (ed. O. Soffer, C. Gamble), Unwin Hyman, London, p. 255-265

Yi, S., Clark, G. 1985 «The Dyuktai culture and New World origins»,

Current anthropology 26/1, p. 1-20
木村英明 1993「極北への旅-酷寒に挑戦する先史モンゴロイド」,学術月報 46 (11), p. 63-75

3章　文化・社会にかかわる問題から

〔1〕　シベリアのアイデンティティの表象としてのサモワール
―ラスプーチンの『マチョーラとの別れ』における一考察―

水　野　晶　子

1　はじめに
2　ロシアの飲み物としてのお茶
3　サモワールの歴史
4　文学作品の中のサモワールとその象徴性
5　ラスプーチンの小説の中のサモワール
6　結　語

1　はじめに

　シベリアに暮す人々は独自のメンタリティー，様々な歴史的，精神的，経済的な特徴や独自のサブカルチャーを持っている（Боронoев 2003）。これらは，"シベリア小説（Сибирский роман）"と呼ばれるシベリア文学の中にも反映されていると言われている。例えば，V. M. シュクシーンは作品の中で様々な慣用的な表現をシベリア的な表現[1]に置き換えて用いている（Пережогина 1999）。

　シベリア文学は19世紀初頭にジャーナリズム活動や社会評論活動を通じて形成され，その後，ソビエト時代に大きく発展を遂げた。50年代に入

ると"シベリア小説（Сибирский роман）"という概念が形成されるに至り，その後もシベリア小説の伝統は受け継がれ，V. G. ラスプーチン，V. M. シュクシーン，V. P. アスターフィエフなど多くのシベリア出身の作家が活躍し，今日に至っている。中でも，最もシベリア小説の特徴が色濃く出ているのはラスプーチンの小説であり，彼は小説の中でシベリアのメンタリティー，アイデンティティ，伝統とその価値の歴史的意義，そしてそれらとシベリアの土地や生活条件，天候や空間との密接な結び付きを実に鮮明に描いていると言われる（Бороноев 2003）。

　本稿では，ラスプーチンの作品の一つ『マチョーラとの別れ』を取り上げ，そこに描かれている「サモワール」に着目する。「サモワール」は，ロシア文化においては欠かせない道具の一つであり，歴代のロシアの作家たちは己の様々な作品の中に「サモワール」を描いてきた。本稿では，ラスプーチンによる「サモワール」に纏わる叙述をモスクワやペテルブルクを主な舞台とする他の作家の小説の中に登場する「サモワール」に纏わる叙述と比較することで，ラスプーチンがシベリアのアイデンティティの表象として描いた「シベリアのサモワール」の姿を明らかにする。

(1) 例えば，Пережогина（1999）の指摘によれば，V. M. シュクシーンの «Сураз» の一節 Нюра <u>заревела коровой</u>, бросилась обнимать Спирьку.（ニューラは激しく泣き出し，スピーリカを抱きしめるのを止めた。）に見られるような реветь коровой という表現は，標準ロシア語の慣用表現 реветь белугой の方言的な言い回しである。

2　ロシアの飲み物としてのお茶

　現在ではロシア文化に欠かせないものの一つであるお茶がロシアにもたらされたのは，お茶と並んでロシアの代表的な飲み物の一つであるウォトカがロシアに登場してから200年も後のことである（Похлебкин 1995：16）。広く一般には，ロシアに初めてお茶が伝わったのは，1638年のことである

とされることが多い(1)。モンゴルのアルタイ汗がロシア大使ヴァシーリー・スタルコフを通じて皇帝ミハイル・フョードロヴィチへ贈った4プードのお茶が，ロシアに伝わった最初のお茶であったと言われている(Прохоров (ed.) 1978：11, Бородулин et al. (ed.) 1995：766, Похлебкин 1995：19)。その後，1665年には皇帝アレクセイ・ミハイロヴィチの病が中国のお茶に通じた医師が煎じた茶の効能により回復に向かうという出来事があり，これをきっかけに宮廷内では定期的に中国茶が仕入れられるようになったようである(Семенов 2002：76)。そして1689年のネルチンスク条約の締結により，以後，中国からロシアへ，お茶の定期的な輸入が開始される。お茶は，中国の北部地域から，つまり直接，汉口(Ханькоу)からモスクワに運ばれるか，あるいは汉口(Ханькоу)経由でイルクーツクから550露里離れたキャフタへと運ばれた(Семенов 2002：77)。

このようにモンゴルや中国を通じて伝わった外来文化である喫茶は，時の流れと共にロシア文化の一部となり，19世紀半ばにはロシアはお茶の輸入量と消費量において世界一位，人々の愛飲度では英国に次いで二位を占める程になった(Похлебкин 1995：18)。

では，本稿で取り上げるラスプーチンの『マチョーラとの別れ』の舞台となっているシベリアの地へはいつ頃どの様に喫茶文化が伝わったのであろうか。お茶文化やサモワールの歴史の記述においては，シベリア地域はあくまでもモスクワへ茶を運搬する為の通過点として捉えられているに過ぎず，この地域における喫茶文化についての言及はほとんど見られない。Похлебкин(1995：21)によれば，シベリア地域に喫茶文化がもたらされたのは，ロシアの遠征隊によってであり，喫茶は彼の地のロシア人ばかりでなく，原住民をも魅了し，ザウラーリエ(Зауралье)と呼ばれるウラル山脈以東のトボル川・オビ川流域から西シベリア，更に東シベリア，ザバイカリエ(Забайкалье)と呼ばれるバイカル湖以東の山地まで広がったとされている。シベリアの厳寒さに耐え，厳しい自然や天候，そして人生の苦難との闘いの中で生じるストレスを発散させる為に，シベリアの人々にとってお茶は必要不可欠な存在となったのである。

(1) Семенов（2002：76）によれば，1462年に即位したイヴァン三世の時代に東洋の商人がモスクワに中国のお茶をもたらしたのを最初とする説もある。また，Smith & Christian（1984：訳書315ページ）は，1616年にモンゴルに派遣された西シベリアのチュメニ人のコサックがモスクワへ中国茶の見本を持ち帰ったのを最初とする説を紹介している。おそらく，1638年以前からロシアでもお茶の存在は知られ，一部では飲まれていたのではないかと推測される。

3　サモワールの歴史

　喫茶という行為がロシアに根付き，喫茶文化として花開く為に大きな役割を果たしたのが，「サモワール」という湯沸し器の存在である。ロシア文化の中の，ロシアに暮らす人々の中にあるサモワール像を考える時，サモワールの歴史が持つ意味が如何ほどのものなのか論者には測りかねる[1]が，ここではまだ不明な点も多いサモワールの歴史について簡単に触れる。

　最初のサモワールが何処で作られたのかは定かではない。Семенов（2002：78）によれば，最初のサモワールが作られたのは18世紀後半，ウラル地方において鉱業を営むデミードフの工場とトロイツク市にあるトゥルチャニノフの工場であったとされる。一方，Гилодо(ed.)（1991：8）によれば，サモワールに関する最初の記録として明らかになっているのは1746年のものであり，オネガの第二級修道院（второклассный монастырь）の所有物の記録の中に「青銅の煙突付きのサモワール2台」と記されているとの記述もあると言う。サモワールの使用に関しては，一般に18世紀からであると漠然と記されることが多いが，ここでГилодо(ed.)（1991：8）の記述を考慮するのであれば，少なくとも18世紀半ばには利用されていたと考えていいのではないだろうか。

　またどの様にサモワールが誕生するに至ったのか，その起源についても完全には明らかになっていない。先に簡潔にまとめて言うと，サモワールの起源にはヨーロッパ説とアジア説とが考えられる。以下，この2つの説

についてまとめる。

まず，ヨーロッパ説から見ていく。初期のサモワールは我々に馴染みのあるサモワールとは形を異にしていたと言われるが，Гилодо(ed.)(1991：8-9)によれば，それは同じ頃，英国でお湯を沸かす道具として用いられていた「茶壷/ティーアーン (чайные урны)[2]」あるいは「茶の容器 (чайные сосуды)」と呼ばれるものに外見的にも構造的にも似ていたとされる。Гилодо(ed.)(1991)は起源について断定的には何も述べてはいないが，このことからサモワールの起源を英国の「茶壷/ティーアーン」に求めることも可能であると思われる。ヨーロッパ説を支持する記述は，他にБаранов et al.(1999：302)にも見られる。それによれば，サモワールは18世紀に西ヨーロッパから導入され，その原型となった道具は元々ブイヨンを温める目的で使用されていたとされる。

続いて，アジア説を見る。Семенов（2002：78）はモンゴル・中国説を採用しており，それによるとこちらの説の中にも2つの説が存在するようである。西欧の研究者たちはサモワールの原型をチベットのモンゴル人の「（燃える木炭の入った）陶器の容器 (горячий горшок)」に求め，一方，ロシア人でお茶の専門家であるV. V. パフレープキンは，中国の「ホーコー (xo-ro)」こそがサモワールに最も近い存在であると説いている。原型について断定はせずとも，ロシアに喫茶文化をもたらした中国にもサモワールと似通った構造を持つ道具があることを指摘し，中国からの影響を仄めかす記述は他にも見られる[3]。

またこれらに加え，滝口（1996：187）によれば，ロシアのサモワールが英国の「茶壷/ティーアーン」に影響を与えたとのではないかとする見方もあることを最後に記しておく。この様にサモワールの起源に関しては諸説あるが，ここではその紹介に留め其々の説の優位性については言及しない。

起源については完全には解明されていないまでも，先に述べたように18世紀中頃にはロシアの生活にサモワールが広まりつつあったようである。但し，サモワールが我々が現在慣れ親しんでいるような姿に行き着いたのは18世紀後半のことであり（Гилодо (ed.)1991：10），サモワールがロシア社

会のあらゆる階層に広く普及したのは19世紀に入ってからのことである（Гилодо(ed.) 1991：20, Баранов et al. 1999：302）。

(1) Smith & Christian（1984：訳書328ページ）も記しているように，一般に「多くの人々は，サモワールがロシア固有の器具であると考えている」と思われる。ある道具が生活の中に取り入れられる時，同時代的にそれを使用する人々は道具の背景知識など殆ど有することなく，いつの間にか当たり前のものとして受容していることが多い。受容に当り使用目的すら変容することがあるが，その変容に人々が気付くことは稀である。現在の例として次のような例が挙げられる。現在，日本で紅茶を入れる為の道具として広まっているティーサーバーは，「メリオール」や「ハリオール」という商標名で呼ばれることの方が多いようであるが，本来は「プレンジャーポット（Plunger Pot）」という名称を持つ，珈琲を入れる為の道具である。元々は舶来品であるということから，西洋的なものであるという漠然としたイメージは持ち合わせている人はいるかもしれないが，その起源など意識している人など殆どいないであろう。
(2) 英語では tea-urn。
(3) История самовара（http://samovar.holm.ru/）。

4　文学作品の中のサモワールとその象徴性

　ロシアの作家たちは作品の中に数々のサモワールを描いてきた。これはサモワールを描かずしてはロシアを語ることが出来ない程，サモワールがロシア文化に根付いていたことの表れであると捉えることが出来る。
　3章で見たようにサモワールが広く一般に広まったのは19世紀であるとされているが，実際，19世紀の作家たちはA. S. プーシキンを始め[1]，N. V. ゴーゴリ，I. A. ゴンチャローフ，I. S. トゥルゲーネフ，F. M. ドストエフスキー，L. N. トルストイ等，皆，己の作品の中にサモワールを登場させている。Гилодо (1991：7) は，250年に及ぶロシアでのサモワールの圧倒的な人気は，この水を沸かす為の金属から成る無機的な製品が生きた《魂》を持っているからであるとし，その《魂》の存在ゆえに，ロシアにおいて

はサモワールは「手厚いもてなし (гостеприимство)」,「真心 (радушие)」,「親しい関係 (дружеское общение)」,「隠し事のない会話 (задушевная беседа)」,「家庭の平穏 (домашний покой)」,「家庭の団欒 (домашний уют)」の具現と捉えられていると指摘している。文学の中に描かれたサモワールもまた同様に，それは舞台上の単なる無機質な飾りものではなく，それぞれの場面で何かを象徴する存在として描き込まれたものなのではないだろうか。ここでは，歴代の作家たちが様々な作品の中で描いてきたサモワールに関わる叙述を，従来，サモワールを語るに当って引用されてきたものも含め検討し，ロシア文学の中のサモワールの象徴性を類型化する。

4-1　もてなしのサモワール―親しい関係の象徴
場所：【駅舎】

　Не успел я расплатиться со старым моим ямщиком, как Дуня возвратилась с <u>самоваром</u>... Я предложил отцу ее стакан пуншу; Дуне подал я чашку чаю, и <u>мы втроем начали беседовать, как будто век были знакомы</u>. (А. С. Пушкин 1830 «Повести покойного Ивана Петровича Белкина» («Станционный смотритель»)) [524][(2)]

　私が年老いた御者に支払いを済ませるか済ませないかのうちに，ドゥーニャはサモワールを持って戻って来た。…私はドゥーニャの父親にポンスを一杯勧め，そしてドゥーニャにはお茶を一杯手渡し，私たち3人は永年の知り合いであるかの様に語り合い始めた。(A. S. プーシキン 1830『ベールキン物語』(『駅長』))

　これは19世紀前半の文学作品に特徴的な公共の場に置かれたサモワール[(3)]を描いたものである。駅に着くまでにびしょ濡れになってしまった「私」が第一にすべきは「着替え」と「お茶を頼むこと」だったとされている。ドゥーニャにより「私」の前にサモワールが運ばれるのだが，「私」がお茶を口にしたかどうかは定かではない。駅長と「私」はポンスを口にし，実際にお茶を飲んだのはドゥーニャだけだったのかもしれない。しかし，

サモワール越しに3人は永年の知り合いであるかの様に話に花を咲かせることになるのであり（破線部），後半のミンスキーが登場する場面には一度もサモワールの姿が描かれないことと照らし合わせて考えても，この場面におけるサモワールの存在は「もてなし」と「和やかな雰囲気」，そしてそこから生まれる「親しい関係」を象徴していると言える。

4-2 日常の中の一人で囲むサモワール―平穏な日々の生活の象徴
場所：【我が家】

　　Было пять часов утра. Ванюша раздувал голенищем самовар на крыльце хаты. Оленин уже уехал верхом купаться на Терек.（Л. Н. Толстой 1852 «Казаки»）［241］

　　朝の5時だった。ヴァニューシャは家の玄関で長靴の頸部を使ってサモワールに風を送りこんでいた。オレーニンはすでに馬に乗ってテレク川に水浴に出掛けていた。（L. N. トルストイ 1852『コサック』）

場所：【我が家】

　　Он утром ставил самовар, чистил сапоги и то платье, которое барин спрашивал, но отнюдь не то, которое не спрашивал, хоть виси оно десять лет.（И. А. Гончаров 1859 «Обломов»）［87］

　　彼は朝サモワールを用意し，長靴と主人が頼んだ洋服の手入れをしたが，主人が頼まないものは，たとえそれが10年掛かりっぱなしだろうと決して手入れなどしなかった。（I. A. ゴンチャローフ 1859『オブローモフ』）

前者はカフカース地方を舞台にしたものであり，後者はペテルブルクを舞台としている。前者は自分のために，後者は自分が仕える主人の為にサモワールを用意する場面である。舞台も喫茶の行為の主体も両者は異にするが，共にサモワールのある，ありふれた朝の風景を描いたものである。これらの日常生活の一場面の中に習慣化された行為としてさりげなく描きこまれたサモワールは，「日々の生活の平穏」を象徴としていると言える。

場所：【ホテル】

Он не спеша встал, не спеша умылся, поднял занавески, позвонил и спросил самовар и счет, долго пил чай с лимоном. (И. А. Бунин 1925 «Солнечный удар») [308]

彼はゆっくりと起き上がり，ゆっくりと顔を洗うと，カーテンを上げ，ベルを鳴らしてサモワールと会計を頼むと時間をかけてレモンティーを飲んだ。

(I. A. ブーニン 1925『日射病』)

これは，「彼」，すなわち日射病のような恋に落ちた中尉のホテルでの情景を描写したものである。先に見た2つの引用とは異なり，時は昼であるが，しかしここにもさり気なく，一人で「サモワールでお茶を飲む」という日常の喫茶行為が挿入されている。ここでは，日射病のような恋から逃れ，平静を取り戻そうとする中尉の心の内が「日々の平穏な生活」の象徴としての「サモワールでお茶を飲む」という行為を通して語られているものと思われる。

場所：【客間】

В 9 часов утра гости, ночевавшие в Покровском, собиралися один за другим в гостиной, где кипел уже самовар, перед которым в утреннем платье сидела Марья Кириловна, а Кирила Петрович в байковом сертуке и в туфлях выпивал свою широкую чашку, похожую на полоскательную. (А. С. Пушкин 1833 «Дубровский») [571]

朝9時なるとポクローフスコエに宿泊した客たちが一人二人と客間に集まってきた。客間にはすでにサモワールが沸いており，サモワールの前には朝着姿のマリヤ・キリローヴナが腰を下ろしていた。一方，キリーラ・ペトローヴィチはフランネルのフロックにスリッパという格好で湯こぼしに似た自分の広口カップでお茶を飲んでいた。(A. S. プーシキン 1833『ドゥブロフスキー』)

これはこれまで見てきた一人で囲むサモワールとは違い、皆が集まる客間に置かれたサモワールである。しかし、ここに描かれた光景は、社交の場と言うより、むしろ集まった人たちがそれぞれに自分の朝を楽しんでいるプライベートな場と呼ぶに相応しいものである。サモワールからの一杯のお茶を通して、各自が今日という一日の始まりを感じる。客間にありながら、これもまた「日々の生活の平穏」を象徴するサモワールであると言えよう。

4-3　親密さのサモワール―男女の親密な関係の象徴
場所：【客間】

　Князь под предлогом свежести и росы спешил возвратиться домой, самовар их ожидал.（А. С. Пушкин 1833 «Дубровский»）［574］

　公爵は冷え込み、露が降りてきたからと家路を急いた。すると、サモワールが彼らの到着を待っていた。（A. S. プーシキン 1833『ドゥブロフスキー』）

冷え込んだ外界からサモワールの沸いた「温かい」室内へと公爵はマリヤ・キリローヴナとマリヤの父親と共に戻ってくる。ここでは、一人身の公爵の為にマリヤがサモワールを使って茶を入れる主婦役を引き受けることになり、サモワールが3人を迎える「もてなし」の主の役を務めると同時に、二人の関係性をより親密なものにしようとする装置として機能していると考えられる。ここに描かれたサモワールは、「もてなし」から進展した「親密さ」をも象徴するものであると捉えることが出来よう。

　Вечером мы соединились в гостиной около самовара, весело разговаривая о минувшей опасности. Марья Ивановна разливала чай, я сел подле нее и занялся ею исключительно.（А. С. Пушкин 1836 «Капитанская дочка»）［343］

　夕方になると私たちは客間のサモワールの傍らに集まり、過ぎ去った危機について愉しげに語り合った。マリヤ・イヴァーノヴナがお茶を注ぐ役目だった。私はマリヤのすぐ傍に腰を下ろし、彼女を独り占めした。

(A. S. プーシキン 1836『大尉の娘』)

ズーリン率いる驃騎兵連隊の到着により，危機を脱した一家が，夕刻に家族でサモワールを囲む場面である。「私」，ピョートル・アンドレーヴィチにとっては，久々の両親，そして愛するマリヤと囲むサモワールであり，この場面は「家族の温かさ」と同時に，お茶を注ぐが如くマリヤとピョートルがお互いに注ぎ合う愛情に溢れている。ピョートルはこの晩のことを「僕は幸せだった。実に幸せだった。こんな瞬間が人間の憐れな一生のうちで，度々ありうるものだろうか？(Я был счастлив, счастлив совершенно — а много ли таковых минут в бедной жизни человеческой?)」と述べている。

4-4 家族で囲むサモワール (1)―家庭の温かさの象徴
場所：【我が家】

　Думаешь-думаешь: вот как бы хорошо теперь было дома! Сидела бы я в маленькой комнатке нашей, у самовара, вместе с нашими; было бы так тепло, хорошо, знакомо. (Ф. М. Достоевский 1846 «Бедные люди») [22]

　今が，家だったらどんなにいいだろう！ 自分たちの小部屋で，サモワールの傍に家族と一緒に腰を下ろしたら，どんなに暖かくて，心地よくて，懐かしいだろうと思うのだった。(F. M. ドストエフスキー1846『貧しき人々』)

ペテルブルクで寄宿学校に入れられたワーレンカが夜，我が家のことを懐かしく思い浮かべる場面である。空想の中の「パパ」と「ママ」と「ばあや」との家族団欒の一時。ここにも傍らにサモワールが描き込まれている。家族の中心に置かれたサモワールは「家庭の温かさ」を象徴していると言える。

4-5 家族で囲むサモワール (2)―隠し立てのない重要な話の象徴
場所：【いいなずけ宅】

　И действительно, когда воротились домой, к чаю, она ему спела два романса голосом совсем еще не обработанным и только что начинавшимся, но довольно приятным и с силой. Павел Павлович, когда все воротились из саду, солидно сидел с родителями за чайным столом, на котором уже кипел <u>большой семейный самовар</u> и расставлены были фамильные чайные чашки севрского фарфора. Вероятно, он рассуждал со стариками о весьма серьезных вещах, — так как послезавтра он уезжал на целые девять месяцев. (Ф. М. Достоевский 1870 «Вечный муж»）［81］

　そして実際，お茶を飲みに家に戻った時，彼女は彼にロマンスを2曲歌った。その声はまだ磨きのかかっていない，たった今，始ったばかりの声であったが，とても心地よく力強いものだった。パーヴェル・パーヴロヴィチは，皆が庭から戻って来た時，両親と共にどっかりとお茶テーブルに腰を下ろしていた。テーブルの上にはもう大きな家庭用のサモワールが沸いており，セーブル磁器の代々の茶器が並べられていた。おそらく，パーヴェルは年寄りたちと極めて重大なことを話し合っていたのだろう。というのも，パーヴェルは明後日から丸9ヶ月間旅立つことになっていたのだ。(F. M. ドストエフスキー 1870『永遠の夫』)

　パーヴェルが求婚した娘の両親と話をする場面である。3人が既にお茶を飲みながら会話をしていたのか，これから皆と共に飲むつもりなのかは定かではないが，3人の会話はサモワールに見守られながらなされたものだった。サモワールはしばし場に改まった雰囲気を与える装置として「重要な会話」の場に描き込まれる。

場所：【テラス】

　Отец и сын вышли на террасу, под навес маркизы; возле перил, на столе, между большими букетами сирени, уже кипел <u>самовар</u>. (И. С. Тургенев 1862 «Отцы и дети»)［165］

　父と息子はテラスの，日よけのひさしの下に入った。手すりの傍，テーブルの上のライラックの大きな花束の間ではもうすでにサモワールが沸いていた。(I. S. トゥルゲーネフ 1862『父と子』)

本来，お茶を注ぐべきフェドーシャ・ニコラエヴナの調子が悪い為，父，ニコライ・ペトローヴィチと息子のアルカージィは自分たちでお茶を注ぐ。2人の会話が始まるとアルカージィは「お父さん自身により，つまり昨日の打ち明け話によって，僕は胸の内を話す気になったのですが……。怒らないでしょか。(но ты сам, вчерашнею своею откровенностью, меня вызываешь на откровенность... ты не рассердишься?...)」と一大決心をして話を始め，サモワールを前にして隠し事のない大事な会話が展開される。ここでのサモワールは家族の「隠し事のない会話」の象徴として描かれていると言える。

以上，見てきたようにサモワールの顔は一つではなく，それが置かれた状況と場所により様々な顔を見せ，作品に息吹を吹き込んでいる。これまで見てきたサモワールに関する叙述の象徴性をここでまとめる。今回，検討することができた叙述は，「親しい関係」，「日常の平穏」，「親密さ」，「家庭の温かさ」，「隠し事のない重要な会話」の5つを象徴するものとして分類できる。これらの類型は，いずれも先に見たГилодо(ed.)(1991：7)が指摘しているような従来的なサモワールの象徴性の枠を越えるものではない。次章ではラスプーチンの小説中に描かれたシベリアの大地に生きる民衆の中のサモワールを検討することで，ここに新たな類型を加えたい。

(1) A. N. ラジーシチェフの『ペテルブルグからモスクワへの旅』(«Путешествие из Петербурга в Москву»)やN. M. カラムジーンの『ロシア人旅行者の手紙』(«Письма русского путешественника»)，『哀れなリーザ』(«Бедная Лиза»)にはお茶(чай)は登場するが，サモワールは描かれていない。前者2作品を確認するに当っては，Urai, Y. (ed.) (1998) «A lemmatized concordance to A journey from Petersburg to Moscow of A. N. Radishoher»，及び，同 (2000) «A lemmatized corcordance to Letters of a Russian traveler of N. M. Karamzin» を利用した。
(2) この一節はГилодо(ed.)(1991：6)にも引用されている。引用の出典情報については，以後引用するものを総てまとめ最後に一覧で挙げる。引用部分の訳については全て引用者によるものであるが，訳出にあたり参考にさせて頂いたものについても出典情報と共に最後に挙げる。尚，引用部の下線は総て引用者による。[ ]内は頁数を示す。

(3) 公共の場に置かれたサモワールとしては他にゴーゴリが『死せる魂（第一部）』の中で描いた，居酒屋（трактир）に置かれたサモワールがある。*Ibid.* もこの部分を引用している。

В комнате попались всё старые приятели, попадающиеся всякому в небольших деревянных трактирах, каких немало выстроено по дорогам, а именно: заиндевевший самовар, выскобленные гладко сосновые стены, трехугольный шкаф с чайниками и чашками в углу, фарфоровые вызолоченные яички пред образами, висевшие на голубых и красных ленточках, окотившаяся недавно кошка, зеркало, показывавшее вместо двух четыре глаза, а вместо лица какую-то лепешку; наконец натыканные пучками душистые травы и гвоздики у образов, высохшие до такой степени, что желавший понюхать их только чихал и больше ничего. (Н. В. Гоголь 1842 «Мертвые души»Том Первый) [59-60]

部屋はすべて古びたものばかりだった。それは皆，街道に建てられた数々のそう大きくはない木造の居酒屋で出くわす代物である。霜に覆われたサモワール，滑らかに削られた松の壁，隅にポットと茶碗が置かれた三角の戸棚，イコンの前に水色や赤のリボンでぶら下げられた磁器で出来た金メッキの卵，最近，子猫を生んだばかりの猫，2つではなく4つ目に写ったり，顔がレピョーシカのように写る鏡，そして更に，イコンの傍らに一束にして差し込まれた芳しい草や乾燥したクローブ。それは匂いを嗅ごうとすれば，くしゃみが出る程，カリカリで，何にもならなかった。(N. V. ゴーゴリ 1842『死せる魂』第一部）

5　ラスプーチンの小説の中のサモワール

ラスプーチンの『マチョーラとの別れ』の中では，サモワールが登場する場面が幾度もあり，サモワールをテーマにした本ではないにも関わらずсамоварという単語自体も 53 回[(1)]も出現し，一般的な小説と比較すると「サモワール」への言及が群を抜いて多い。この異様なまでの「サモワール」への言及の多さは，この小説を「サモワール」という観点から検討してみることの意義と，ラスプーチンによって描かれた「サモワール」にはシベリアの地に暮す人々にとっての何らかの意味が込められているのではないかという仮説を与え得る。以下，『マチョーラとの別れ』の中でサモワール

が登場する場面とそこでのサモワールへの言及のされ方について順に見ていく。

5-1　従来的な象徴としてのサモワール
『マチョーラとの別れ』の中には，サモワールを囲んでお茶をする場面は7回登場し，打ち解けた村人同士の集まりの場には必ずといっていいほどサモワールが描かれている。

[1] Старухи втроем сидели за самоваром и то умолкали, наливая и прихлебывая из блюдца, то опять как бы нехотя и устало принимались тянуть слабый, редкий разговор. [206]

老婆たちは3人でサモワールを囲んで腰を下ろし沈黙したままお茶を注いではカップの受け皿からちびりちびりと啜ったり，再び疲れた様子で他愛もない話をぽつぽつ始めたりした。

その一方で，マチョーラ村をダムに沈めようとする側の人間に対してはサモワールは供されない。

[2] Думаю: надо самовар поставить. И сама себя ишо тошней тошню: какой тебе самовар? Ты за самоваром-то и сидела, лясы точила, покуль у тятьки, у мамки нехристь последнюю память сшибала. Не будет тебе никакого самовару, не проси. [226]

サモワールの用意をしなければと思ったが，もううんざりだった。一体，サモワールがなんだっていうんだ？　サモワールの前なんかに腰を下して，無駄口をたたき，おとっさんやおっかさんの最後の想い出を叩き壊した恥知らずめが！　サモワールなど用意するもんか，頼んだって無駄だ。

これは墓地の衛生掃除と称して両親の十字架を壊されたダーリャの翌日の会話である。これらの対比からも村人同士の集まりに描き込まれたサモワールは，「親しい関係」と「日常の平穏」を象徴していると言える。また

『マチョーラとの別れ』の中には，次のようなサモワールを囲んだ家族の会話の場面も登場する。

　　[3] И сильнее, приятней запахло за столом самоварным духом, душистей показался чай, который пили теперь уже все, и важней, уместней показался семейный разговор, который они говорили. [284]
　そして一層力強く芳しいサモワールの匂いがテーブル越しに香り，今すでに皆が口にしているお茶が芳しいものとなり，そして彼らの交わす家族の会話が重要で適切なものであるように思われた。

これは，4章でみた5つ目の類型「重要な会話」に近い存在としてサモワールが描き込まれたものであると言える。

　　[4] Стол без самоварного возглавия — это уже и не стол, а так... кормушка, как у птиц и зверей, ни приятности, ни чинности. [269]
　サモワールがない食卓など，それはもはや食卓ではない。それではまるで鳥や獣の餌場で，心地よさも改まった感じもない。

これはサモワールが失われた後の食卓についての叙述であるが，ここからは以前に食卓においてサモワールが果たしていた役割が浮かび上がる。サモワールは食卓に「心地のいい雰囲気」をもたらし，かつ「改まった感じ」を生むのだ。これも先に検討した叙述と同様，5番目の類型と結び付くサモワールの叙述である。

　本節で取り上げたサモワールの叙述はいずれも4章で検討したサモワールの象徴の類型の枠内に収まるものであり，シベリアを舞台とするラスプーチンの小説においてもサモワールはロシア文学一般に見られるものと共通する象徴性を有しているようである。

5-2　シベリアのサモワール

　ラスプーチンのサモワールへの言及の中には，4章で見てきたサモワー

ルの象徴の類型の枠には収まりきれない，非常に鮮烈なるサモワールへの想い，民衆の魂の象徴であるかのようなサモワールの叙述が見られる。以下，そのサモワールの叙述部分を順に見てゆく。

[5] И зря она пугает Настасью — неизвестно еще, удастся ли ей самой кипятить <u>самовар</u>. Нет, <u>самовар</u> она не отменит, будет ставить его хоть в кровати, а все остальное — как сказать. [212]

彼女は訳もなくナスターシャを脅していた。彼女自身，サモワールを沸かせるかどうか，まだ分からないというのに。いや，彼女はサモワールは捨てたりせず，ベットの中でだって使うつもりだ。他のものは，さあどうだか知らないが。

これはダーリヤの心の中の声である。「彼女」，つまりダーリヤは，ダムに沈むマチョーラ村を離れなければならない時には，何としてでもサモワールだけは持ち出す積りでいるのだが，移動した地で使える場所がなければ「ベットの中」ででも使ってやろうと決意している。この「ベット」の中という表現にサモワールへの並々ならぬ熱い想いが溢れている。

[6] А от догадался бы, правда что, кто <u>самовар</u> хошь одной в гроб положить. Как мы там без <u>самовара</u> останемся? [254]

それよりも，誰か棺の中にサモワールを一つ入れてくれないだろうか。サモワールなしじゃ，あっちでどうやって，やっていくんだ？

ダーリヤにとってサモワールは，死んでからもあの世でなくてはならない存在である。棺にもサモワールを求めるダーリヤのこの台詞にはサモワールへの熱き想いが託されている。

[7] Больше всего убивалась Катерина по самовару; она, переходя к Дарье, не думала, конечно, о пожаре и оставила <u>самовар</u> до другого дня — после разгребла в золе только оплавленный медный слиток. Петруха гармонь свою безголосую не забыл, вынес, а заслуженный, вспоивший, вскормивший его

самовар кинул. Без него и вовсе осиротела Катерина．［269］

　何よりもカテリーナがつらかったのはサモワールのことだった。彼女はダーリヤのところに移る時には火事のことなど思いもしなかったので後日にとサモワールは残して置いたのだ。焼け跡の灰の中には高熱で溶けた銅の塊だけだった。ペトルーハは音の出ない自分のアコーディオンは忘れずに持ち出したのに，長年世話になり，自分を養い育ててくれたサモワールは見捨てたのだった。サモワールを失ったカテリーナは天涯孤独となった。

　カテリーナの息子のペトルーハが自ら我が家に火を付け，家を燃やしてしまった翌日の叙述である。ここではサモワールが擬人化されて描かれている。カテリーナの家ではサモワールは一つの人格を持った存在として見做されているのだ。ここでサモワールが「養い育ててくれた」敬うべき存在として描かれているのは，サモワールが単にお茶や暖だけを供するのではなく，それと共に温かで豊かな人生の時間を提供するものとして捉えられているからであろう。サモワールを喪失することにより，天涯孤独の身となってしまったというカテリーナに関するこの叙述（破線部）は，サモワールの存在の大きさをまざまざと感じさせる一文である。放蕩息子ではあるがカテリーナにはペトルーハという息子もあり，同じマチョーラ村の友人もいる。それでも天涯孤独の身と言わしめるのは，サモワールの魂とカテリーナの魂が如何に寄り添っていたかの表れであると言える。

　［8］Из веку почитали в доме трех хозяев — самого, кто главный в семье, русскую печь и самовар．К ним подлаживались, их уважали, без них, как правило, не раскрывали белого дня, с их наказа и почина делались все остальные дела．［269］

　古来より家の中では3つの主人が敬われていた。家族の長自身とロシアのペチカとサモワールである。彼らは機嫌とりの対象となり，敬意を払われた。彼らがいなくてはふつう夜も日も明けず，彼らからの命令や発案によって他の万事が行われていたのだった。

先ほどに続き，ここでもサモワールがペチカと共に人格を持った存在として言及されている。しかも，家長と同様に家の主人として見做されているのである。

　これらの叙述からは，ラスプーチンが描いたシベリアの地を生きる人々の魂と呼応した深い魂を有するサモワールの姿が浮かび上がる。Баранов(1999：302)によれば，ロシアの農村においてはサモワールは非常に大切な存在と見做され，一家におけるサモワールの存在は平穏無事(благополучие)，豊かさ(достаточность)，富(богатство)，一家の主人の高い地位(высокое положение хозяина дома)を物語っていたと言われる。この記述からも農村におけるサモワールは都会に比べて，より大切にされていると考えられる。ラスプーチンが描いているのもシベリア，アンガラ川湖畔の農村社会であり，本節で見てきたサモワールに対するダーリアやカテリーナの熱き想いは農村ゆえの部分もあるのではないかと思われる。しかし，ダーリアもカテリーナも単に財産的な価値からのみサモワールに熱き想いを寄せているのではない。最後に取り上げた叙述にあるように，サモワールは彼女たちにとっては家の豊かさや主人のステータスの高さの象徴なのではなく，それ自身が家の主人の一人なのである。本節で見たラスプーチンが描いたサモワールは何か「もの」を象徴しているというよりは，シベリアに暮す人々と共に生きる，正に魂を宿した生きた存在なのである。

(1)　この中には比喩的表現として用いられているものが2回含まれる。今回は比喩的表現については触れないが，日常生活の身近な道具の比喩としての使用に時代による変遷や地域による差異が見られるのかについても興味のあるところである。以下にその部分を引用しておく。
　　Крант, так же от как у <u>самовара</u>, повернешь ― вода бежит, в одном кранту холодная, в другом горячая.　[210]
　　サモワールにあるのと同じような栓を捻ると，水が出るんだ。一方の栓からは冷たいのが，もう一方の栓からは熱いのが。
　　...пьяный <u>Самовар</u> ― так звали горячего и пузатого колхозного бухгалтера, шарашась ночью по ней вверх-вниз, полетел ступеньки считать и недосчитался у

себя двух ребер, лежит в больнице；... ［237］
　…酔っ払った「サモワール」—熱いやつでずんぐりしたコルホーズの会計係はこう呼ばれていたのであるが—，は夜中に階段を上ったり降りたりしていたら，梯子を数え飛ばし，計算してみると肋骨2本が足りなくなっていて，病院に入院中だった。…

6　結　語

　ロシアの作家たちはロシアの喫茶文化に欠かすことのできない「サモワール」を誰もが暖かい眼差しでもって描いてきた。4章で見たようにそれは「親しい関係」，「日常の平穏」，「親密さ」，「家族の温かさ」，「隠し立てのない重要な会話」といった象徴性を持っている。一方，ラスプーチンは『マチョーラとの別れ』の中でサモワールに「親しい関係」，「日常の平穏」，「重要な会話」といった象徴性を持たせるのみに止まらず，サモワールに一人格を与え，シベリアの民衆と共に生きるサモワールを描いてみせた。4章でも述べた通り，Гилодо(ed.) (1991) はサモワールの人気の秘密をサモワールの内なる《魂》の存在に求めたが，ラスプーチンの『マチョーラとの別れ』の中に出てくるサモワールは取り分け深く大きな魂を内包しているのである。単なる象徴を超えたこの力強いサモワールの姿は，シベリアの大地に根を張り生きるシベリア人(Сибиряк)の姿と重なる。このサモワールの雄姿は，「シベリアのサモワール」と呼ぶに相応しかろう。一つの作品の中に異様なまでにサモワールが描き込まれているのは，ラスプーチンの創作上の意図的な行為であったのか，偶然の産物であったのかは論者には知る由もない。しかし，意図はどうあれ結果的にラスプーチンのサモワールは，従来的な象徴性を越えた，シベリアのアイデンティティの表象として機能していると言えよう。
　本稿では，「サモワール」を文学作品の中に描かれたサモワールの叙述を中心に検討した。2章，3章でお茶とサモワールの歴史について触れたものの本稿を執筆するに当り検討することができた資料からだけでは判然とし

ない部分も多い。モスクワまでの中継地点として触れられるに過ぎない東シベリアの地で，お茶文化はどのように花開いたのであろうか。Боголюбова(2002)には，「シベリアに暮す人々はモスクワに暮す人々よりずっと早くからお茶を愛飲していた」との記述も見られるが，文献的な跡付けもなく信頼のおける記述なのかは分からない。Похлебкин(1995：21)も触れている気候的条件はシベリアの地における喫茶文化，そしてサモワールのより深い精神的な受容を説明付ける一要因と言えよう。しかし，茶の運搬経路やサモワールのアジア起源説を考えるとアジアと隣接しているという地理的な条件も何らかの関わりを持っているのではないかと考えられる。所謂ヨーロッパ・ロシアとシベリアの地では喫茶文化の受容に際しどんな歴史的な差異があるのだろうか。より多くの文学作品の中のサモワールに関する叙述を検討すると共に，歴史的な受容過程をより仔細に検討することを今後の課題としたい。

参考文献

Баранов, Д. А. et al. (1999) *Русская изба：иллюстрированная энциклопедия：внутреннее пространство избы, мебель и убранство избы, домашняя и хозяйственная утварь*, СПб.: Искусство-СПБ

Боголюбова, Н. (2002) Из истории чая и чайной упаковки, *Мир этикетки* 10, М.: ООО«КомпьютерПресс»

Бородулин, В. И. et al. (eds.) (1995) *Иллюстрированный энциклопедический словарь*, М.: Большая Российская Энциклопедия

Бороноев, А. О. (2003) Сибирский роман как проявление региональной ментальности и советской культуры (Научная конференция Ценности советской культуры в контексте глобальных тенденций XXI века における発表 http://www.ibci.ru/pages/konferencia.html)

Гилодо, А. А. (ed.) (1991) *Русский самовар*, М.: Советская Россия

Пережогина, Е. Н. (1999) "Шире шаг, маэстро!" Диалектная фразеология в произведениях сибирского писателя В. М. Щукшина, *Сибирский учитель* 3 (4), Н-ск.: Сибирский учитель

Похлебкин, В. В. (1995) *Чай и водка в истории России*, Кр-ск: Красноярское кн. изд-во., Н-ск.: Новосибирское кн. изд-в.

Прохоров, А. М. (ed.) (1978) *Большая советская энциклопедия* 29, М.：Советская энциклопедия

Семенов, В. М. (2002) *Приглашение к чаю*, М.：Олма

Smith, R. E. F. & D. Christian (1984) *Bread and Salt: A Social and Economic History of Food and Drink in Russia*, Cambridge, New York：Cambridge University Press

鈴木健夫他訳『パンと塩 ロシア食生活の社会経済史』，平凡社，1999

安岡治子（1987）「ワレンチン・ラスプーチンの《Последний срок》」，『ロシア語ロシア文学研究』87: 101-114

河野真（2001）「サモワール式湯沸し具の日本での系譜について」，『愛知大学文学論叢』123: 168-134

谷口明子（1996）『英国紅茶論争』東京: 講談社

引用文学作品（訳出参照文献も含む）

Бунин, И. А. (1981) Солнечный удар, *Повести и рассказы*, М.：Московский рабочий

Гоголь, Н. В. (1978) Мертвые души, *Собрание сочинений в семи томах*：Том 5, М.：Художественная литература

Гончаров, И. А. (1973) *Обломов*：роман в четырех частях, М.：Художественная литература

Достоевский, Ф. М. (1974) Вечный муж, *Полное собрание сочинений в тридцати томах*：Том 9, Л.：Изд-во "Наука", Ленинградское отд-ние

Достоевский, Ф. М. (1992) *Бедные люди：Преступление и наказание*, М.：Художественная литература

Пушкин, А. С. (1975) Капитанская дочка, *Собрание сочинений в десяти томах*: Том 5, М.：Художественная литература

Пушкин, А. С. (1993) *Золотой том：собрание сочинений*, М.：Издательский дом в Москве "Имидж"

Распутин, В. Г. (1978) Прощание с Матерой, *Повести*, М: Советская Россия

Толстой, Л. Н. (1978) Казаки, *Собрание сочинений в двадцати двух томах*: Том 3, М: Художественная литература

Тургенев, И. С. (1976) Отцы и дети, *Собрание сочинений в десяти томах*: Том 5, М.：Художественная литература

ドストエフスキー『永遠の夫』，千種堅訳，新潮社，1979

ドストエフスキー『貧しき人々』，中村白葉訳，新潮社，1951

ラスプーチン『マチョーラとの別れ』，安岡治子訳，群像社，1994

『集英社ギャラリー 世界の文学 ロシア1』，木村浩他訳，集英社，1990
(『死せる魂』は川崎隆司訳)
『世界文學大系30 ゴンチャロフ レスコフ』，井上満・木村彰一訳，筑摩書房，1959
『世界文學大系31 ツルゲーネフ』，金子幸彦訳，筑摩書房，1962
『たゆたう春，夜 ブーニン作品集』，岩本和久他訳，群像社，2003
(『日射病』は橋本早苗訳)
『プーシキン全集4』，神西清訳，河出書房，1972

〔2〕 危機に瀕するバイカル湖と東シベリアのタイガ

渡邊　廣

1　はじめに
2　バイカル湖の地理・地形・地質学的概観
3　バイカル湖の気象学的概観
4　バイカル湖の生物
5　バイカル湖の汚染問題とその取り組み
6　東シベリアの自然破壊の現状
7　おわりに

1　はじめに

　「バイカル」という言葉はチュルク語の「バイ・クリ」に由来していると言われ,「豊かな湖」の意味を持っている。イシィク・クリ湖（暖かい湖：旧キルギス共和国にある湖），カラ・クリ湖（黒い湖：旧タジク共和国にある湖）等と類語と考えられる。ロシアの文献に「バイカル」という名が登場するのは，中国大使であったニキータ・ヤコヴレヴィチ・ビチューリン（1777年〜1853年）の「紀元前2世紀の先史中国年代記の中に，バイカルという言葉が見受けられる」という記述だとされる[1]。しかし，新石器後期そして青銅器時代にバイカル地方に住んでいたチュルク語を話すクリカーネ族が，恐らく最初に「バイカル」という名前を湖に付けた可能性があるとされている。しかし，岩の上に刻まれたルーン文字(5-11世紀のチュルク民族の文字)はまだ解明されておらず,「バイカル」の語源を断定するのは困難とされている。

　さて，バイカル湖と言えば世界最深の湖，透明度世界一の湖として広く

知られている。風雨のない真夜中，月光に照らされ眩しいほどに輝く湖面は，あたかも人間の心をとりこにするかのように，不思議な静寂の中に人々を吸い込んでいく。しかし，ひとたび風雨が強まるとバイカル湖は海のように豹変し，魔物のような恐ろしい雰囲気を与える。古来周辺に住む住民はバイカル湖を生き物と考え，尊敬と畏怖の念をもって語り継いできた。

湖の特徴として，高い透明度と世界最深の湖であることの他に，そこに生息する生物の固有性を指摘しなければならない。湖には現在1,550種の動物と1,085種の植物が発見されているが，これらの動植物のうち約3分の2はこの湖にしか生息しない固有種であり，他のどこにも生息していない[2]。その意味でバイカル湖は生物の種の起源における巨大かつユニークな自然の実験室といえるかもしれない。

湖の動植物の固有性について，ロシア科学アカデミー会員でソ連湖沼学研究所長を務めたグリゴーリー・I・ガラジーは，次のように述べている。「ニュージーランド，ガラパゴス島，マダガスカル等のユニークな動植物については，小学校の机に座っている生徒でさえよく知っている。しかしバイカル湖が固有種生物の数量においてそれらの地域に譲るどころか，それ

らの地域に勝っているという事実は世界の人々にはあまり知られていない」[3]。ところが，このような学術的にも貴重な湖の生物が存亡の危機にさらされているのである。いわゆる全地球的な環境汚染の問題である。湖の水質汚濁が急速に進み，今では固有種生物が絶滅している地域も見うけられる。このまま放置すれば湖の全地域の固有種生物が近い将来絶滅の道をたどるであろう，と危惧されている。

ここではバイカル湖の概観に触れ，その後危機的状態にある湖の汚染問題，さらには東シベリア全体の環境破壊の問題について考察する。

2 バイカル湖の地理・地形・地質学的概観

(1) 地理・地形的特徴

東シベリア南部のブリヤート自治共和国内，およそ東経 100 度～110 度，北緯 50～55 度間に位置する。水面の海抜は 456 m。南北の長さ 635 km，最長幅はウスチ・バルグジンとオングレン間で 79.4 km，最短幅はセレンガ・デルタの反対側で 23 km，日本列島に似た三日月状の形状をしている。

西側斜面は地殻変動の沈下の滑り面，つまり断層の翼に当たっているため，岩が直接絶壁となってほぼ垂直に水中に入り込んでいる。一方東側の湖岸線はセレンガ川，上アンガラ川，バルグジン川のデルタ地域の浅瀬が多く，その幅は数 km から数十 km に及ぶ。

バイカル湖は底の起伏の分布によって南，中央，北の三盆地に区分され，各々独立して構成されたと考えられている。南部盆地と中央盆地を分けているのはセレンガ・デルタの隔壁で，中央盆地と北部盆地を分けているのはオリホン島からウシカニー島まで延びる水中山脈のアカデミー山脈である。

湖には 22 の島がありそのうち最大のものはオリホン島で，面積 729 km^2，長さは 71.7 km である。この島は最も乾燥した地域で中心居住地フジル村を中心に 2,000 人の住民が暮らしている。この他，東岸の陸繋島となったスビャトイ・ノース岬の反対側の中央部分にはウシカニー群島があ

〔2〕危機に瀕するバイカル湖と東シベリアのタイガ　167

バイカル湖とその周辺図

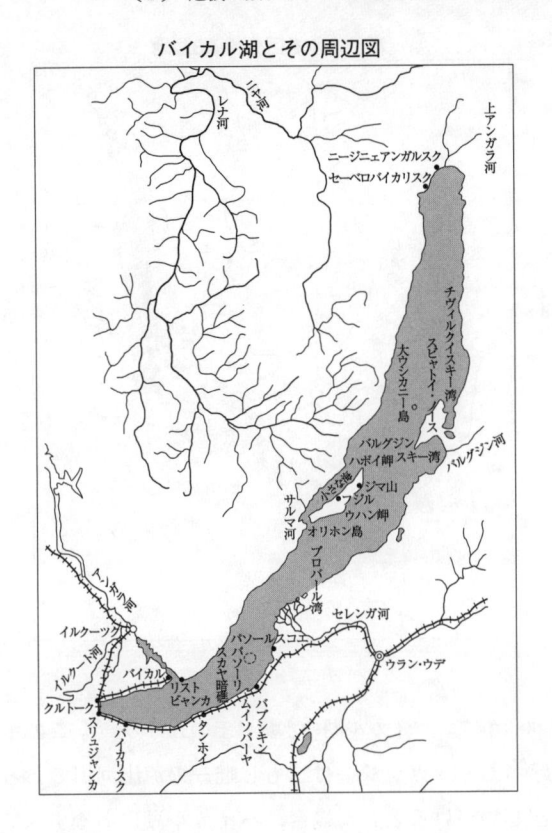

り，大ウシカニー島，トンキー島，ドルギー島，クルグルイ島の四つの島がある。

　バイカル湖の面積は 31,500 km² で世界第八位の大きさである（琵琶湖の面積は 674 km² で，やく 47 倍）。以下の順については表の通りである。但し中央アジアに位置するアラル海について 2004 年 10 月 31 日付け朝日新聞の記事によれば，現在約 4 分の 1 の 16,600 km² にまで減少している。1960 年代から砂漠地帯で綿花，穀物栽培が盛んになり，そのため流入河川からの潅漑が行われ流入水量が減少して干上がってしまったのが原因である。まさに人間による環境破壊の見本のような現象といえる。

　水量は 23,000 km³ である。カスピ海が面積・水量ともに世界一であるが，カスピ海は塩水のためバイカル湖は淡水の湖では世界一となる（地球上の

バイカルを区分する3盆地

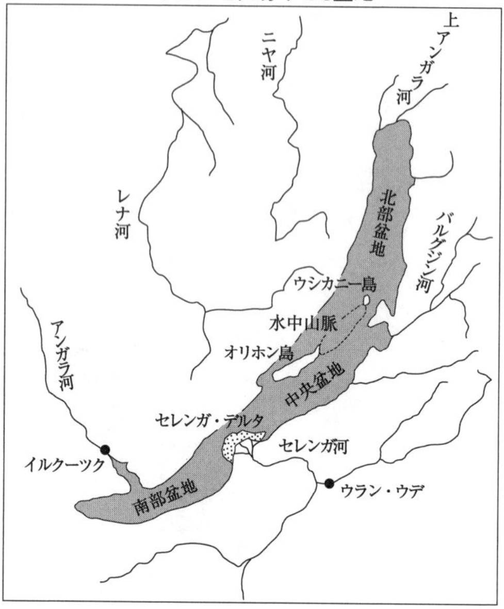
ニヤ河
上アンガラ河
レナ河
北部盆地
バルグジン河
ウシカニー島
水中山脈
オリホン島
アンガラ河
中央盆地
セレンガ・デルタ
セレンガ河
イルクーツク
南部盆地
ウラン・ウデ

淡水は 123,000 km³で，バイカル湖の水量はその五分の一)。この水量についてロシア湖沼学者 G・I・ガラジーは「もし唯一の流出河川であるアンガラ川が絶えず流出しつづけるとした場合，バイカル湖にあるすべての水が流れ

表1　世界の主な湖の面積と水量

(吉良竜夫他著『世界の湖』による。ただし＊印の湖はバイカル博物館の資料による)

	面　積	水量(容量)	最深部
＊カスピ海	423,000 km²	77,000 km³	945 m
スペリオル湖	82,367 km²	12,221 km³	406 m
ビクトリア湖	68,800 km²	2,750 km³	84 m
アラル海	64,500 km²	1,451 km³	67 m
ヒューロン湖	59,570 km²	3,535 km³	228 m
ミシガン湖	58,016 km²	4,871 km³	281 m
＊タンガニーカ湖	32,900 km²	12,700 km³	1,470 m
＊バイカル湖	31,500 km²	23.000 km³	1,637 m
琵琶湖	674 km²	28 km³	104 m

出るためには400年がかかる。」,「もしバイカル湖の水を凍らせ 1 km³ の立方体に切り刻み,一列に並べると仮定した場合,この 1 km の厚さを持つ氷の帯は北極から南極まで延び,さらに極地の向こう 3,000 km まで延びることになる」と述べている[4]。

　湖の最深部はオリホン島東岸近くのイジメイとハラ・フシュン岬の間の岸から東へ 8～12 km のところにあり,その深さは 1,637 m で世界一である。南部盆地での最深は 1,432 m,北部盆地での最深は 890 m で,いずれの地点も盆地の西岸に近いところに存在している。このことは地殻の巨大な沈降が西岸にそって生じたことを物語っている。オリホン島と西岸の間の「小さな海」と呼ばれる地域の最も深いところは 259 m である。河川の入江や湖岸近くの大陸棚,群島,浅瀬を除いた部分(「開かれたバイカル」と呼ぶ)で一番浅い部分は,南部盆地に位置するパソーリスカヤ暗礁で 32 m である。北部盆地と中央盆地を分けている水中のアカデミー山脈の最も浅いところは約 260 m で,南部盆地と中央盆地を分けているセレンガ隔壁での最小の深さは 360 m である。

　透明度は 1911 年の測定で 40 m 以上の記録があり,淡水湖では最も透明度の高いものの一つといえる。バイカル湖は周辺を山脈に囲まれており,流入河川は高原地帯を源としているので,本来溶解物質,浮遊物質の少ないきれいな水を運んでくる。しかしこのことだけでバイカル湖の高い透明度が保たれているわけではない。この他にバイカル湖の水をきれいに保つ「湖の清掃人」が存在する。それは節足動物・甲殻綱のカイアシ類に属す小エビのバイカル・エピシューラ (Epischura baicalensis) と,同じく甲殻綱・端脚目に属すマクロゲクトプース (Macrohectopus branickii) の動物プランクトンである。これらは湖のプランクトンの中で 90% の生物体量を占める固有種である。バイカル・エピシューラは体長 1.2～1.6 mm で,極小の水藻を食べバクテリアを濾過する能力をもつ。エピシューラの大群は 1 m³ 中約 300 万匹生息し,1 年間に 50 m に及ぶ水の層を 10 回浄化する能力を持っている。清浄な冷水の中で日周垂直移動をしながら生息する。

　一方,端脚目のマクロゲクトプースはエピシューラの 20 倍の大きさをも

表2　バイカル湖の流入と流出バランス

流　　入		合　計	流　　出	
336の河川から	58 km³		アンガラ河から	61 km³
降雨による流入	9 km³	71 km³		
地下から	3 km³		表面から蒸発	10 km³
水蒸気の液化	1 km³			

表3　主な流入河川の集水面積，長さ，流水量

	集水面積	全面積の%	長　さ	流水量(毎秒)
セレンガ河	466,900 km²	83.4%	745 km	950 m³
バルグジン河	21,220 km²	3.5%	387 km	127 m³
上アンガラ河	21,850 km²	3.9%	452 km	225 m³

ち，湖底に生息しながら死んだ魚，沈んでくる昆虫など湖水を汚すものはすべて食べる。湖の水の清さはこれらの小エビの「清掃人」によって保たれているのである。この他バイカル海綿も清掃人の役割を担っている。固有種で最も単純な構造を持つ多細胞動物である。長さは1m位までで主に50m以内の深さの湖底で生息し，プランクトン，特にバクテリアの重要な消費者の役割を果たしている。

　湖へはセレンガ川を最大とする400近くの川が流れ込んでいるが，流出河川はアンガラ川のみである。

　上表の通り，唯一の流出河川であるアンガラ川を通して毎年61 km³の水が流出する。また，毎年10 km³の水が湖の表面から蒸発する。これら失われる水に対し，毎年400近くの支流から58 km³の水が流入する。また約9 km³の降水量がある。3 km³の水が地下から流入し，さらに1 km³の水が湖の表面が冷たい時，大気からの水蒸気の液化によって流入する。水の流入，流出のバランスはこのように保たれているのである。アンガラ川の河口あたりの流れは穏やかで，川幅は約1 km，深さは最大でも4～6 m，最小で0.5～0.7 m，水の流れは秒速1～2 mである。河口の中央部分には「シャーマンの石」と呼ばれる岩の突起がある。

シャーマンの石

(2) バイカル湖の起源

a 地殻変動説

バイカル湖はいつ頃出来たのであろうか？ 地質学者の研究によれば，バイカルの盆地に水が溜まり始めた時代は今から 2,000〜2,500 万年前と考えられており，世界最古の湖の一つとみられている[5]。その後地殻の大規模な断層が繰り返されて出来たと考えられる。この地殻変動説を最初に唱えたのは 18 世紀末アカデミー会員のイワン・ゲオルギーで，今日では定説化されつつある。地質学者 N・A・フロレンソフはバイカルの窪地をバイカル断層ゾーン（またはバイカル・フブスグル断層ゾーン）の中心的，最大，最古の構成分子とみなしている[6]。この断層ゾーンは南西はモンゴルのフブスグル湖から北東はオリョークマ川まで長さ 2,500 km，幅は 100〜300 km にわたっている。深さは 50〜60 km でその根本は地殻のすべてを分断しマントルの上部に達している，と考えられている。湖周辺の断層地帯を調査した結果，G. I. ガラジーはバイカル湖の形成について次のように述べている。「バイカルの窪地ではおそらく全ての断層ゾーンと同様，内部に異常高温現象が起きている。原因は今のところ不明である。軽い高温物質は

172　3章　文化・社会にかかわる問題から

図1　バイカル盆地形成の地殻変動（バイカル博物館資料より）

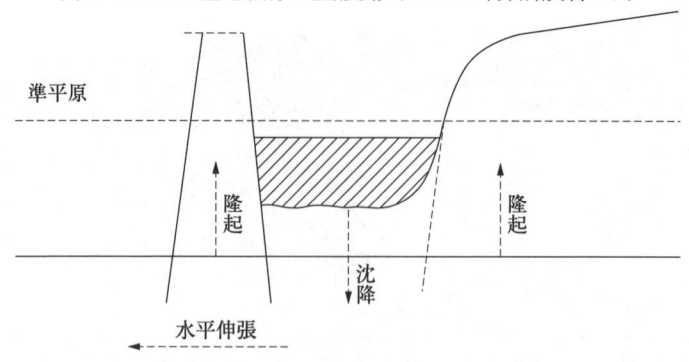

表層に向かって地殻を持ち上げ，場所によっては地殻の全層を突破し，バイカル湖を取り囲む現在の山脈の基礎を形成する。同時に高温の物質は地殻の下をさまざまな方向へゆっくりと流れ出し，水平の伸張力を生み出す。地殻の伸張は太古の断層を砕き新しい断層を形成し，ひいては個々の地盤の沈下や山間の窪地，つまり断層峡谷を形成する。その代表的なものがこの巨大なバイカルの窪地である（上図参照）」[7]。

　湖は底の深さと起伏の分布によって3つの全く独立した基本的な盆地によって，別々に形成されたと考えられている。現在の外形になったのは比較的最近ことであり，おそらく数100万年前の氷河期又は氷河期の後に出来たものと考えられている。主要流入河川であるセレンガ河口付近にはブリャート人が1,300人住んでいたが，1862年1月震度10〜10.5（ロシアでは震度は12段階に区分）の大地震が襲った。これにより約200 km²の土地が水中に約3 m沈み，プロバール湾と呼ばれる潟湖が形成された。また1959年にも震度9.5の地震があり湖底は15〜20 m沈下した。現在も近辺では年間2,000回の弱い地震が発生しており，バイカル断層ゾーンの活動が現在でも継続していることを物語っている。なお地震の他に磁気の異常も観測されることから，バイカル盆地には現在でも地殻の水平運動の兆候があり，年間2センチの速さで増大し，バイカル湖は未来の生まれつつある大海となるだろう，との仮説を唱える学者もいるが証拠が不足しているため

定説とはなっていない。

　湖底表層には河川から流入して沈殿した沖積土や水中生物の残骸などが堆積しているが，そのうちで特に多いのは珪藻類の残存物で，低層の三分の一を占め，「珪藻の沈殿」と呼ばれている。近年特殊なピストン真空円筒器具を使って，湖底の10～12mまでの深さの円筒土壌を採取することが可能となった。湖底表層の1～2mの層は全て一定の細かい粒状の泥土から構成されており，灰青色と青みがかった色をしている。しかし表層から8～10mの下の部分には砂層が見受けられる。これらの砂層は通常浅瀬や河床，デルタ地域などの沈殿物の混ぜ合わせの激しいところで形成されるものである。しかし砂層が発見された1,000～1,600mの深さの現在の湖底表面層には，類似の砂層は見あたらない。これらの事実を根拠にして，巨大な深さを伴った現在のバイカル湖はごく最近形成された，との仮説が生まれた。そしてある学者達はこの砂層をバイカル湖以前のものと呼び始めた。湖底の堆積作用は平均して1,000年で4cmと考えられている。そのことから今から20～25万年前，現在の湖の場所には浅瀬の貯水池か水流が存在していたという説である[8]。

　しかし古生物学者や古湖沼学者の研究によると，現在のバイカル湖沿岸のかなり広い範囲にわたって，湖特有の化石化した軟体動物や植物等を含む第三期の地層が広がっていることが明らかにされている。それらの化石や地層の年代は2,000～2,500万年以上と考えられる。これらの理由により現在の湖の場所には，当時すでにかなりの深さの巨大な湖が存在していたと考える説が定着している。その輪郭は現在の湖とはかなり違い，例えば南部盆地はかなり大きかったと考えられている。また当時，現在の湖の中東部に位置するバルグジンスキー低地にもかなり深い湖の存在が，また南西部に位置するトンキンスキー盆地にもいくつかの湖群が存在していたことが確認されている(現在は湿地帯や小規模の湖沼が存在しているのみ)。この地域一帯の地形が現在の形に変化したのはつい最近のことで，おそらく氷河期あるいは氷河期以降と考えられる。一方湖の深部に見受けられる砂層は，増水によって砂が押し流されたり，泥水が流れ込んだり，水中地滑り

図2　バイカル湖の湖底堆積層

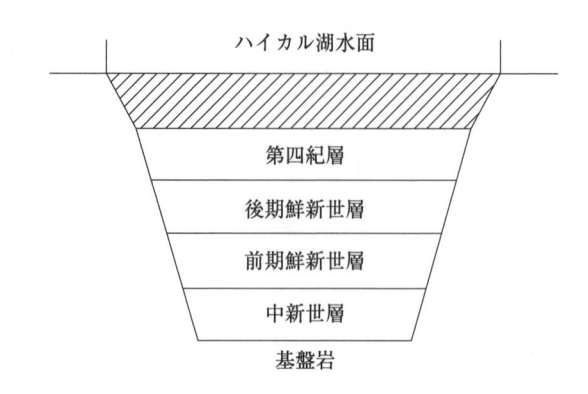

```
バイカル湖水面
━━━━━━━━━━━━━━━━━━━━━━
////////////////////////
━━━━━━━━━━━━━━━━━━━━━━
      第四紀層
━━━━━━━━━━━━━━━━━━
     後期鮮新世層
━━━━━━━━━━━━━━━
     前期鮮新世層
━━━━━━━━━━━━
      中新世層
━━━━━━━━━
      基盤岩
```

が起こった時に形成されたものと考えられている。

　重力測定によると，もろい堆積岩層の厚さはセレンガ浅瀬で約6,000 m，パソーリスキー暗礁やアカデミー山脈（水中山脈）では最低でも約100～200 m，アカデミー山脈の東側からは深くなり3,000 mまでと確認されている。1997年に行われたソ連科学アカデミー海洋研究所の調査では，湖底の堆積岩層の厚さは2,000～2,500 mであることが明らかになった。

　近年水中爆発による音響波を使っての堆積岩層測定法が可能となった。湖は2,000～2,500万年の歴史があるとされる。従って湖底の厚く砕け易い堆積岩層には湖が形成されたあとの地質堆積物，つまり第四紀層，後・前期鮮新世層，中新世層など2,500万年間の堆積物が横たわっているはずである。このような測定法でこれらの堆積物を分析することによって，これらの期間における地球環境の変遷を解明することが可能となるともされている。

3　バイカル湖の気象学的概観

(1) 気候の特徴

　最近100年間でバイカル湖の結氷期間は短くなり，氷の厚さも薄くなった。周辺の気候も乾燥化が進んでいる。温暖化がさらに進めば乾燥化が深

刻な問題となり，河川の流入も減って水面が低下することになるだろうと言われている。湖を取り囲む大気は当然のことながら湖岸および隣接地域にさまざまな気候的影響を与えている。夏は陸地より寒く，冬は逆により暖かい。70 km 離れたイルクーツクの温度と比較すると，夏は湖岸のほうが日中で 8〜10 度低く，冬は湖岸のほうが同じ温度ほど高い。

　湖の年平均気温は南部盆地で−0.7℃，中部で−1.6℃，北部−3.6℃である。最も暖かいところは南部盆地西岸のペスチャーナヤ入江で年平均気温が 0.4℃である。最近 30〜40 年間の統計によればバイカル湖近辺では温暖化の傾向がはっきり現れており，南部のスリュジャンカでは 0.2℃上昇し，イルクーツクでも−1.4℃から−0.9℃（あるいは 0.5℃の差）に上昇している。

　湖は地形的に山と平野の境目に位置しているため降雨量は一定ではない。最も雨の多いところは南部のハマル・ダバンスカヤ湖岸で年間 800 mm あるいはそれ以上，山間部では 1,200〜1,400 mm である。北部の降雨量は 400 mm までと少なくなる。ただ，オリホン島とウシカニー島，マラモルスキー湖岸と南東の岸の中間部分は，降雨量が極めて少なく年間で 160〜259 mm である。これらの地域は大変乾燥しており平地でさえ冬の降雨は完全に蒸発する。オリホン島の南部，南西部は特に乾燥が進み，ステップ化が進んでいる。湖の中心における極度乾燥化の原因は以下の通りとされている。大気団は西側のプリモルスキー山脈やバイカルスキー山脈を越えて山から盆地へ流れ込む際，速度を増して暖められる。それに伴い水蒸気の飽和限界が高まり相対湿度が下がるため，西岸および島では降雨が起こらなくなる。大気は東へ移動すると再び冷えるため，水蒸気の飽和限界が低下して相対湿度も増大する。これにより東岸に雨を降らすことになり種々の樹木を生育させる。一方，西岸は水分が不足して木々は育たず，草の多いステップ気候を呈している。

　湖には恒常的に日中は湖面から陸に，夜間は陸から湖へ風が吹く。この他に地域固有の風もある。北西の風サルマ，北東の風バルグジン（湖の北半分ではアンガラと呼ぶ），南西の風クルトーク，南東の風シェロンニクなどで

ある。それらは風速 40〜60 m にも達して船の転覆や建物の破損を招く場合もある。サルマ河口の反対に位置する地域に吹く北西の風サルマは，冷気の大きな塊が湖岸山脈を越える時に発生し，暖かい水の上では強くなり冷たい水の上では弱くなる。それゆえ，この強風は湖の中心部に来ると普通の風となり，さらに東岸では全く治まっている。

(2) 水位，水温，氷の条件

最近の 500 年間で湖の水位は 0.5 m 程低下したとされる。現在もその傾向は続いており，最近の約 100 年間の水位の変化は最大 217 cm であることが観測されている。水位変化の長期的原因は水の流出入の差による水量の変化で，気象的条件，地理的条件が関係している。短期的原因としては急激な水位の変化を伴う気圧の変化，風，水の密度，温度の変化等が関係する。これらが互いに関連し合って水位の変化を招いている。季節による水位の変化については 8 月，9 月が一番高く，3 月，4 月が最も低い。その差は 80〜100 cm である。

湖全体の年平均水温は約 4°C であるが場所によって差がある。セレンガ川浅瀬地域では 7 月の最高水温は 22.2°C，最低水温は 6.4°C である。湖底の水温は表面より多少低くて 3.2°C である。年平均水温は変化してきている。1800 年から 1880 年までとの比較によれば，それ以降は解氷が早まり凍結が遅くなっており，1880 年以来温暖化傾向がみられる。この温暖化は北極を含めた北半球の傾向と一致する。

湖の中心部分の表面水温は 8 月に 14〜15 度まで上昇し，12 月，1 月は 0 度で凍結する。湾や潟湖と呼ばれる地域やデルタ地域の夏の水温は 22〜23 度まで上昇する。

湖の結氷は年によって大きな差が見られるが，平均して 12 月下旬から始まり 1 月中旬に終わる。つまり完全な結氷には約 1 ヶ月が必要となる。解氷は南の盆地では 4 月に始まり，湖の全てが氷から解放されるのは 5〜6 月となり，解氷も 1 ヶ月あるいはそれ以上かかる。湖の北の部分は 1 ヶ月結氷が早くなり，解氷もその分遅くなる。冬期湖一帯は唯一の流出河川であるアンガラ川の流出口から 15〜20 km を除いて全面凍結する。厳冬でもその部

分は凍結しない。湖からアンガラ川へ流れ出る水の塊は表面からではなくて，ある深さから上昇したものであり，その深さの水温はいつも氷点より上だからである。川の流れによって混ぜ合わされた水が0度まで冷えるためには時間が必要となり，その間に水は15〜20 kmにわたって下へ流れていくのである。氷の厚さに影響を与えるのは気温と積雪である。氷の厚さが一番大きくなる時は降雪がないか少ない冬で，その厚さは100〜120 cmである。雪が多いときは厚さが小さく，南部では65〜70 cm，北部では90〜100 cmとなる。

　気温の変化とともに氷は増大或いは減少し，割れ目や氷丘を形成する。基本的亀裂とは通常湖岸沿いに隣接する突出部や岬の間に，最短直線でできる貫通した亀裂をいう。それは一面に広がる氷を直径10〜30 kmにわたって分割する。温度が1度変わることよって氷が直線的に増大，減少する長さは，1 km当たり70 mmと言われている。例えばリストベニチヌイ湖岸と対岸のタンホイ間は約40 kmあり，一昼夜の温度差が10度としてもトータルの亀裂の幅は28 mにもなる。しかし，実際には氷は不均衡に雪に覆われており氷の冷却と温暖化も不均衡であるため，亀裂はさまざまの長さの極めて複雑で強く枝分かれしした網を形成する。亀裂は生きており呼吸している。つまりその幅も昼と夜とでは異なる。基本的亀裂の幅は普通0.5〜2 m位から最大でも約4 mである。

4　バイカル湖の生物

(1) 動植物の種類と特徴

　現在湖では1,550種の動物（異種を含む）と1,085種の植物有機体が発見されている。1960年には約1,800種であったが，それまで研究の進んでいなかった直接腸類，渦虫類，小触毛ウジ虫類，貝虫類の小エビ，ユスリカ（飛翅目）などにおいて新種の発見が多く，現在では2,600種が確認されている。また最近では極微プランクトン藻類のかなりの種類が発見されている。今後も新種の補充は続くであろう。湖には淡水のガンマリッド（甲殻綱・

端脚目に属すヨコエビ類）に関し全世界の3分の1に当たる255種が生息しており，その全てが固有種である。また淡水の軟体動物の全種類の2分の1，貧毛類・貝虫類の全種類の2分の1以上が生息している。

　植物で種類が最も多いのは藻類である。そのうち珪藻は509種を数え湖の全植物1,085種の半数近くを占める。その他の藻類は以下の通りである[9]。

珪藻	509種
褐藻類（四分胞子・塩化球菌を伴うもの）	99種
藍藻類	90種
接合藻類	48種
緑藻類（ヒビミドロ類）	45種
黄金色藻類	28種
緑藻類（オオヒゲマワリ類）	13種
その他多種	

動物で種類が多いのは，次の通りである。

ガンマリッド（甲殻綱，端脚目ヨコエビ類）	255種
軟体動物の腹足類（巻き貝等）	83種
環形動物の貧毛類（ミミズ類）	100種
扁形動物の渦虫類（プラナリア等）	40種以上
節足動物の甲殻綱貝虫類	100種以上
節足動物の甲殻綱カイアシ亜綱	56種
原生動物（原虫類）	300種以上
ユスリカ科（飛翅目）	100種以上

　湖の生物の特徴はその固有性にある。生息する動物の約3分の2はバイカル湖にのみ生息する固有種である。11の科（亜科を含む），96属に属す1,000種が完全に固有種である。また，種類の多い動物群ほど固有率が高いことが分かり，このことにより湖に住み着いた動物は外部環境とは全く隔離された状態で独得の進化を繰り返してきたものと考えられる[10]。

(2) 魚類の分類

現在湖に生息する魚類は次の12科，52種に分類される[11]。

① チョウザメ科（Acipenseridae）1種　バイカル・チョウザメ

② サケ・マス科（Salmonidae）4属5種　イワナ，イトウ，コクチマス，バイカル・オームリ，ウスリー・シロザケ

③ カワヒメマス科（Thymallidae）1種　シベリア・カワヒメマス

④ カワカマス科（Esocidae）1種　カワカマス

⑤ コイ科（Cyprinidae）8属11種　デース，テンチ，ブリーム，フナ，サザン等の各種コイ科の淡水魚

⑥ ドジョウ科（Gobitidae）2属2種　シベリア・ドジョウ等

⑦ ナマズ科（Siluridae）1属1種　アムール・ナマズ

⑧ タラ科（Gadidae）1属1種　カワメンタイ

⑨ カワスズキ科（Percidae）1属1種

（カジカ類亜目）

⑩ カジカ科（Cottidae）2亜科7種　巨頭の広額種等

⑪ Abyssocottidae科　6属20種　キイロカジカ，ヒレナガカジカ，大き

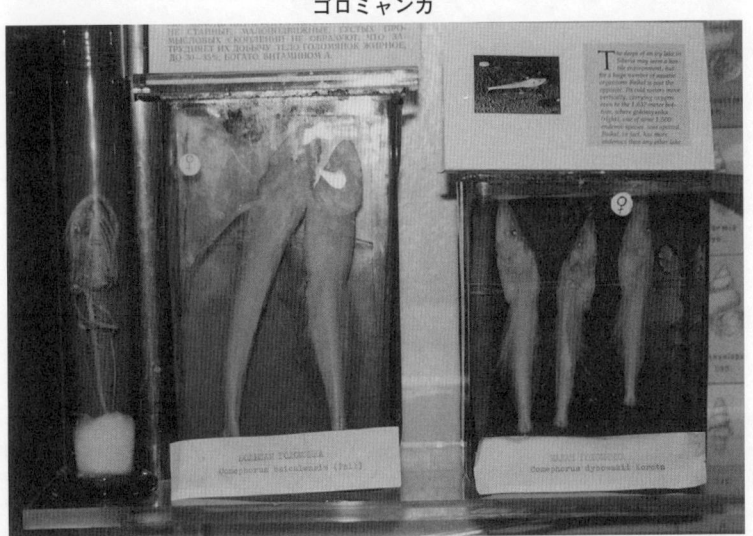

ゴロミャンカ

く広い額種など

⑫ゴロミャンカ科（Comephoridae）1属2種　大ゴロミャンカ，小ゴロミャンカ

上記52種の魚類中，固有種はオームリ，チョウザメ，イワナなど27種を数える。そのうち22種はカジカ類が占めている。多様性が最も多いカジカ類全29種のうちAbyssocottidae科とゴロミャンカ科に分類される22種は全て固有種である。

ゴロミャンカは固有種で，魚に共通の浮き袋をもたず，北半球で唯一の胎生魚である。唯一のほ乳類であるバイカル・アザラシは，分類上アザラシ科（Phocidae）Pusa属に属す。北のワモン・アザラシと共通の祖先から生じたと考えられている。北から運ばれてきた氷によってせき止められた氷河期に，エニセイ川，アンガラ川にそって北氷洋から進入したと推定される。現在約60,000頭が生息していると推定されている。雌は4〜7歳で産卵を始める。3月中旬頃氷の上の雪の穴の中で子を生む。新生児の重さは4 kg以下で最初の一週間は白い色の皮をしており，徐々に変化する。

湖の動物の固有種についてその進化のプロセスは現在に至っても継続さ

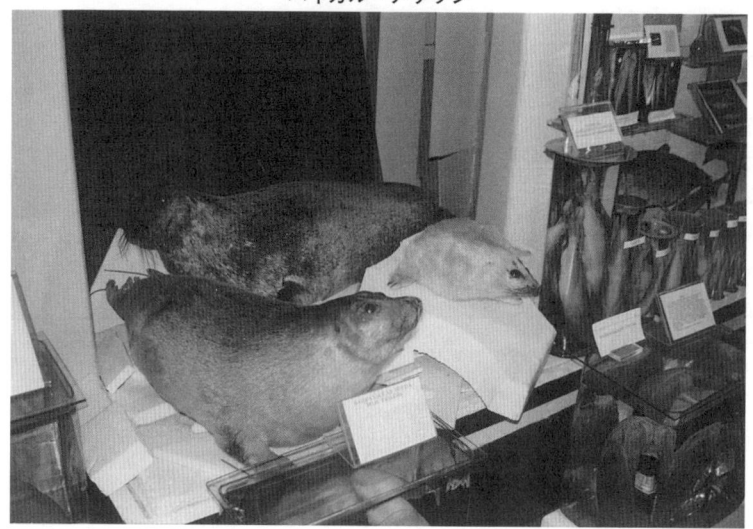

バイカル・アザラシ

れており，いくつかの新種の生物が新たに誕生している可能性がある。一方，以前には考えられなかった湖の水質汚濁により，絶滅した固有種生物もあることが推定される。固有種生物の種類が増大しているのか減少しているのか，興味あるところであるが研究者の最近の成果を待つしかない。

5 バイカル湖の汚染問題とその取り組み[12]

動植物の約3分の2以上が固有種という極めて稀で，貴重な生態系を有する湖の生物が，絶滅の危機にさらされている。いわゆる水濁汚染が深刻化し，すでにある水域ではかって生息していた固有動植物が見られなくなる事態が起こっている。湖の汚染問題の実態について触れる。

(1) 汚染の現実

a．東シベリア観光の中心地である湖へは，夏になるとロシアのみならず，海外からも多くの観光客が訪れる。イルクーツク市から70kmの湖岸にある観光の中心地リストヴァンカ村では，昨年の夏のピーク時には一日当たり2-4万人の観光客が訪れている。彼らの放置するゴミの量は膨大であり，中には湖へ投棄する者もいる。また湖岸では個人の別荘，キャンプ施設，観光施設などがどんどん建てられ，それらから流出する排水も水濁汚染の原因となる。また流入河川沿えの自治体からの排水も年々増加している。

b．バイカリスク・セルロース製紙コンビナートが建つ南部バイカリスク市の隣接地域では，水濁汚染により固有動植物が全く見られなくなった。わずか残存しているものでも突然変異や生理的後退が観測されている。またこのコンビナートを含めアンガラ川沿いの工場は大気中に大量の汚染物質を放出しており，その影響で周辺では樹木の衰退が観測される。

c．1987～88年の暴風の際，スラーブノエ・モーレの湖岸に1万頭の死んだアザラシが打ち上げられた。当時その原因については特定できなかったが，1997年5～6月，再び1,500頭の死んだアザラシが湖岸に打ち上げられた際，これらの死体をドイツで分析した結果，アザラシの組織から高度

の有機塩化化合物が検出された。その濃度は，汚染された海に生息し絶滅の危機にあるとみられるバルチック海のアザラシに匹敵することが判明した。有機塩化化合物は自然界には存在しない危険な物質で，中でもダイオキシンは生物の免疫性，再殖機能を破壊する。その後2,000年にも600頭の死んだアザラシが湖岸に打ち上げられている。

(2) 汚染の原因

バイカル湖の深刻な汚染は1950年代半ばに始まった。最大流入河川セレンガ川沿いの工業発展と人口増加に伴う廃液が原因であった。1960年代の中ばにはアンガラ川に水力発電用ダムが建設され，湖面の水位上昇による湖岸線の水没・崩壊が顕著になった。その後の10年間は湖の北岸，東岸における木材伐採が進み，裸地の増大による河川の浸食，土石流の流入，丸太の浮送が頻繁になって汚染のテンポを早めた。

しかし最も著しい影響を与えたのは，湖の南岸バイカリスク市近郊に1966年建設された「バイカリスク・セルロース製紙コンビナート」である[13]。低レベルの浄化装置から流される廃液は，一昼夜20万立方メートルに達し，その量は人口50万人をかかえる都市からの廃液に相当する。しかもセルロースを漂白するのに塩素を使うため，廃液中にはダイオキシンを初めとする有機塩化化合物やリグニン，フェノール，硫酸塩，硝酸塩，水銀等が含まれている。1996年イルクーツク州自然保護委員会による廃液の分析結果によれば，19の化学物質のうち12が許容指数を超えており，塩化化合物に至っては84,000倍，有機硫黄化合物は1,300倍に達していた。

(3) 汚染問題への取り組みの現状

汚染問題が深刻化するにつれ，科学者，文化人，自然保護団体等から反対運動が沸き起こった。そのような世論を背景に，1987年ソ連政府は5年以内にコンビナートを有害物質を出さない設備に改築する決議を採択した。しかしその後何の方策も講ぜず5年後の1992年コンビナートは民営化され，経営者が51%の株式を保有するにいたって政府決議の実行はさらに困難となった。

1996年湖はユネスコの世界遺産のリストに登録された。その際，ユネス

コはロシア政府に対し6つの勧告をし，ロシア政府もその実現に同意した。その主な内容は，湖の保護を目的とした「バイカル湖法案」の採択，コンビナートの改築，湖近辺での木材調達の禁止，セレンゲ川の汚染の縮小，自然保護区や国立公園等の保護のための財源拠出の増大などであった。

　1997年6月「バイカル湖法案」はロシア下院，上院で採択されたものの，エリツイン大統領が現行法に矛盾するとの理由で拒否権を行使したため，発効は見送りとなった。その後ロシア政府はユネスコとの協議を経て，ようやく1999年5月「バイカル湖の保護に関する法案」を採択し，エリツィン大統領が署名した。この法案は，バイカル湖周辺地域を含めて3つの生態系ゾーンに区分し，中心ゾーンでは生態系に危険を与える全ての活動を禁止する，という新しい保護基準を定めたものである。しかしこの法案は3つの生態系ゾーンに分けるという原則に触れただけで，そのゾーンの境界区分については今後政府が決定する，と謳われている。従ってこの法案は具体性がなく予算的裏付けにも欠け，ユネスコに対する極めてデモンストレーション的色彩の強いものであった。

　ユネスコとの約束の中で唯一守られたこの法案の成立も，当然何ら具体的効力を発揮しなかった。それに対してグリンピース・ロシア支部は2000年11月，バイカル湖を「危機の中にある世界遺産」のリストに登録すべくユネスコ本部に書簡を送り，国際世論に広く訴えた。2001年8-9月，ユネスコ本部は現地に視察団を派遣し汚染の実態を調査した。その結果，湖の環境汚染の深刻さは世界遺産に登録された1996年の時点からすでに存在していたこと，バイカル・アザラシの数が8.5-10万頭と見られていたが，6.5万頭に減少していること，過度の漁獲，密猟，過度の木材伐採（年間300万m^3），セレンガ・デルタでのブリヤート共和国政府による天然ガス採掘計画等が報告された。

　その後，この基本法案の具体化のために連邦法案・政府決議が数多く採択されたが，基本となる生態系ゾーンの境界が未だ政府によって確定されないため，それらの実行は見送られてきた。また汚染の元凶と見なされるコンビナートの改築，近代化についてもほとんど進展がみられなかった。

湖の保護に関する種々の法案や，コンビナートの改築・近代化を阻む原因として，一つは企業の利益のみを追求するコンビナート経営者と，彼らを強力に指示し資源開発を押し進めようとする政治家，産業界，国家機関等の勢力が存在し，法案の厳格な遂行をはばんでいること，それに資金不足が挙げられる。コンビナート改築の点でいえば，世界遺産の保護という視点からみて，工場自身で資金調達が出来なければ国家予算で賄うしかない。しかし公務員の賃金さえまともに払えない国家予算に余分の資金があるはずがなく，ロシア政府はようやく最近になって，世界銀行など西側の金融機関と融資について交渉を始めた。2002年8月，コンビナートが循環給水方式へ移行するために，世界銀行から2,500万ドルの融資を受けることで合意したことが公表された[14]。世界銀行は融資の条件として，コンビナートへは金銭ではなくて設備を提供すること，設備の納入は入札制度とすること，入札実施までにコンビナートは，各部門ごとの設備に自己負担で予備的修理を実施すること等を課した。ところがコンビナートは予備修理に多くの時間を費やし，終了したのが2004年5月であった。最初の部門入札が実施されたのは2004年6月のことである。木材準備作業所，乾燥作業所，蒸気消毒作業所，加熱作業所，それにバイカルスク市へ納入する公共浄化装置の建設など全部で6つの部門入札が終了するのは2006年の中頃と見られている。入札が終わると資材納入その後建設工事へと進むが，建設工事だけでも5年はかかると見られ，コンビナートの循環給水方式への移行工事はまだ時間がかかりそうな状況にある。

　一方，湖の汚染問題を危惧する環境保護団体に，さらに頭を悩ませる大きなプロジェクト計画が浮上してきた。いわゆる東シベリアのタイシェトからナホトカ近郊のペレポズナヤ湾までの約4,000 km以上にわたる「太平洋石油パイプライン」の建設計画である[15]。この計画は中国ルートか太平洋ルートかでわが国経済界でも注目されている案件である。建設主体の国営会社「トランスネフチ」によると，この太平洋ルートは湖の北部を通り，流入河川である上アンガラ川を横切り，極東ハバロフスク市近郊でアムール川を横切り太平洋に達するものである。グリンピース・ロシア支部

を始め環境保護諸団体は2004年11月11日，モスクワにある「トランスネフチ」本社にピケをはってこの計画に抗議した。彼らがこの計画に反対し，ロシア検察庁に計画の取り消しを要求している理由は以下の通りである。

　a．プロジェクト立案に際し，基本計画を事前に報告し社会的聴聞を受ける義務を果たさず極秘に計画を進めていること，又登録社会鑑定人に対し資料の提出を拒否していることなどは，「生態系鑑定に関する連邦法案」に違反している点。

　b．永久凍土に沿って，しかも地震多発地帯にパイプラインを敷設するには地理的，地質的，水利的に高度な技術が必要とされ，広大な湖の集水地域を通過するパイプラインが万一決壊するような事故が発生すれば，上アンガラ川を始め多くの集水河川に原油が漏れ出し，バイカル湖そのものへの汚染につながる点。

　c．4,000 km以上にも及ぶ石油パイプラインは多くの禁猟区や自然保護区域を通るため，近隣地域の自然を破壊することはもちろん，特に絶滅の危機にある「極東豹」に脅威を与えることが懸念される点。

　いずれにしても，生物進化の生きた化石ともいえる湖の固有種生物が絶滅の危機にさらされている。世界から非難されないためにも，ロシア政府は湖の保護にもっと真剣に取り組むことが望まれる。

6　東シベリアの自然破壊の現状

　東シベリアといえばバイカル湖の他に，エニセイ川，レナ川，科学アカデミー凍土研究所のあるサハ共和国（旧ヤクート自治共和国）の首都ヤクーツク，さらには世界で最低気温の－71.2度を観測したオイミャコンなどが知られている。湖を含めた南部から北に向かって帯状にタイガ地帯，さらに極地にはツンドラ地帯が広がっている。このタイガ，ツンドラ地帯の大地の下には永久凍土が横たわっており，その面積は全ロシアで10,700,000 km²に及び全国土の63%を占める。分布の形態は3種類に区分され，南部から分散して分布する群島凍土帯，その北には不連続凍土帯，極北では連

続凍土帯が分布する[16]。その厚さは湖南部で最大 25 m, 中・北部で最大 100 m, 極北では 500 m を越える。

　タイガと永久凍土は共生の関係にあるといわれている。東シベリアの年平均降水量は 200-300 mm と非常に少なく, 降雨量だけ考えると植生の育ちにくいステップから砂漠地帯に匹敵する。にもかかわらずタイガという大森林が存在する理由は, 夏に融解する活動層 (最大で 1-2 m) に蓄積された降雨が下方浸透するのを, 下にある永久凍土が防いでくれるからである。もし永久凍土がなければ, わずかばかりの降雨は地下深く浸透し地表は乾燥化するであろう。一方永久凍土はタイガの日陰によって地表を直射日光から防いでもらうため, 常に 0 度以下の温度を保って存在することができる。ところが森林消失などでこのバランスが崩れると, シベリアのタイガ地帯は凍土の融解水による一時的湿地帯からさらには樹木の育たない乾燥地へと変化することになる[17]。

　今この東シベリアの森林消失があまりにも顕著となったため, タイガと永久凍土の共生バランスが崩れつつある深刻な事態を迎えている。

　森林消失の原因は森林伐採と森林火災である。無秩序に伐採された木材は, 日本を始めほとんどが西側諸国に輸出されている。また, 監視の目をくぐり不法伐採も頻繁に起こる。ここ数年来シベリアの森林火災は急激に増え, その焼失規模も莫大である。イルクーツク州における 2003 年の火災発生件数は 3,186 件, 消失面積は 181,000 ヘクタールに及んだ[18]。火災は乾燥した春先の 4 月末から夏にかけてが一番多い。火災の直接の原因は, キャンプや山菜採集愛好者によるたき火の不始末, 枯れ草焼き, タバコの吸い殻の放置, 子供の火遊び, 特殊目的による放火などで, ほとんどが人間の不注意によるものである。まれに放置されたビン類が太陽光線を集めて引火することもある。

　最近森林火災が多くなった原因として, まず第一にここ数年来乾燥した夏が続き, その間以前は降雨が見られたが最近は多少の雨さえほとんど降らなくなってきたことである。第二に今まで森林保護を管理してきた「エコロジー国家委員会」,「連邦林業局」が廃止され, その機能が「自然資源

省」に移管されたが，彼らがその役割を全く果たさないことである。彼らは資源開発には熱心であるが資源保護・管理には全く興味がなく，森林火災の消火に使う予算の確保に強く反対している。消化活動には作業員，ヘリコプター，トラクター，自動車などが必要となるが，連邦予算が不足のため地方はそれらの確保がほとんど出来ない状態である。地方で拠出するわずかばかりの消火活動予算も，その年の消火活動に使われるというよりも，一年前の借金の返済に当てられるだけで精一杯の状況である。従って一度森林火災が起きても，居住地区に接近しなければただ茫然と見守りながら自然消火を待つだけである。この予算不足が火災の被害をさらに拡大させている主原因になっている。この無責任な「自然資源省」を皮肉って，「鶏小屋の警備をするキツネを信じてしまった」とある自然保護者は嘆いている状況である。

　シベリアの森林火災が大規模に発生する様子は，その時期になるとロシアのテレビニュースでしばしば放映される。宇宙衛星からの森林火災の写真が放映されることもあり，その映像を見るとタイガ地帯の至るところから煙りが立ちのぼっている様子が窺える。その数の多さと規模の大きさは，日本人にはとても想像できないほどである。二酸化炭素（CO_2）を吸収し酸素を供給してくれる森林が消失すると，大気中にCO_2の濃度が上昇する。また人類は経済発展に伴い化石燃料といわれる石油，石炭，ガスを益々多く使用する。そのことも大気中にCO_2やメタンを蓄積させる原因となっている。CO_2やメタンが大気中に蓄積されると，大気の温室効果が強まり全地球的温暖化がますます促進されることになる。

　森林消失が進むとタイガ，ツンドラ地帯の下に横たわっている永久凍土にも影響を与える。永久凍土は太陽エネルギーの放射とそれを吸収する地表との温度のバランスの基に，少なくとも2年以上0度以下を保った状態で地下に存在している[19]。ところが，森林伐採，森林火災の跡地は裸地となり太陽エネルギーは遮るものがないため，直接地表を暖めることになる。そうなると温度のバランスがくずれ，地下にある永久凍土は表層から融解し始める。氷は水になると堆積が縮小する性質を持っている。また氷は水

を通さないため融けた水は上昇し，地表は低下して湿地帯が生まれ，さらに水が増大すれば沼地や湖へと変化する。この凹地形の湿地帯を地元の人は「アラス」と呼んでいる。このような湿地帯からは，嫌気性微生物による有機物の分解によってメタンが発生することが明らかにされている。さらに永久凍土が融解し出すと，中に閉じこめられている大量のメタンガスが大気中に放出される危険性も指摘されている。このメタンはCO^2の20倍もの温暖化作用があるといわれており，温暖化をさらに加速させることが懸念される。

　永久凍土の融解は人間の日常生活にも深刻な影響を与える。凍土上の建造物は上から打ち込んだ杭を基礎として建てられているため，凍土が融けると杭を支える力が弱くなり，建物が傾いたりひいては倒壊を招くことになる。特に凍土が地表から融解し，周りが融けた土壌で囲まれた残存物の塊状態の凍土の中へ地表の活動層から塩分の多い水が集まり，種々の大きさのマイナス温度の水晶体（クリオペギ）を形成する[20]。この高塩分の水は凍土内を移動し，かなりの深さのボーリング孔や建造物の支柱まで達し周囲の凍土を急速に融解させ，コンクリート基礎の崩壊や金属の腐食を招く。ロシアには石油の埋蔵地の80%以上，天然ガスの70%，石炭鉱層のかなりの部分が永久凍土帯内に存在する。凍土が融けて湿地帯に変化すれば，これらの資源の探査，掘削，輸送活動が困難となり，人間はただちに経済的窮地に追い込まれる。またシベリアの多くの居住地では，一般家屋の変形，壁のヒビ割れ，窓のゆがみ，さらには崩壊まで起こっている。同様の被害は道路，鉄道，橋，空港の滑走路など公共施設にも拡大している。

　地球温暖化による気候の変化を研究する人々の中には，今後25-30年間にシベリアの永久凍土の面積は10-18%，今世紀半ばまでには15-30%減少し，その境界線は北東へ150-200 km移動する，と予測する意見がある[21]。

　森林消失から永久凍土の融解，さらには地球温暖化が進むとシベリアはどのように変化するであろうか。200〜300 mm程度の降雨を活動層に蓄積し，樹木にとって不可欠な水分供給の役割を果たす永久凍土が消滅すると，そこには融解水による一時的湿地帯が表れる。しかしその水分も表層には

長く集積していることが出来ず，やがては地下深く吸収されるであろう。そしてさらに温暖化が加速すれば，シベリアの大地は乾燥化しやがては砂漠化することが考えられる。まさに今，シベリア・タイガの地上と地下で人間の生命を揺るがすような自然環境の大異変が起こりつつあるのである。人類は世界的規模で知恵をしぼって対策を講じ，この史上初めてのかつ最大の難問を解決していく必要に迫られている。

7　おわりに

　本稿執筆中の2004年12月14日，日本経済新聞にロシア政府が「太平洋石油パイプライン」の太平洋ルートでの建設を翌15日に正式決定する見込み，との記事が掲載された。中国ルートか太平洋ルートかでロシア政府が検討中の時，この構想が日本へ与える経済的影響が大きいとの判断で，日本政府は何度もロシア政府に太平洋ルートへの選択を働きかけた経緯がある。これによりこの構想が本決定する運びとなるわけで，今まさにシベリア鉄道建設以来の大工事が始まろうとしている。約4,400 kmに及ぶ膨大な長さのパイプライン敷設のために，シベリアのタイガが切り倒され，そこに眠る永久凍土が掘り起こされる。いつになっても，自然保護か開発かといった論議が繰り返されるが，ほとんどは開発論議が優先される。先進国のCO^2など温室効果ガスの削減にかんする京都議定書についても，昨年やっとロシアが批准にこぎつけて今年2月に発効することとなったが，肝心のアメリカが拒否しておりこの効果が疑問視される。今ここで適切な対策を講じないと，子供や孫の世代に大きな犠牲を強いることになる。

　今後さらに森林消失，永久凍土の融解，地球温暖化が加速され，シベリアの乾燥化が進んで行くと，タイガで囲まれたバイカル湖は数百年後には広大な砂漠に囲まれているかもしれない，といった仮説をとなえる人もいるが，あくまでも仮説であることを願いたい。

　(1) Григорий И. Галазий, Байкал в вопросах и ответах, Москва, Мысль, 1988 p. 6

本稿執筆にあたり，湖の概観に関する基本的引用・参考資料はこの文献に負うところが多い。よって今後はこの文献を「基本参考文献」と呼ぶ。

(2)(3) 　　基本参考文献　p. 5
(4) 　　　基本参考文献　p. 11
(5) 　　　基本参考文献　p. 29
(6)(7) 　　基本参考文献　p. 28
(8) 　　　基本参考文献　pp. 259, 260
(9) 　　　動植物の種類別については，基本参考文献　p. 136
(10) 　　　森野浩・宮崎信之，『バイカル湖』，東京大学出版会，1994 年
(11) 　　　魚類の分類については，基本参考文献　pp. 160, 161
(12) 　　　湖の汚染の実態と取り組みについての引用・参考資料

http ⟨//www.magicbaikal.ru/ecology.htm,
　　О. М. Кожова：Всточно-Сибирская правда　　　　　　(20/04/1996)
　　Ренфри Кларк　　　　　　　　　　　　　　　　　　(16/01/1999)
http：//baikalwave.eu.org/probl 1.html,
　　Пресс-служба 〈Байкальская Экологическая Волна〉 по материалам Комитета всемирного наследия ЮНЕСКО и Гринпис России　(05.12.2000)
http：//www.baik.com.ru/index.php?page=baikl/articles/baikalkilling
　　Олег Нехаев：Российская газета　　　　　　　　　　(28/09/2002)

(13) 　　　この工場では現在 3,300 人の労働者が働き，自動車のタイヤ，紙，ダンボール紙の生産用セルロースを生産し，その 50 ％を海外へ輸出している
(14) 　　　バイカリスク・セルロース製紙コンビナートの改築に関する引用・参考資料

http：//www.snews.ru/Сибирские новости　　　　　　　20/08/2002
http：//www.bsn..irk.ru/Байкальская служба новостей　　　28/05/2004

(15) 　　　太平洋石油パイプラインの建設計画にかんする引用・参考資料
　　Гринпис России　　　　　　　　　　　　　　　　　11/11/2004
(16) 　　　И.А. Некрасов, «Вечно ли вечная мерзлота?», Москва, Недра, 1991　p.13
(17) 　　　福田正己，『極北シベリア』，岩波新書，1996 年　pp. 8, 35, 49
(18) 　　　シベリアの森林火災にかんする引用・参考資料

http：//www.seu.ru/news.ru/npb.plp? kissue＝38 katcl＝1338& qrecords＝10　　　　　　　　　　　　　　　　　　　　　　　　　19/06/2003
　　Евгений Рихванов
http：//www.baikalwave.eu.org/Oldsitebew/baikalnews 62004.htm
　　　　　　　　　　　　　　　　　　　　　　　　　　　09/06/2004
　　Пресс-служба БЭВ с использованием материалов Лесного клуба

(19) 前傾　福田, p. 2
(20) 前傾　И. А. Некрасов, p. 100
(21) シベリアの永久凍土に関する引用・参考資料
http：//www.neelov.ru/4/2004/07/06/982/　　　　　06/07/2004
Олег Анисимов, Сергей Лавров
【Примечание】
Кроме того при собрании материалов о загрязнении Озера Байкала мне оказанна большая помощь от Автора сайта　http//www.magicbaikal.ru.

参考資料

マルク・セルゲーエフ『バイカル湖の不思議さと問題点』, ノーボスチ通信社, 1989 年

渡邊廣『素顔のバイカル』, にんげん社, 1997 年

4章　宗教にかかわる問題から

〔1〕　東シベリア・極東へのロシア正教会の展開
　　　——宣教による主教区形成と先住民族語への
　　　　教会関連文書の翻訳を中心に——

安　村　仁　志

　1　はじめに
　2　シベリア・極東における主教区形成の流れ
　3　宣教にともなう先住民言語への教会文書の翻訳事業，教育活動
　4　まとめ

1　はじめに

　ロシア人がシベリア，極東，ひいてはアラスカに進出していくのにともなって，正教会もそれらの地域に展開していったが，両者の関係については，いくつかの論点がある。
　まず，順序の問題である。基本的には，拙稿「緒論」でも述べたとおり，概ね，毛皮の獲得を求める商人やその他の「企業家」，それらと結びついた領土拡大を求める政府，一部には野心的探検家などが進出をはかり，そのあとに政府関連の役人，軍人が入り，さらに農民の流入が続き，一定のロシア人住民が定着したところで正教会が入っていくということであった。
　第二に，ロシア正教会の展開は必ずしも独自の宣教方針だけによるものではなく，ロシア政府と密接に結びついていた。ピョートルⅠ以来教会が

ロシア政府の管轄下に入ったこと，元々皇帝が教会の領分にも積極的に関与するというビザンツ帝国以来の東方教会の伝統からすれば当然のことであろうが，皇帝自ら教会のシベリア展開を指示するケースがしばしばみられた。つまり，ロシア政府の側には新たに獲得した土地の非ロシア・非正教系先住民を支配下に入れることの一環として正教信仰を普及させるということがあったということである。教会にとっても国家の後押しがある場合，特に宣教においては活動しやすい面があった。反面，圧力を受けることにもなったが，そうした条件の下で，正教会として純粋にキリスト教的伝道の意図がどのように機能していったかという問題もある。そして，先住民の「ロシア化」の際，政府及び教会の「啓蒙活動」がどのように進められたかも注意すべき点である。正教受容が強制されたかどうか，正教とともにロシアの文化・生活習慣が押し付けられたのかどうか，対象住民がそれらをどのように受け止めたかの問題である。

　第三に，こうした要素を踏まえた上で，展開された正教会の宣教活動についてその詳細を検討するという問題がある。一般的な宣教論において重要となる言語の問題—宣教師が対象となる住民の言語を習得することは勿論，彼らの言語への聖書や教会関連の文書の翻訳，新たな地への宣教を支える組織・体制の整備，宣教理論，宣教に実際に当たった者たちの事跡，宣教の結果などである。教会には「あらゆる国の人々を弟子とし，……バプテスマを授け，……教える」（マタイ28章19—20節），「地の果てにまで宣教する」（「使徒行伝」1章8節）使命があるわけで，その純粋な使命に立って働きを進めた人たちの困難に遭遇しながらの活動と信仰をも十分に見なければならない。

　以下に，まず第三の論点を見ていくことを通して，第一，第二の論点についても検討してみたい。また，東シベリア・極東へのロシア正教の展開に関しては，この文脈において，二人のインノケンチィ——イルクーツクの初代主教インノケンチィ（クリチツキィ）と「アラスカ・アレウト（アリューシャン）の使徒」と称され，後にモスクワ府主教となったインケンチイ（ヴェニアミーノフ）がさまざまの意味でキー・パーソンとなったことを明らかに

していきたい。

さらに，広大な地域に宣教と教会形成が進められていく過程で，主教区の設立がかぎとなるので，主教区に関し，設立，独立，合併，分割，管轄地域の変更等を整理してみたい（巻末の図参照）。

2　シベリア・極東における主教区形成の流れ

シベリアにおける正教会の展開について組織面から流れを見ると，1621年にトボーリスクに「シベリア及びトボーリスク主教区」が創設されたところから始まる。

1667年のモスクワでの教会会議で，トムスクに大主教区，レナ川地域に主教区を開設し，トボーリスク主教区を府主教区に昇格させることが決定されたようであるが，実際に実現したのは三番目のみで，1688年に「シベリア府主教座」（トボーリスク）が設置され，初代府主教にはイオアン（マクシーモヴィチ）が就任した。レナ川流域への主教区設置が方針として出された背景には，1631年レナ川中流にヤクーツクが建設され，東シベリアや北部沿海地方への進出が進み，1639年にはオホーツク海に達するなど領土が急速に拡大したからであろう。

(1)　イルクーツク主教区の設立

東シベリアのレナ川地域への教会の展開は少し遅れることになったが，主教区の設立に関しては，まず1681年にトボーリスクの府主教に4人の副主教をつけることになったことが端緒となった。1681年の教会会議ではシベリアでの宣教の強化が協議され，それに対応する策が講じられたのである。こうして，西シベリアのチュメニ，ヴェルハトゥーリエ，エニセイスクとならんで，ザ・バイカリエ（ダウーリヤ）に副主教が配置されることが認められたのである。次の動きとして重要なのは，1702年にトボーリスク府主教となったフィロフェイ（レシチンスキィ　1702―11）がイルクーツクに「副主教区」を設置した（初代副主教はヴァルラアム）ことである。その後，1721年に皇帝ピョートルⅠ自らイルクーツクに相応の主教を派遣するよ

う命じたが，これには皇帝の東シベリアにおけるロシア統治を強化する狙いがあった。前後の歴史を見ると1674年頃には中国との交易が始まり，1689年には中国との国境を定めるネルチンスク条約が結ばれている。また，1708年にはシベリア街道が開通してシベリアへの移動が簡便となったほか，1728年にはベーリングの探検が行われるなど東シベリア・極東への進出も活発になっていった。ピョートルの勅令を受けて，1727年ついに「イルクーツク主教区」が設置されることとなった。そして初代の主教についたのが，インノケンチィ（クリチツキィ 1727—31）であった。新主教の管轄下におかれたのは，イルクーツク及びネルチンスク（ここから新主教区は正式には「イルクーツク・ネルチンスク主教区」と名づけられた）とその行政区にある郡，ウヂンスク及びセレンギンスクの町と郡，イルクーツクのヴォズネセンスキィ修道院，ポソーリスクのプレオブラジェンスキィ修道院，ネルチンスクのウスペンスキィ修道院（いずれも男子修道院）とイルクーツク・ズナメンスキィ女子修道院であった。この段階では，イルクーツク及びザ・バイカル地域の比較的狭い範囲が管轄地であったことに留意しておきたい。

ここで初代イルクーツク主教となった（聖）インノケンチィ・クリチツキィについて触れておきたい。聖者伝的になるが，1680年或いは1682年チェルニゴフ県の古い貴族の家に生まれ，1695年からキーエフ・コレギウムで学び，1706年卒業，そのあと1708年にキーエフ・ペチェルスキィ修道院で修道士の生活に入り，修道司祭に叙階された。1710年からはモスクワのスラヴ・ギリシア・ラテンアカデミーの教師となり，14年に舎監となった。1719年ペテルブルクのアレクサンドル・ネフスキィ修道院の修道司祭の一員となり，艦船「サンプソン」号の司祭となったあとフィンランド船隊の司祭長となった。その後，1720年アレクサンドル・ネフスキィ修道院の副院長，21年主教（ペレスラフスキィの名）となる。ここまでを見ると，名高いところで学び，教え，聖職者としての歩みをしてきたといえるが，ここから大きな転機を迎える。中国の北京で奉仕することになったのである。1721年4月12人の聖職者を伴って任地に向けて出発，22年の3月に

イルクーツクに着いた。そしてバイカル湖を渡ったところでトロイツェ・セレンギンスキィ修道院で足止めを食らうことになった。すなわち北京在住イエズス会士の横槍の下に中国政府が正教主教の入都を阻んだのである。3年間セレンギンスクの修道院に留まらざるを得なくなったが，資金も不足した。衣服を作ること，繕うことから，イコンを描くこと，修道院の仕事をすることまですべて自ら行わざるを得ない状態になった。こうした「苦難」の中で祈りと日々の勤行に努めるとともに，周辺の異教徒の間に神のことばを教え，多くのブリャート人やその他の民族（主として遊牧生活を送っていた）に洗礼を施した。そして1727年1月15日にセレンギンスクを離れ，新たに設置されることになったイルクーツク主教区の主教となった。中国での奉仕の道が閉ざされてシベリアでの新たな奉仕が始まったのである。教会行政の仕事ともに，まず最初に取り組んだことは広大な主教区を巡回することであった。その当時の地域及び住民の状態はかなりひどいものだったようである。奉仕する聖職者にも読み書きのできないものたちが少なからずおり，住民だけでなく彼らについても霊的なレベルを上げることから始めなければならなかった。聖書の教えを熱心に説くとともに，学校を開設した。世俗権力からの支援はほとんどなかった。その中を柔和と謙遜をもって人々に仕え，何千人にも及ぶ者を改宗・洗礼に導いた。こうした働きで体を弱めたのか，主教としての4年の奉仕の後，1731年11月26日地上の生涯を終えた。聖者伝的エピソードになるが，1764年葬られていた教会の修理に際し，遺体，衣服，棺が不朽のまま発見され，多くの奇跡がおこったという。1804年12月1日列聖（11月26日が記念日）された。

　これをみると，中国への道が閉ざされたあとイルクーツクの地で，新たに設置されるにいたった主教区の行政，霊的指導，宣教のおのおのにおいて基礎固めを行ったということであろう。主教区が誕生したとはいえ，名ばかりのもので，且つその管轄地域は広大なものであり，未熟な教会を整え，聖職者を養成し，先住異教徒たちに対して宣教するという基本的な開拓地での司牧に先鞭をつけたことは，ことば以上に大きな意味を持っていたにちがいない。

その後1790年頃までこの主教区の管轄地域は政府の行政区の区分の変更に伴って何度か変わった[1]。

ここから東シベリア・極東でのロシア正教会の組織化が始まることになるが，広大な地域であり，且つ気候条件の厳しい遠隔地であることから十分に対応が進んだとはいえないように思われる。イルクーツク主教区の歴代主教を，カムチャッカ主教区が生まれるまで挙げる（カッコ内は俗姓）。

インノケンチィ（クリチツキィ）	1727—31年	列聖
インノケンチィⅡ（ニェルノヴィチ）	1732—47年	
一時主教不在期間		
ソフローニィ（クリスタレーフスキィ）	1754—71年	列聖
ミハイル（ミトケーヴィチ）	1772—89年	
ヴェニアミン（バグリャンスキィ）	1789—1814年	
ミハイル（ブルドゥコフ）	1814—30年	
メレーチィ（レオントヴィチ）	1831—35年	
インノケンチィⅢ（アレクサンドロフ）	1835—38年	
ニル（イサコヴィチ）	1838—53年	

イルクーツク主教区は以下のようにロシアの極東，アレウト，アラスカへの進出にともなう領土の拡大とともにきわめて広大な地域を管轄することになった。

1731年——イリムスク，ヤクーツク，バラガンスク，オホーツク，キーレンスクとセレンギンスクの両トロイツキィ修道院，ヤクーツク・スパッスキィ修道院編入

1733年——トボーリスク府主教座に属していたカムチャッカの教会が管轄下に入る（1760年シノードはカムチャッカをイルクーツク主教区の独立区域に分離）。

1796年——アラスカ及びアレウト列島が加わる。

1816年——5月18日付けのシノードの布令により，主教区の呼称が「イルクーツク・ネルチンスク及びヤクーツク主教区」となる。

1861年にはザ・バイカルのブリャート人への宣教のため，イルクーツク

主教区にセレンギンスク副主教区が設立された（1894年「ザ・バイカル主教区」（主教座チタ）となった）。これに伴い，イルクーツク主教は「イルクーツク，ヴェルフニェ・レンスキィ主教」と名乗るようになった。

その後の動きについては，1863年に「キーレンスク副主教区」の設立があり，1870年には後に触れる「ヤクーツク主教区」が独立し，1924年に「ニジニェ・ウヂンスク副主教区」が誕生した（5年間存続）。1926年こうした動きの結果イルクーツク主教は「イルクーツク，ヴェルニェ・レンスク，ザ・バイカル，カムチャッカ主教」となる。20世紀90年代の末には，キーレンスク主教区がイルクーツク主教区に合併され，ニジニェ・ウヂンスク地方はカンスク主教区に移された。1931年1月21日付けシノード布告で，イルクーツクに拠点を置いた「東シベリア府主教管区」にイルクーツク，チタ，スレーチェンスク，キーレンスク，クラスノヤルスク，ヴェルフニェ・ウヂンスク，ヤクーツクの各主教区が管轄されることになった。イルクーツク主教区は1943年から一時ノヴォシビルスク主教座の管轄下に入ったが，1948年「イルクーツク及びチタ主教区」として復活した。変遷には複雑なものがあるが，イルクーツクが東シベリアからカムチャッカ，クリール，アラスカにいたる広大な地域の中心に位置し続けたことは間違いない。

(2) **カムチャッカ主教区の成立**

イルクーツク主教区は宣教の拡大に応じて19世紀になって細分化していき，1840年に独立した「カムチャッカ主教区」が生まれた[2]。これは1824年7月29日にイルクーツク及びネルチンスクの主教ミハイルの祝福を受けてアメリカへの宣教師として派遣されたインノケンチィ・ヴェニアミーノフの働きから始まる宣教活動の結実である。カムチャッカ，アレウト列島，北部アメリカで伝道し，多くの住民を改宗に導き，教会堂を建て，付属の学校を設けて子どもたちに教えるなどに精力的に取り組んだほか，宣教を通して習得した言語に聖書等を翻訳した。1834年8月22日にノヴォ・アルハンゲリスク（シトカ島）へ移った。1838年アレウト諸島への宣教活動の拡大，カムチャッカ主教区の設立問題に結論を見出すため，また聖書等の自ら翻訳したものの出版許可を得るためペテルブルクに赴いた。こうし

て1840年12月15日「カムチャッカ, クリール及びアレウトの主教」となったのである。北東アジア・沿海地域, ウダ地方, オホーツク州, カムチャッカ, ギジギンスキィ地方, ロシア領アメリカの西北岸などを管轄するもので, 露米会社があったシトカ島のノヴォ・アルハンゲリスクに主教座が置かれた。その後1858年になってインノケンチィは主教座をアムール地方及び中国への宣教を視野に入れてブラゴヴェーシチェンスクに移した。これと引き換えるように, 同年かつてのカヂヤク副主教区が復活した。

1870年には「アレウト主教区」が生まれている。これにより主教は「カムチャッカ, クリール及びブラゴヴェーシチェンスク主教」となった。

アレウトへの宣教についてインノケンチィ以前のことにも少し触れておきたい。この地域に最初に宣教がなされたのは, 1794年10月にヴァラアーム修道院(ラドガ湖の北西部のヴァラアーム島にあった12世紀頃からの修道院)から派遣された8人の修道士から成る宣教師団によるものであった。彼らはカヂヤク島に着いて宣教を始めた。このヴァラアーム修道院による宣教の継承者として顕著な働きをしたのは(聖)ゲルマン(1757—1837)である。1778年以来ヴァラアーム修道院で修道生活を送っていたが, 15年ほどして召しを受け, アラスカへの宣教に向かったのである。1793年「カヂヤク・ミッション」と名付けられる宣教団が結成された(長はヴァラアーム修道院の修道士で掌院のイォアサフ)。ゲルマンはヴァラアーム修道院から入ったメンバー五人の一人であった。イォアサフは1799年の嵐の際難破し, 亡くなったが, 生き残った宣教師たちの補充は1804年にアレクサンドル・ネフスキィ修道院から派遣されたゲデオンのみで, 一時期彼が宣教団を指揮した。しかし, ゲデオンは1807年にすべてをゲルマンに託して宣教団を離れた。ここからゲルマンの本格的なアラスカ宣教の統括者しての働きが始まった。彼の宣教師としての方針は, 「私はこの地の人々の最も低いしもべで, 世話役」と自身を位置づけることだった。ゲルマンは後に近くのエローヴィ島に移り, そこを「新ヴァラアーム」と名づけたとされ, 終生この地域で宣教した。聖者伝的なことで言えば, 後にインノケンチィが1842年「オホーツク」号でエローヴィ島に向かった際, 嵐のため湾に入れず窮地に陥っ

た時，ゲルマンの名を上げて祈ったところ嵐はおさまったという。インノケンチィにとって先駆者ゲルマンの存在は大きかったということを物語るものである。

カムチャッカ主教区はその後大きな役割を果たしていくが，はじめに歴代主教を挙げておきたい。

　　インノケンチィ（ヴェニアミーノフ）　　1840—68 年　　　列聖
　　ヴェニアミン（ブラゴヌラーヴォフ）　　1868—73 年
　　パーヴェル（ポポフ）　　　　　　　　　1873—77 年
　　マルチニアン（ムラトフスキィ）　　　　1877—85 年
　　グーリィ（ブルタソフスキィ）　　　　　1885—92 年
　　マカーリィ（ダールスキィ）　　　　　　1892—97 年
　　エフセーニィ（ニコリスキィ）　　　　　1898—99 年 1 月 1 日

1899 年 1 月 1 日にカムチャッカ主教区は区切りを迎え，「ブラゴヴェーシチェンスク主教区」と「ウラヂヴォストーク主教区」に分けられる[3]。初代のウラヂヴォストーク主教にはエフセーニィ（ニコーリスキィ　前カムチャッカ・クリール・ブラゴヴェーシチェンスク主教）がたてられた[4]。インノケンチィは既に 1858 年主教座をアムール地域と中国への宣教を視野にブラゴヴェーシチェンスクに移していたが，さらに沿海地方が重視されたためである。そのウラヂヴォストーク主教区はカムチャッカをも管轄していた（このため正式には「ウラヂヴォストーク・カムチャッカ主教区」といった）ことから，1912 年「ニコロ・ウスリースク副主教区」が開設された。1916 年ウラヂヴォストーク主教は「プリモーリエ（沿海地方）及びウラヂヴォストーク主教」と名乗るようになる。この年の 10 月 16 日には「カムチャッカ及びペトロパヴロフスク（カムチャツキィ）主教」に掌院ネストルが叙聖された。さらに 1928 年になって「オホーツク副主教区」が生まれたが，32 年には閉じられた。このようにめまぐるしい動きを見せるのはソヴェート政権の誕生と関係があり，政変を受けての正教会の動きとシベリア・極東へのソヴェート政権の圧力が顕著になることとの絡みにおいてである。ちなみに教会閉鎖キャンペーンが東シベリア・極東で顕在化するのは 1937 年

ころからといわれ，42年までシベリアに一人の主教もいなくなる状態となった。

(3) ヤクーツク主教区の成立

　ヤクーツクは1632年に建設され，1641年に最初の教会，1663年にはスパッスキィ修道院が建設されている。この頃にはヤクート人から最初の受洗者が出たとされ，さらに言い伝えによると，それは開拓者セミョーン・チェジニョーフ[5]の妻となったものだとされている。1714年ピョートルⅠが直接トボーリスクの府主教フェオードルに，「オグリ及びオスチャークの地，彼らの住む郡のすべて，またタタール人，トゥングース人，ヤクート人の地にも行きて，彼らの奉ずる偶像，不潰なものを見つけたるところではそれらを焼き，異教徒はみなキリスト教信仰に導け」との指示を与えた。この指示はロシアの進出が先住民のキリスト教化と結び付けて考えられている典型的なものといえようが，1719年6月31日付けの布告では改められ，タタール人やその他の異教徒を彼らの意思に反して改宗させることはしないよう指示されている。一方で改宗した異民族には物品の供与，ヤサークの免除などの優遇策がとられている[6]。いずれにせよ，ピョートルⅠの時代から東シベリアでのロシアの動きがさらに活発化したものの，ヤクーチヤの地は教会組織の面では1731年までは形式的にはトボーリスク主教区の管轄下にあった。先に見たように1727年にイルクーツク主教区が生まれたのでその年からその管轄下に入った（この頃ヤクーチヤには16の教会があった）。ヤクーチヤはその後1852年頃イルクーツク主教区からカムチャッカ主教区に移された。この頃教会数は33になってはいたが，広大な地域に比して聖職者が不足し，信徒から苦情も出るようになっていたようである。

　ヤクーチヤでの教会活動が実質的に活発化するのは，インノケンチィ（ヴェニアミーノフ）が居住地をヤクーツクに移した時からである。彼は，ヤクーツクにチュコト，カムチャッカ，アレウト諸島，アラスカを含む広大な地域を管轄する拠点をすえた。1852年シトカ（1799年バラノフが町を建設し，皮革交易の中心として栄え，露米会社の拠点が置かれていた）から神学校を

ヤクーツクに移し，1853 年自らヤクーツク副主教（カムチャッカ主教区の副主教区）として後の主教区成立の礎になった。1855 年にヤクート語への聖書・教会文書の翻訳委員会を設置し，その補佐役のヂオニーシィ・ヒートロフを 1870 年に初代ヤクーツク主教に立てた。ヤクーツク副主教はインノケンチィ（1853―60），パーヴェル（1860―65　その後 70 年までノヴォ・アルハンゲリスク副主教，70 年からはエニセイスク主教となった），ピョートル（1866―67），ヂオニーシィ（ヒートロフ　1867―70）がつとめた。最後のヂオニーシィについては重要な働きをした人物であり，後に詳細に触れる。これらを経て，1870 年に「ヤクーツク及びヴィリュイスク主教区」が誕生する。ここでも歴代の主教を挙げておく[7]。

ヂオニーシィ（ヒートロフ）	1870―83 年
イアーコフ（ドムスキィ）	1884―89 年
メレーチィ（ヤキーモフ）	1889―96 年
ニコーヂム（プレオブラジェンスキィ）	1896―98 年
ニカノール（ナヂェージチン）	1898―1905 年
マカーリィ（パヴロフ）	1905―09 年
インノケンチィ（プスティンスキィ）	1909―12 年
メレーチィ	1912―15 年
エフィーミィ	1915―20 年
ソフローニィ	1920―22 年

1922 年にはソヴェート政権により廃止されたが，1993 年に「ヤクーツク及びヴィリュイスク主教区」として復活し，今日にいたっている。現在は「ヤクーツク・レナ主教区」と改称し，大主教をゲルマン（モラーリン）がつとめている[8]。

(4) ザ・バイカル，アムールへの展開

インノケンチィは「アムール問題」の解決にも大いに関与したといわれる。東シベリア総督ムラヴィヨフ・アムールスキィとともに 1858 年中国との国境問題について中国大使と協議するためウスチ・ゼイスカヤのコサック村に行き，ここに「生神女福音」を記念する教会堂を建てた。その数日

後アイグンで条約が結ばれ，アムール地方全域がロシア領になった。彼はブラゴヴェーシチェンスク（生神女福音）を新たな宣教の拠点としてカムチャッカ主教区の中心に据えるや，ヤクーツクからここに移り住み，主教座教会の建設などに直接参加した。

　ザ・バイカル地方への宣教はどのように進んだか。17世紀の半ばにロシア人がこの地に入って以来，教会行政の上ではトボーリスク主教区に管轄された。1664年にはザ・バイカルで最初の修道院となったネルチンスク・ウスペンスキィ修道院が設立されている。1681年フョードル・ミハイロヴィチ帝の勅令と総主教ヨアキムの祝福を受けてザ・バイカル及びダウーリヤへの最初の宣教団が派遣された（ダウーリヤ・ミッション）。これはタンボフ県のスレーチェンスキィ修道院管長のチェムニコフ・フェオドーシィを筆頭に各地の修道院から集められた12人の修道士から成り，同年セレンギンスクにスヴャト・トロイツキィ男子修道院とバイカル湖のポソーリスキィ岬の地にニコラエフスキィ隠修修道院が設立された。1684年トゥングースの汗ガンチムルが家族ぐるみで正教に改宗している。18世紀に入ってイルクーツクに副主教区，主教区が設立され，ザ・バイカルにおける組織は整備されていった。最初のイルクーツク主教インノケンチイ（クリチツキィ）は先にも見たように主教に就く前ブリャート人の間で布教活動を行っていたが，第二代主教インノケンチィⅡ（ニェルノヴィチ）も既にシベリア先住民の言語での伝道を視野に入れていた。

　しかし，その後ブリャーチヤでの宣教は，以下の理由により停滞した。ロシア内部の事情として，ドイツの影響を強く受けたとされるアンナ女帝（位1730―40）のもとで正教会の宣教が全体的に停滞したこと，第一次ミッションのメンバーとしてインノケンチィ（クリチツキィ）の宣教の働きに協力し受け継いできた掌院ミサイルが1742年に亡くなったこと，初期の熱心な宣教師たちが相次いで亡くなったこと，修道院がヴォッチナ（土地）を奪われたこと，古儀式派の流入の影響があったこと（モギレフ県，チェルニゴフ県信徒がザ・バイカルへ移された），28年に中国との間で結ばれたキャフタ条約によりロシアは正教会の北京での活動の保証を得る一方，モンゴル及

びチベットのラマ教徒のザ・バイカルでの宣教活動を許可することになり，ラマ教(仏教)の影響が及んだこと，1734年からは中国との関係の複雑化を嫌ってロシア政府が正教会のザ・バイカルでの宣教活動を一時禁止したこと，エカチェリーナⅡ，パーヴェルⅠ，アレクサンドルⅠが仏教の積極的な布教活動を許可したことなどである。1805年にはネルチンスクに下級神学校（духовное училище）が設立され，ザ・バイカルで働く聖職者，教会奉仕者を養成できるようになった。ちなみに中等神学校（семинария）はイルクーツクに1780年に設立されている。特記すべきことに，1818年イギリスの宣教団がこの地に入ってきたことがある。ロンドンから豊富な資金を持った宣教師が来たり，積極的に活動したが，文化啓蒙活動的な要素が強かったようで宣教の成果はそれほど上がらなかったといわれている（1820年から41年の間にブリャート人に洗礼を施すことができたのは3人とされている）。1820年にはモンゴルとの国境近くのタイガの中に隠者ヴァシーリィ・ナヂェージンによりスキートが設けられ，1831年洗礼者ヨハネ修道院（共住男子修道院）に発展した。宣教を強化するため1862年にはイルクーツク主教区のもとに「セレンギンスク副主教区」が設置され，これを機にザ・バイカルでの宣教団は独自の組織と国庫よりの資金をもつことになった。初代副主教ヴェニアミン（ブラゴヌラーボフ　1862—68）は1868年までザ・バイカルでの宣教団を統括した[9]。この第二次ザバイカル・ミッションは11人の宣教師，4人の教区司祭から成り立っていた。この宣教団の働きにおいて12の宣教拠点が生まれた。ヴェニアミンが1864年に書き送った報告書から当時の宣教の状況を明らかにしてみたい[10]。彼は報告を二つの目的においてまとめている。第一は，1865年までの期間におけるザ・バイカルでの異教徒への宣教の成果を知らしめることであり，第二は1864年度に寄せられた寄付金の使途の報告である。そのためにまずどれだけの宣教拠点が出来上がったか，出来る予定かを示し，ミッションのメンバーの異動を知らせている。報告については以下のようであった。

1　第一の拠点はポソーリスクの修道院である。ポソーリスクはバイカル湖の南東岸にあり，1862年来学校が設けられていた。異教徒の子供

たちの教育のためであったが，優秀なものには宣教の働きにたずさわらせるための養成所でもあった。また，図書館が設けられており，約1,000冊の蔵書があった。特にモンゴル語，仏教の研究用のものが収集されていた。同時にラマ教やシャーマンの迷信で用いられる偶像などのコレクションもあり，博物館的要素も兼ね備えていた。イコン工房もあった。まさに，ミッションにとって最も重要な機能を備えたところであった。1862年からここに3つの礼拝堂が立ったとの報告もなされている。ポソーリスク，セレンガ川地域，キャフタの三箇所である。

2　第二の拠点は，セレンギンスクのトロイツキィ修道院である。ここはザ・バイカルでは最も古い修道院で，1681年モスクワからの伝道師が住み着いたところである。

3　第三の修道院は，モンゴルとの国境にあるチコイ川沿いのプレドチェチェンスキィ修道院で1830年代に建てられた。建てられた背景には，18世紀にポーランドから移住してきた"ラスコーリニキ（分離派）"に対する働きがあった。また，チュコイに住むブリャート人への宣教のためでもあった。

4　第四の拠点は，セレンギンスクのスチェップナヤ・ドゥーマである。これは1862年に建てられた礼拝堂がもとで64年に，この地で二年間ムンガル人に伝道したインノケンチィを記念するものであった。二人の宣教師と通訳が在住。

5　ケラパ川河口の宣教教会。キャフタの商人が建てたもので，ここの司祭は教区民（彼らから司祭は俸給を受けていた）と異教徒の両方を担った。

6　セレンギンスクのブリャートのために1858年以来特別の宣教師がいた。

7　ホラ川のスチェップナヤ・ドゥーマに1860年からある宣教教会には，1861年一人宣教師がつけられた（一人の奉仕者を伴って）。宣教師は1864年末に教区の仕事から解放され，この地に宣教のため三軒の家（二軒は寄付により，一軒は購入）が建てられた。

8 アギンスコエのスチェプナヤ・ドゥーマには宣教団の拠点が設立される前の 1859 年に教会が建てられていた。1862 年に宣教師が配置された。

9 同じドゥーマに 1864 年からもうひとつの拠点の建設が開始された。また宣教司祭のための館が建ち，教会建設も始められた。これにはシノードから 4,500 ルーブリが支出された。

10 準備が整った拠点がオロチョン族の居住地のバルグジン郡にある。1864 年 9 月に宣教用の教会の成聖式が行われた。（ここでは金採掘人の協力の模様が報告されている）

11 ヤブノロイ山脈のイルゲニ湖のかつての砦の地に 1862 年教会が建ち，宣教師の館もあるものの，まだ宣教師が住むにはいたっていない。

12 現在準備中の拠点はがザ・バイカルの一方の端，キャフタの西にある。1864 年来教会の建設が始められている。

13 バルグジンのステップに拠点が設立されつつある。1864 年バルグジンの住民とこの地の金山に働くものの寄付により家が一軒購入された。教会にするための資金を調達中。

14 ネルチンスク郡に準備中の拠点がある。地元のコサックにより教会が建てられている。

15 さらに二つの拠点が構想されている。ペトロフスキィ・ザヴォードから西 50 キロほどの地と，ネルチンスク郡のステップ。前者については土地も割り当て済みで，後者は場所の選定は終わっているが，教会の建設については時期を待っている。

1879 年アレクサンドルⅡの勅令により，副主教座はポソーリスク修道院からチタへ移された。

1886 年になるとこの地域初の女子修道院の前身となる共同体がチタに生まれ，1893 年正式に女子修道院となった。革命後のことについても少し触れると，1920 年時の主教メレーチィ（ザボロフスキィ）はチタを追われたが，ハルビンに移ってザ・バイカル主教区を牧した。1922 年ハルビンでザ・バイカル主教区の副主教でセレンギンスク主教にセルギィ・スタルコフが

叙聖された。こうして主教区はハルビンに亡命する形となったが，1930年にはザ・バイカル主教区は閉鎖された。1948年になってイルクーツク主教区が復興（イルクーツク・チタ主教区）した。ソヴェート連邦崩壊後の1994年「ザ・バイカル主教区」が復活した（初代主教にはパッラディが就いた。2000年2月からは「チタ及びザ・バイカルの主教」の呼称でエフスターフィ）。

(5) **サハリン・クリール諸島での展開**

最初の伝道者は開拓者自身であった。勿論聖職者ではないが，進出して土地の住民や生活に親しんでいった彼らは自分の正教徒としての立場で伝えたのである。その代表的人物に，クリール諸島を調査したイヴァン・ペトローヴィチ・コズィレフスキィがいる。彼については，ベーリングの探検隊に加わったミルレル（ミュラー）が1762年に以下のような内容の記述を残している。この地の住民にはいかなる信仰もなかった。しかし，皇帝陛下の命により20年でロシアの教会，学校が建ち，希望となった。住民も時とともに迷える状態から引き出されるであろう。ヴォロデーミル・アトラーソフの第一次探検の際はまだ修練士で，以来この地で20年ほど暮らしてきた修道士イグナーチィ・コズィレフスキィがこのこと（探検調査のこと）でも大きな助けをなした。また，貧民，無産者，老人，病人，負傷者，その他職のない者たちからの多くの求めに応え，カムチャッカ川沿いの空き地に自身の資金で教会と修道院を建てた，と。

クリール諸島北部では，住民のアイヌが特にカムチャッカからのロシア人「企業家」たち，コサックと接触し，正教を受容すると姓名をロシア風に変えたり，ロシア語を学ぶなどロシアから見れば極めて友好的であったようである。1747年頃にはシュムシュ，パラムシル島出身で洗礼を受けたものが200人以上あったとの記録がある。こうした核ができたことからロシア人の司祭の派遣が始まっていった。10年後には最初の教会堂が建ったとされる。教会には学校が付設され，少なくとも15人のアイヌの子供が学んだとの報告があり，しばらくするとその中から教師になるものも現れた。その最初の人物はプリチンという名のアイヌだったと伝えられている。

この地域での正教会最初の本格的宣教者はインノケンチィ・ヴェニア

ミーノフであった。ごく簡単にその生涯をたどってみると，1797年8月26日，イルクーツク県アンギンスコエ村で堂役者の家庭に生まれ，9歳頃からイルクーツクの神学校で学び，1814年大主教ヴェニアミン（ルモフスキィ・クラスノペフコフ）にちなんで新しい姓ヴェニアミーノフを受けた（旧姓はポポフ）。1817年5月13日，神学校生徒にして輔祭に叙聖された。1817年神学校を卒業して教区の学校の教師となり，1818年5月18日司祭に叙聖された。1823年アレウトのウナラシュカ島派遣の募集を受け，大きな決断をもって立ち上がり，妻子を伴って渡っていった（1824年7月29日　イルクーツク及びネルチンスクの主教ミハイルの祝福を受けて出発）。以後，カムチャッカ，アレウト列島，北部アメリカで伝道し，何千人もに洗礼を施すとともに，教会堂を建て，付属の学校を設けて子どもたちに教えた。宣教して回ることを通して言語を習得し，また先住民の生活・気質を知った。こうしたことをもとに，いくつかの言語に聖書を翻訳したほか，地理学，民族学，言語学にも精通し，学問の領域でも後代に大きな資料を残したとされる。1834年8月22日ノヴォ・アルハンゲリスク（露米会社のあったシトカ島）へ移った。1838年にはペテルブルクに向かい，アレウト諸島への宣教活動の拡大，カムチャッカ主教区の設立問題を解決するため，また聖書等の自ら翻訳したものの出版許可を得るため訴えた。1839年12月25日長司祭に叙せられたあと，翌1840年11月29日妻の死後修道士となり，11月30日掌院，12月15日カムチャッカ，クリール及びアレウトの初代主教に叙聖された。1850年4月21日には大主教に昇格している。

　関連でこのインノケンチィと作家ゴンチャローフとの出会いについて触れておきたい。ゴンチャローフは1853年にプチャーチン一行と長崎を訪れたが，54年には単独でシベリア経由でロシアに戻った。その際，ヤクーツクでインノケンチィに面会したのである。注目すべきは，この頃ゴンチャローフはインノケンチィの『ウナラシュカ支庁の島々に関する手記』（1840）を始め『ロシア領アメリカの正教会の状況について』（1840），『アレウト・リーシィ語文法の試み』（1846）などを読んで高く評価していたことである。さらにはインノケンチィが宣教師に宛てた指南書も読んでいたとされる。

1621 シベリア・トボーリスク主教区──1688 シベリア府主教────────────
1727 イルクーツク主教区──────────────────────────────────（現）1994 イルクーツク・アンガラ主教区
　　　　　　　　　　　　　　　1943 イルクーツク・ヴェルホーレンスク主教区　1948 イルクーツク・チタ主教区（─94）
　　1840 カムチャッカ主教区（インノケンチィ・ヴェニアミーノフ初代主教）────────────（現）ペトロパヴロフスク・カムチャッカ主教区
　　　　1898 カムチャッカ主教区分割
　　　　　　　ブラゴヴェシチェンスク主教区──────────────────（現）ブラゴヴェシチェンスク・ティンダ主教区
　　　　　　　ウラヂヴォストーク主教区─────────────────────（現）ウラヂヴォストーク・プリモーリエ主教区
　　　　　　　1912 ニコロ・ウスリースク副主教区
　　　　　　　1916 ペトロパヴロフスク副主教区
　　　　　　　1928 オホーツク副主教区────1932
　　　　　　（カムチャッカ主教に属していたサハリン）──────────────（現）1993 ユジノサハリンスク・クリール主教区
　　1870 ヤクーツク主教区（1853 インノケンチィ・ヴェニアミーノフ副主教）────────（現）ヤクーツク・レナ主教区
　　　　　　　　1926 コルィマー副主教区────1928
　　　　　　　1925 ハバロフスク主教区────────────────────────ハバロフスク主教区
　　1861 セレンギンスク副主教区（イルクーツク主教区のもと）────1894 ザバイカル主教区──────（現）チタ・ザバイカル主教区
　　1883 キーレンスク副主教区（イルクーツク主教区のもと）──────────1928
　　　　　　1924 ニジネウヂンスク副主教区（イルクーツク主教区のもと）────1929・・・・・・・1990 年代末カンスク主教区に移る
　　　　　1931 東シベリア府主教区
　　　　　　　　イルクーツク，チタ，スレーチェンスク，キーレンスク，クラスノヤルスク，
　　　　　　　　ヴェルフネウヂンスク，ヤクーツクの各主教区管轄
　　1991 マガダン主教区
　　　　　　　　　　　　　　　　　　　　　　　　　　　　　　　　　　　　　　アナーディリ・チュコト主教区
　　ビロビジャン主教区

3 宣教にともなう先住民言語への教会文書の翻訳事業，教育活動

(1) ヤクート語への翻訳事業

1812年イルクーツクで祈祷書，信経，十戒など信仰の基本書がヤクート語に翻訳された。1819年イルクーツク県の印刷局で，ヤクート語に翻訳された Сокращенный катехизис для обучения юношества православному（「若者向け正教学習用教理問答抄」）が印刷されてヤクーツクに届けられ，各教区に配布されている。1821年には，同じくイルクーツクで上記教理問答書が新たにヤクート語—ロシア語の対訳テキストで出版され，ロシア語の読み書きを学びたいヤクート人には全員に届けられた。

こうしてヤクート語への教会文書の翻訳が始められ，同時にそれらを通じてヤクート人のロシア語習得もはかられたことと関連して課題となったことは，ヤクート語のアルファベットの考案であった。この分野で先鞭をつけたのは，オリョークミンスクのスパッスカヤ教会の司祭ゲオールギィ・ヤーコヴレヴィチである。彼の考案したアルファベットは必ずしも完全なものではなかったとされるが，異教徒住民にキリスト教及びそれに結びついた文化を伝える点で大きな意味を持った。なお，上記『教理問答書抄』は約200年後に『簡略ロシア語・ヤクート語教理問答書』が出るまで長く使用された。

1855年に重要な事業が始まった。この年ヤクーツクに「聖書・奉神礼書のヤクート語翻訳委員会」が設置されたのである。これはインノケンチイ・ヴェニアミーノフ（当時ヤクーツク副主教）の働きかけによりシノード（宗務院）が設立を決定したものである。この委員会の議長にはヂオニーシィ・ヒートロフが就いた。この頃にはロシア人聖職者の間にヤクート語に通じているものがかなりいて委員会に加わっていたが，中でも大きな働きをしたのがヂオニーシィ，エフセーニィ・プロトポポフ，ヂミトリアン・ポポフであった。

実際の働きの一端を見るためにヂミトリアン・ポポフについて詳細に見る。彼は 1827 年聖職者の家庭に生まれたとされる[12]。イルクーツクの神学校を終了後ヤクーツクで教会付属学校 духовное училище の教師となった。ギリシア語，ロシア語の読み書きと教理問答を教えた。その後 1849 年に学監となったが，この頃にヂミートリィ・ヒートロフと知り合い，宣教の働きに献身することを決意した。1850 年職を退き，イルクーツクで大主教ニル（1799—1874）により司祭となる叙聖を受けた。そしてウィティク・キュエリのプレオブラジェンスキィ教会に赴任した。1851 年ボトゥルスキィというウルス（ヤクーチヤの行政単位）へ移り，そこで生涯をすごすことになった。彼はそこからヤクーチヤの全ウルスを頻繁に巡回し，境界，礼拝堂の状態を調査し，奉神礼が正しく行われているかに気を配った。1874 年には長司祭になっている。一方，1855 年からは上記の翻訳委員会のメンバーとなり，大きな働きをした。1896 年（4 月 29 日）に亡くなった。翻訳委員会メンバーとしてヤクート語に翻訳したもので生前出版されたものは，"Проповедник（собрание проповедей на якутском языке）（『説教者』ヤクート語による説教集）"，"Беседа пастыря с паствым（牧者と信徒との対話）"，"Книга премудрости Иисуса, сына Сирахова（シラの子イエスの知恵の書="シラの子イエス"とは旧約外典『シラ書』の著者名で，"ベン・シラ"ともいう）"，"Беседа о пользе грамотности（読み書きの利）"である。前三点が教会関連の文書で，最後のものはヤクート人が読み書きができるようになることの効用に関するものである。没後妻はその他の残された著作・翻訳の出版をも願い出たようであるが，単独の形では出版されなかった。ヂミトリアンがヤクーチヤの地で 45 年にわたって奉仕したことにおいて特筆しなければならないことは，ヤクーチヤの子どもたちへの教育である。司祭としての務めをしながら自ら創設した教会付属学校で子どもたちを教えたものであるが，その教育水準はそれなりに高いものであったとされる。彼のもとで学んだ者たちはその後ヤクーツクの学校に進み，学を重ねた。一方，彼自身ヤクート語を自由に操れたが，言語に対する強い関心からヤクート語の辞書の編纂を願い，資料を収集していった。晩年の 1883 年に政治犯の流刑者で，当時辞書の編

1909年から11年にかけて日本ハリストス正教会への宣教師セールギィが三度サハリンを訪れている。そして1911年シノードはセールギィの要請を受けて樺太に教区開設を認め，島の南部に残っていたロシア人，改宗した日本人移住者，土着民の正教徒が所属することになった。

こうして，東シベリア・極東での主教区の成立過程を追ってみるとインノケンチィ・ヴェニアミーノフが節目節目で大きな働きをしたことが判明する。インノケンチィを中心にすえて整理してみると，イルクーツクからアレウトへの宣教に向かい，その結果としてカムチャツカ主教区を設立させ(1840年)，その後ヤクーチヤとアムールでの宣教活動を主導した。ヤクーチヤでは独立主教区を設立し，アムールではブラゴヴェーシチェンスクをカムチャッカ主教区の拠点に据えたのである。こうして宣教活動を大規模に動かしただけでなく，それぞれの宣教に必要な先住民の言語への教会文書の翻訳についても指導的役割を果たしたのであった。

(6) 補足―ソヴェート政権成立の影響と今日の状況

ソヴェート政権下でシベリア・極東地域での正教会も弾圧されたが，先に触れたように1937年から42年にかけては全主教区が停止状態に陥った。43年頃から少しずつ復活の動きが見られ，46年になってオムスク，ウラヂヴォストーク及びハバロフスク，ノヴォシビールスク及びバルナウルの各主教区が復活した。47年にはセミパラチンスク，エニセイスク及びクラスノヤルスク主教区も復活，48年からはイルクーツク主教区が活動を再開した（ウラヂヴォストーク及びハバロフスク主教区はここに入った）。結局第二次大戦後に確定したシベリアの三つの主教区体制はペレストロイカ期の1987年まで続いた。そこからは新たな動きが見られ，今日では，東シベリア・極東地域に，アナーディリ主教区，ビロビジャン主教区，ブラゴヴェーシチェンスク主教区，ウラヂヴォストーク主教区，イルクーツク及びアンガラ主教区，マガダン主教区，ペトロパヴロフスク主教区，ハバロフスク及びプリモーリエ主教区，チタ及びザ・バイカル主教区，ユジノ・サハリンスク及びクリール主教区，ヤクーツク及びレナ主教区と細分されて存在している。

コンチャローフは福音書の翻訳現場にも立ち会っている。そして自著『フリゲート艦パラーダ号』に印象を綴っている。さらに50年代のゴンチャローフは正教に対してそれほど傾倒していなかったようであるが，インノケンチィに会ってから60年代に入って正教に深く傾斜していったと，「シベリアの使徒聖インノケンチィと作家イヴァン・ゴンチャローフ」という記事の筆者メーリニクは推測している[11]。又，サンクト・ペテルブルクのスヴャト・パンテレイモン教会の長司祭の1912年11月11日付けの手紙の一節に，この教会教区に30年にわたってゴンチャローフは居住し，特に晩年の20年は正教徒として敬虔な教会生活をおくっていたとあることから，ある程度の裏づけはあると，メーリニクは述べている。記事の掲載が正教会系の雑誌で，そのまま鵜呑みにすることは控えたいが，ゴンチャローフがインノケンチィから一定の強い影響を受けたらしいことは事実であろう。

　サハリンはこのカムチャッカ主教区に属していた。サハリンで特記すべきことは，1855年に下田で結ばれた日露和親条約により，同島での日露の境界線は定めないことになり，いわば共同統治の形となったことである。

　この頃に最初の礼拝堂の建設がなされた。また，1861年6月17日島に接近した汽船「アメリカ号」に日本に宣教に向かうニコライが乗っていることが判明し，急遽上陸して哨所の成聖とパニヒダ（法事）を行うよう要請されている。1870年頃にはサハリンに20ほどのロシア人居住地ができていた。その住民に対する教会としてのケアも必要となり，いくつかの教会が建てられた。その後この島には徒刑囚の監獄が生まれた。1880年代の末には5の教区教会にそれぞれ一名の司祭が配置され（アレクサンドロフスク，ドゥエ，コルサコフ，ルィコフスコエ，マロ・ティモヴォ），90年代の初めには，サハリンの行政上の中心アレクサンドロフスク哨所に聖堂が建った。19世紀の末のサハリンの教会は「カムチャッカ，アレウト及びアレウト主教」のもとに管轄されており，1899年の段階では少なくとも教会数10，礼拝堂6となっていた。日露戦争後のポーツマス条約で島の南部（北緯50度以南）が日本領となり，その地域の教会は日本正教会の管轄下に入った。事実

纂に取り掛かっていたペカールスキィと知り合い，自ら準備していた辞書と収集してあった語彙録を彼に提供した。デミトリアンは終生ペカールスキィの辞書"Словарь якутского языка"をより完全なものにするため資料・助言の提供を続けた(13)。実質的に共同編纂者であったと言えよう。また，ヤクート人の言語，生活，精神文化に精通していたことから，1894年のシビリャコフスキィの探検に参与し，貢献したことを受けて，「帝立ロシア地理協会東シベリア支部」会員に選ばれている。デミトリアンの生涯はヤクーチヤの地に根を下ろした地道で，且つ住民に心を配ったものであったことが，伝記的紹介文などを読めば伝わってくる。正教の教えを伝えるとともに住民の教育に情熱を注いだが，ロシア文化を押し付けるといったものではなかったことがうかがえる。主教といった高位聖職者の場合は移動が伴うので，デミトリアンのようないわば土着の聖職者たちの働きは重要な意味を持つことを彼の生涯は物語っているといえよう。また，地道な活動の中から蓄積された生の言語資料などが後の学問の発展に生かされたことも見逃すことはできない。

翻訳されたものはインケンチィの指揮のもとにチェックされ，訳として確定したものはデミートリィ・ヒートロフがペテルブルク，モスクワに持参し，出版の意義を訴えた。認可を受けて1858年に出版されたものは以下の通りである。

"Краткая грамматика якутского языка, составленная протоиереем Д. Хитровым"（長司祭ヒートリィ編『簡略ヤクート語文法』）

"Часослов Златоуста с каноником"（祈祷書付金口（イオアン）時課経）

"Литургия Иоанна Златоуста с каноником"（金口イオアンの聖体礼儀　祈祷書付）

"Божественная Литургия святого Иоанна Златоуста с требником на якутском языке"（ヤクート語　聖事経付金口イオアン聖体礼儀）

"Якутско-русский словарь"（ヤクート・ロシア語辞典）

"Указание пути в Царствие Небесное на якутском языке"（ヤクート語版　"天国への道"　みちしるべ）

"Назидательная беседа Иннокентия с другими поучениями"（インノケンチィの訓話とその他の教え）

"Священное Евангелие на якутском языке"（ヤクート語『福音経』）

"Книга Бытия на якутском языке"（ヤクート語『創世記』）

"Канонник на якутском языке"（ヤクート語祈祷書）

"Апостол на якутском языке"（ヤクート語『使徒経』）

『ヤクート語文法』はデミートリィ・ヒートロフによるもので，以後神学校ではこれを用いてヤクート語の教授が行われた。

　このあと委員会の活動は一時衰え，出版数も減ったが，1883年以降再び多くの翻訳が出版されるようになった[14]。その後1889年にヤクーツク主教区宣教委員会に「ヤクーツク翻訳委員会（コミッシヤ）」が設置された。これは長司祭3名，司祭2名，神学校教師，輔祭各1名で構成され，それまでになされた全翻訳の収集，目録の作成，それらのチェック，宗教道徳の著作の出版が任務とされた[15]。ここでもデミトリアン・ポポフの貢献が大きかったとされている。

　ヤクーチヤでの宣教と教会文書の翻訳事業において大きな働きをしたデミートリィ・ヒートロフ（1818—1896）についてもその働きを見ておかねばならない。彼はヤクーツクがカムチャッカ主教区の「副主教区」であった時代の最後の副主教（1867—70），且つ独立して誕生した「ヤクーツク及びヴィリュイスク主教区」の初代主教（1870—83）を務めた人物である。かなり長い期間ヤクーチヤの教会行政で中核となったことからも重要な存在である。1818年リャザン県に生まれ，カザンの神学校卒業後1844年に宣教のためイルクーツクに派遣され，インノケンチィ（ヴェニアミーノフ）に出会った。インノケンチィから司祭への叙聖を受け，ヤクーツクのスパソ・プレオブラジェンスカヤ教会に遣わされ，以来43年間ヤクーチヤに滞在した。ロシアからシベリアに移り，そのままこの地に留まり「ヤクーチヤの人」となって宣教に従事したということである。インノケンチィから教会関連の書をヤクート語に翻訳する働きに携わるよう勧めを受け，先に触れた1855年設立の「翻訳委員会」の議長となった。宣教師，牧会者としての働

きも顕著なもので，以下の自身のことばからその一端をうかがうことができる。「毎年行なった（伝道・巡回の）旅は（通算）1万露里に及び[16]，ヴェルホヤンスク及びコリィマー管区のほぼすべての教区を訪ねた。ヤクーチヤ管区の僻地についても同様である。つまり，オイミャコン，チッラヒュニ(オホーツク街道をつたって)，ニェリカン(アヤン街道)，ウチュル及びチェムチェン（アルダン川支流），さらにオリョークマ川上流で遊牧するトゥングース人の宿営地である。これらの地を訪ねることは途方もない困難を伴った。われわれは数ヶ月も続けて極北の厳寒のなかを，星空のもと雪上で野宿せねばならなかった。そのため司祭の何人かは年若くして命を落とした。また，数年間壊血病に苦しめられて体を壊してしまうものもあった」というものである。広大な地を寒さの中で巡回する懸命な姿が伝わってくる。「1868—69年のチュコトカ・ミッションへのヤクーツク及びヴィリュイスク主教ヂオニーシィの旅」という文が残されている。こうして地道にこの地方を歩いた結果，必然的に地誌に精通し，帝立地理協会の活動にも参与することになった。また，ヤクート語研究の第一人者ともなった。1857年には上述の通り，インノケンチィの命を受けてモスクワ，ペテルブルクを訪れ，現地で進められた翻訳本の印刷・出版の許可を得るため教会上層部，政府と掛け合った。その結果出版許可が下り，1859年（5月18日）にはヤクート語に翻訳された書にしたがって，現地住民が初めてヤクート語による奉神礼を全部受けることができるようになった。協力者でもあった妻の死後，彼は修道士となり，ヂオニーシィの名を得て，掌院となった。副主教を経てヤクーツク主教となった際に帯びた働きには，チュコトカ，コリィマー地方への宣教を強化することであった。晩年は，ウファー及びメンゼリンスクの主教をつとめたあと1896年にモスクワで亡くなった。

(2) ブリャート・モンゴル語への翻訳事業

ザ・バイカルのブリャート族への宣教に関連しては聖書・教会関連の書のモンゴル語への翻訳，ブリャート語での奉神礼の執行が中心となるが，その面で大きな貢献をしたのはイルクーツクの大主教ニル（イサコヴィチ），同じくチーホン（トロイツキィ・ドニェーベン 1831—1911）である。翻訳し

たものをもっての奉神礼の執行は，1852年8月に初めて行われたブリャート語によるもので実現している。1854年4月11日にはイルクーツクの主教座教会で三言語による奉神礼が行われた（シャスチンがブリャート語，コピィロフがヤクート語，インノケンチィ・ヴェニアミーノフがアレウト語で）。こうした流れを受けて大主教ニル[17]が第二次ザバイカル・ミッション（1868年から）において示した宣教論は極めて重要である。彼は，ブリャート人，エヴェンキ人の間で宣教するに当たって，宣教師が精神的に彼らと同等の立場に立つこと，そのためにも彼らの言語を習得して自らその言語で話すこと，宣教の成果は改宗者の数ではなくキリスト教徒となった者の質を大切にすることの三点を基本にすえたのである。また，ニルはラマ教徒がロシアの職務に就く場合になされていた「誓い」を廃止（1862年），ラマ教をロシアで布教することを許可するなど，一方的に「ロシア化」を強要しない態度を示した。ニルはまた，ロシア人で最初に本格的に仏教（ラマ教）を研究した人物とされている（大部の"О буддизме 仏教について"を残している）。彼は自らブリャート・モンゴル語の習得につとめるとともに，自分の弟子のうち優秀な者を協力者にした。さらには，改宗したブリャート人の中からも聖職者を育てることに直接かかわった。キャフタ近くの中国との国境地帯にチカイスキィ・スキートを設立し，ブリャート人居住地の中央にあるサヤン山脈の南麓に1851年ニロ・ストルベンスキィ隠修修道院を建てた。協力者とともに聖書，奉神礼書をモンゴル語に翻訳し，1854年にモンゴル語版の福音経（抄），典礼書，時課，晩課，早課，洗礼，結婚（式），聖体礼儀の祈祷書などを公刊した。

　もう一点触れておかねばならないことは，1812年に設立されたサンクト・ペテルブルク聖書協会のイルクーツク支部が1819年にできたことである。支部が作られる前の1817年に同協会は聖書のモンゴル・ブリャート語への翻訳の試みを行っている。その際，ペテルブルクにバドゥマ・モルシュナエフとノムタ・ウンガエフというホラのブリャート人が派遣された。二人はロシア語を解しなかったのでイルクーツク県の秘書タタウロフが通訳として同道した。二人は1828年まで翻訳に協力し，新約聖書は全部翻訳さ

れた。そして聖書協会から2000部印刷された。シノードは600部をホラ，150部をセレンギンスク，150部をザ・バイカルのブリャート人に送った。その前の1827年8月にはイルクーツクの大主教ミハイル（ブルドゥコフ）のもとに，翻訳について新約聖書のスラヴ語テキストとのすり合わせがなされている。ミハイルは中級神学校の教師で，イルクーツクのプロコーピィ教会の長司祭をしていたロシア人とブリャート人の混血アレクサンドル・ボブローヴニコフ，イルクーツクのスパッスカヤ教会の司祭クセノフォント・シャンギン，セレンギンスクのトロイツキィ修道院の修道司祭イズライリ，修道輔祭ドシフェイ，県の通訳イグムノフをその作業に当たらせた。作業は1829年に終了し，修正版がペテルブルクに送られた。この作業において特に大きな働きをしたのはボブローヴニコフで，福音書のマルコ，マタイとヨハネの三書を校閲・修正した。

(3) アレウト語への翻訳事業

1834年来シトカ島に移ったインノケンチィ（ヴェニアミーノフ）はそこでも積極的な布教活動を続けたが，一定の成果を見せた段階で政府に対し一層の理解を求め，シノードに対しても聖職者不足などの窮状を訴え[18]，且つそれまでに行なってきた聖書等の翻訳の出版許可を得るため，1838年11月8日ペテルブルクに旅立った（当時のイルクーツク主教ニルの推薦状を携え，7ヶ月半かかって着いた）。翻訳に関しては，その当時出来上がっていたのは『マタイ伝』，『ルカ伝（一部）』，『使徒経』であった。さらには，アレウト語で書いた自らの『天の王国への道』[19]という著作もあった。これらの出版許可を得るためモスクワでは府主教フィラレート（ドゥロズドフ　1825年よりモスクワ府主教）にも会っている。フィラレートはそのときの印象から，「この人物にはどこか使徒的なものがある」との評を残している。1840年1月24日上記の書の出版許可がシノードから下りた[20]。アレウト語への聖書等の翻訳事業とアレウト語による宣教はインノケンチィによって本格化したといえよう。

(4) 宣教師の啓蒙・教育活動

宣教師たちはキリストの教えを伝えるとともに，おしなべて先住民特に

子供たちのための学校を開くことに従事した。その際まず第一になされたことは「読み書き」を教えることであった。それは宣教を進めることと密接に結びついていた。先住民は大半がアルファベットを持っていなかった。先にも見たように，一方で彼らの言語への聖書を始めとする教会関連の書の翻訳がなされ，その一環としてアルファベットの考案もなされたが，他方改宗した者たちには「教育を施す」ことを通して正教徒として"ロシア"に親しませるようにした。その際ロシア語の教育がなされたことに関しては，そのことによって"ロシア化"が図られたことになるが，その方法，程度，内容によって「強制」から「愛」まで幅が生じてくる。宣教を指導し，大きな働きをした指導者たちの場合には，概ね先住民の固有の文化を残しながら正教徒としてロシアやロシア文化に馴染ませるというやり方がとられたようである。ただ，それがスムーズに進んだところは従来農業を知らなかった狩猟系民族の場合であることが多い。ロシア人の入植で土地の問題がそれほど大きな問題にならなかったからである。しかし，農業に従事していた民族の場合は問題が顕在化した。先住民とそれほどの衝突が見られない場合は，宣教も，啓蒙活動も穏やかに進んだのは当然のことである。そういったケースでは，改宗した先住民に一般的な教育を施すとともに，神学教育をもなし，彼らを更なる宣教の協力者に仕立てていくことがなされた。それは，「神学校」の設立に現れた。

ヤクーチヤでの様子を見ると，1735年イルクーツクの主教インノケンチイⅡ（ニェルノヴィチ）はヤクーツク滞在中にスパッスキィ修道院に付属させるかたちで伝道師養成のための学校の設立を掌院に委ねている。学校は1736年に開設されたが，これは初等の教会学校であった。ここには聖職者の子供とともに新しく洗礼を受けたヤクート人合わせて15人が学んだ。正教入門，ロシア語，計算術，歌唱が教えられた。万物の創世，新・旧約聖書に親しみ，神学的な書がはっきり読める（発音できる）ようにすることなどが目的であった。この学校は1744年まで機能した。1801年頃ヤクーツクには初級学校があったが，1819年に教区「教会学校」に改組された。1823年には宣教師候補者の養成のため初級神学校が開設された。1858年になる

と，ヤクーツクに最初の中等の神学校が生まれたが，それはインノケンチイ・ヴェニアミーノフがアラスカのシトカ島の神学校を移設したものであった。

1860年代にはインノケンチイにより教会教区学校が開かれ始め，1867年段階で以下の8となった。ウィティク・ケリスクのプレオブラジェンスカヤ教会付属の学校（長司祭ヂミトリアン・ポポフのもとで教育が行われ，18人のヤクート人の少年が学んだ），アンギンスコエのプレオブラジェンスカヤ教会の学校（アレクセイ・ヤセニェツキィ司祭　25人），ウスチ・マイスクのマトヴェーエフスカヤ教会の学校（ベルヂェニコフ司祭　8人），シンスクのヴォスクレセンスカヤ教会の学校（プロトポープ司祭　19人），クィプラフスクのニコラエフスカヤ教会の学校（スチェファン・ポポフ神父　7人），スンタルスクのヴヴェヂェンスカヤ教会の学校（ヴァシーリィ・ポポフ司祭　15人），ナムスクのプレドチェーチェンスカヤ教会の学校（インノケンチイ・ヴィノクーロフ司祭　16人），バヤガンタイスクのボゴロードスカヤ教会の学校（イオアン・ポポフ司祭　6人）であった[21]。この他に一部の教会にはいわゆる「読み書き学校」があった。1899/1900年（学年）には49の教会・教区学校と21の読み書き学校があった[22]。

こうした方針は初代イルクーツク主教インノケンチイ（クリチツキィ）のプログラムからの伝統のようである。第二代主教インノケンチイIIもそれを受け継ぎ，1748年に彼が亡くなったとき，最も遠くに位置したカムチャッカの宣教師たちのもとの学校でも250人の生徒が学んでいたといわれる。

4　まとめ

バイカル湖以東の東シベリア・極東は広大な領域である。さらにはカムチャッカ半島，サハリン島があり，アレウト列島からアラスカまでがロシアの進出地域であったことから，それらの地域全体に正教を広めていくということは膨大な労力を伴うものであった。しかも自然環境は厳しく，大

小河川が縦横に走る地域で，基本的には人口の少ないところであった。一方，南部のアムール川地域は中国との関係が問題になる地域であった。こうした条件下にある広大な地域にロシア人は進出し，そのあとをいわば国策とも結びついて正教会がキリスト教化を目指して入っていった。朝鮮や日本も含めると，教会本来の立場からすれば宣教の場が無限に広がっていたということであろうが，実際にそれに当たる人たちの困難には想像を絶するものがあった。

　国策という言葉を使用したが，政府はシベリア・極東地域をロシア化するために植民活動を進めたわけで，ロシア人の流入に伴って彼らへの霊的ケアから教会の活動をも進めなければならなかった。教会は政府と一体の関係にあったことから，教会の進出も皇帝の指示を受けた。そのためシベリアに有能な聖職者も多数派遣された。イルクーツクの最初の主教インノケンチィ（クリチツキィ）などは中央のエリート的聖職者であったが，中国宣教を視野に派遣され，その道が閉ざされるなかでザ・バイカルのブリャート人への宣教を進めるとともに，その後の宣教方策の基本を据えたといえよう。リャザン県出身でヤクーチヤに43年間住み着いて宣教したヂミートリィ・ヒートロフはこの部類に属する。日本への宣教に旅立ったニコライ（カサートキン）もこうした部類に位置づけられよう。勿論そうした優れたものたちだけではなく，実際には粗野な者たちもいたが，宣教に熱意を持った指導者たちがいてこそ宣教は進んだという面は見過ごしには出来ない。

　一方そうした中央からきた者たちだけでは宣教は進められない。その地で育ったものの中から宣教に熱意を持ったものが現れてこなければならない。このタイプの代表が本稿でいえば，もう一人のインノケンチィ（ヴェニアミーノフ）である。彼はザ・バイカルの寒村アンギンスコエの生まれである。地元で神学教育を受け，将来が有望視されていた者であったが，彼ははるか彼方のアレウトの島へ行く者が募られた際，自ら立って出かけていったのである。いささか聖者伝的になるが，彼の名前そのものに多くのことが込められている。まず，ヴェニアミーノフという姓自体が将来を嘱望されるかたちで，シベリアにおいて多くの働きをし，召天したばかりの

ヴェニアミン（バグリャンスキィ　イルクーツク主教1789―1814）の名をとって与えられたものである。さらに妻の死後悌髪を受けた際に与えられたインノケンチィという名は、まさに初代イルクーツク主教インノケンチィにちなんだものであった。彼はさまざまの面で多彩に東シベリア・極東、アレウト・アラスカにおける宣教を進めたことは既に触れたところである。そして、この「アラスカ・アメリカの使徒」とも称された人物がモスクワ及びコロメンスクの府主教という、いわばロシア正教会のトップの地位についたのである。このことは遠く離れた地域への宣教活動が非常に高く評価されていたことを物語っているといえよう。

　本稿で触れたヂミトリアン・ポポフなどはヤクート人の地に生涯住み込んで布教だけでなく、それと関連する教育活動、先住民の言語への聖書等の翻訳活動に力を尽くしたタイプの人物である。こうした人物の果たした役割は非常に大きい。

　宣教という問題は総合的なものである。対象となる地域との関係で政治的な問題もある。アムール宣教では中国との関係の影響があり、サハリンでは日本との関係があり、アレウト・アラスカではアメリカとの関係があった。異教の先住民にキリスト教という新たな教えを伝えるということ自体が多面的な要素を持っている。「異教」、「異教徒」という概念は伝えようとする側のものであり、伝えられる側からすれば逆の概念である。その場合両者の、文化を含む力関係は重要な問題となる。伝える側が強い軍事力をもち、文明国だと自認するような国と結びついている場合（正教を国教としている、それなりに文明化している国ロシアが国の方針として宣教を進めたシベリア宣教の場合は典型的なものといえよう）にはことさら先住民を「異教」のもとにある「未開人」だとする見方も強くなる。中国、朝鮮、日本への宣教の場合は全く様相を異にする。前者のような場合、力による「教化」が起こる可能性も高くなる。東シベリア宣教においてはそうした「強制」的改宗策は目立ったものとはならなかったようではあるが、先住民にとっては正教信仰を受け入れることはロシア正教会に属することであり、表裏一体のかたちでロシア国民になることであったことから、宣教には無意識の

うちにも「ロシア化」教育が伴われた。それは学校が教会に付属して設けられていったことに現れている。改宗・洗礼に伴ってロシア風の名前がついたことにも現れるが，自発的なものかどうかでこの面での見方は変わってくる。これらについては正教会の文書からでは知ることは出来ない。しかし，先住民は文字を持たなかったためそれらの記録が残っているとは言えず，古い時代ほど解明が困難な問題である。宣教を進める指導的理論，指導者の資質によって異なるが，今後アルタイ・ミッション，ザバイカル・ミッション，或いは中国，朝鮮，日本ミッションについて，それぞれの宣教理論の詳細な検討が求められよう。

　宣教には学問上寄与するという側面がある。顕著なところでは，先住民の言語にかかわる学問，開拓に伴う地域情報の収集から来る地理・地誌・気象関連の学問，そして民俗的学問であろう。シベリア宣教に当たった人たちの中から多くのそうした人物が現れたことも事実である。

　宣教に伴う慈善的活動の一環で，先住民の健康・衛生面での向上はあったであろう。この点に関し，先に触れたイギリスの宣教団の活動に注目するとき，彼らは広い意味での文化活動を重視したにもかかわらず改宗者をそれほど獲得できなかったことは何を物語っているのであろうか。宣教は単なる文化活動ではないということであろう。

　宣教は宣教師だけでなされるものではない。それを支える組織と経済的支援体制が必要である。両者を含めて「ミッション」というべきであろう。本稿では取り上げられなかったが，東シベリア・極東への宣教に関し，支援体制がどのようであったかは，重要な問題であるだけに別途究明しなければならない。

　本稿は広大な地域にどのように宣教が進み，教会とそれを管轄する主教区がどのように形成されていったかを追うことが中心となったものである。その意味で，総合的・複合的な問題である宣教について，東シベリア・極東，アレウトでの展開を探ったものに過ぎないが，宣教の全体像を示す文献はわが国にはなく，各地域の展開を扱ったロシアの資料を集成しなければならず困難な作業となったが，どのように進められていったかについ

ては概ね明らかにすることができたように思われる。

(1) 1820年代前半にイルクーツク主教区の領域は，東シベリア県の領域と合併し，そこにエニセイスク県の一部が入った。その後1834年エニセイスク県の領域はイルクーツク主教区から切り離され，トムスク主教区へ移った。

(2) 1796年にイルクーツク・ネルチンスク主教区にカヂヤク副主教区が設立されたようであるが，主教の死去により5年で閉鎖された。

(3) ウラヂヴォストーク主教区を独立主教区として設置する勅令は1898年7月4日付けで出されたが，その際，カムチャッカ主教区に入っていた以下の地域が，ウラヂヴォストーク主教区に移管された。ウラヂヴォストーク市，サハリン島，沿海地方，コマンドルスキィ諸島，ペトロ・パヴロフスク州，アナーディリ州，ギジギンスク州，ユジノ・サハリンスク州，ウダ州の一部である。残りのカムチャッカ主教区がブラゴヴェーシチェンスク主教区になった。

(4) 1899年3月21日開設のための祈りがなされ，その日が新主教区の創立日とみなされている。

(5) 1605頃—1673年。1648年ポポフと共同してコルィマー川河口から太平洋へ航行し，チュコト半島を調査した人物として知られる。その際アジアとアメリカの間の海峡を通過したとされる。現在チュコト半島先端の岬に彼の名が残っている。ただ，それが海峡であることが確認されたのは，1728年のベーリングの探検隊であった。ブロックハウス・エフロンの百科事典によれば，ウスチューグ出身でシベリアに住み着いた「ヤクーチヤのコサック」であった。

(6) 1731年4月3日付けの布告によると，異民族の改宗・受洗者には人頭税支払いの免除が与えられ，ヤクート人については5年間の「ヤサークの支払い免除」とされている。

(7) "Якутия в составе Иркутской Епархии（1731—1853）"
http：//www.eparhia.sakha.ru/news.php?id=1065

(8) かつてのヤクーツク及びヴィリュイスク主教区の復活の決定は1993年2月23日になされ，ウラヂーミル主教区の掌院ゲルマンが初代主教として4月10日に赴任した。教区や教会組織のあるところは，ニェリュングリ，ミールヌィ，チェルヌィシェフスキィ，オリョークミンスク，レンスク，ペレドゥィ，ヴィチム，アルダン，チェルスキィなどである。1993年9月15日には総主教アレクシーイも訪問している。1995年12月26日に「ヤクーツク及びヴィリュイスク主教区」は「ヤクーツク・レナ主教区」に改称されている。理由は，その当時ヴィリュイスクには住民が7,000人ほどで，正教の教区が

ない状態だったからである。2003年1月の段階でのこの主教区の状態は，教区45，教会堂17（内，新たに建ったもの10，復興なったもの7），祈祷所20，（小）礼拝堂8，修道院1（ヤクーツクのスヴャト・ポクロフスキィ女子修道院）などである。聖職者は25人（司祭20人，輔祭5人）である。革命前は，教会堂130，礼拝堂150，司祭147人，輔祭28人であったことからすれば，まだ復興途上にあるといえよう。

(9) 1862年からの第二次バイカル・ミッションは68年までヴェニアミンに率いられたが，ヴェニアミンが1868年カムチャッカ・クリール・アレウト主教として移動したあと，マルチニアン，メレーチィ，マカーリィ，メフォーディ，エフレム・ゲオルギィ，メフォーディ，エフレムなどがあとを継いだ。

(10) Епископ Вениамин, «Забайкальская духовная миссия»
http：//www.egregor.ru/pravoslavie/missia.html より

(11) Владимир Мельник, Апостол Сибири, святитель Иннокентий и писатель Иван Гончаров, (2004.2.9付けの記事)
http：//www.pravoslavie.ru/cgi-bin/archiv.cgi?item
　　＝5 r 040209115456 より

(12) ヂミトリアン・ポポーフ　モンゴル系の血筋を継いでいるとの言い方もなされるが，ヤクーツク・レナ主教区の公式ホーム・ページでは，孫の残したことばをもとにこの説には否定的見解を示している。孫の証言によれば，ヂミトリアンの祖父セミョーン・ポポーフはロシア中央部の出身で，18世紀の末にレナ川地域に来たり，ポクロフスキィという村で司祭をつとめた。その子ヂミートリィはウクライナ出身のチェレンチィ・ヂヤチコフスキィの娘と結婚し，生涯をその村で輔祭として過ごしたという。これによれば，ヂミトリアンの祖父の代からレナ地域に住み着き，教会に奉仕したことになり，また母親もウクライナ出身ということでモンゴル系の血が混ざっていることにはならない。

(13) アンドロソフという郷土史研究家によれば，ヂミトリアンはペカールスキィに辞書編纂のために，2479点の詳細なヤクート語の単語の意味を提供した。辞書には700箇所以上にわたりヂミトリアンからの引用があるとされる。

(14) この間の翻訳・出版物は以下の通り。
1866年ヤクーツク "Краткая Священная История на русском и якутском языках"
1867年 "Краткая Священная История на якутском языке"
1883年カザン "Литургия Златоуста с требником на якутском языке", "Канонник на якутском языке", "Канон и часы Святой Пасхи на якутском

языке", "Требник на якутском языке"

1887 年カザン "Часослов на якутском языке", "Священное Евангелие на якутском языке", "Псалтырь на якутском языке", "Канонник на якутском языке"

1887 年ヤクーツク "Всенощное бдение на якутском языке", "Литургия Златоуста с требником на якутском языке"

1889 年カザン "Канон и часы Святые на якутском языке",

1891 年 "Поучение о православной вере христианской с переводом на якутский язык"

1894 年ヤクーツク "Поучение о православной вере на русском и якутском языках"

1895 年 "Богослужение на якутском языке"

1897 年カザン "Букварь для якутов"

1898 年カザン "Святое Евангелие на якутском языке", "Букварь для якутов" (переиздание)

以下のヤクーツク・レナ主教区公式サイトより。

http://www.eparhia.sakha.ru/news.php?id=1112& nobl=1

(15) 出版活動は資金の関係で停滞することもあったが、主なものをあげると、以下の通り。

1900 年 "Книга Премудрости Иисуса сына Сирахова на якутском языке" (в переводе Д. Попова)

1902 年 "Чтения на все воскресные и праздничные дни и на разные случаи на якутском языке", В Томске "Сборник слов, поучений и бесед на якутском языке", "Опыт перевода тропарей и кондаков", "Сборник поучений на якутском языке" (これにはジミトリアン・ポポーフの "Беседа о пользе грамотности" から 11 の文が入っている) "Беседа на день свт. Николая Чудотворца", "Слово над гробом духовного сына", "Слово на Новый год", "Слово пред Св. Причастием",

1910 年ヤクーツク "Сборник поучений на якутском языке",

1911 年 "Сборник песнопений и проповедей", "Сборник якутских переводов", "Беседы о загробной жизни Д. Попова"

1912 年ヤクーツク "Краткий молитвенник" на якутско-русско-славянском языках

1913 年ヤクーツク "Сборник катехизических поучений на якутском языке", "Краткое изложение христианского вероучения", "Молитва за царя"

以下のヤクーツク・レナ主教区公式サイトより。

http：//www.eparhia.sakha.ru/news.php?id=1112& nobl=1
(16)　Христианство, энциклопедический словарь, М., 1993 によれば 9130 露里となっている。ヂオニーシィ（ヒートロフ）については，И. Барсуков, Памяти Дионисия, СПб., 1902 があり，そこには著者に宛てた手紙も収められているという。
(17)　ニル（イサーコヴィチ 1799―1874）は 1830 年にヤロスラフの中等神学校の学長となったが，この頃から古儀式派の克服，ロシア国内の異教民族への宣教に大きな関心を示し，1835 年からのヴャトカ主教の時代（2 年余）に 6 千人以上の古儀式派をロシア正教に戻したといわれる。全生涯でいえば，彼の説得でロシア正教会に戻った古儀式派は 4 万人に上るといわれている。
(18)　その当時のアメリカの教会が必要としていたところのもので，自身 15 年にわたって苦労してきたことを「アメリカにおけるロシア人居住地の正教会概観―当地の状態の改善に関する私見を添えて」にまとめてシノードに提出した。そこには現地によく組織化された宣教体制が必要であること，具体的には一定数の教会を立て，そこに（教区）聖職者を配置し奉神礼を執行できるようにすることが求められている。
(19)　"Указание пути в Царство Небесное, Поучение Святителя Иннокентия Аляскинского (Вениаминова)" の内容は以下の通り。Предисловие, Вступление, Какие блага дал нам Господь Иисус Христос, Как Иисус Христос жил на земле и пострадал за нас, Какой путь ведет в Царство Небесное, Как Иисус Христос помогает нам идти по спасительному пути, Заключение で，極めて分かりやすく天国に至る道が説かれている。
　　　http：//cadet.ru/library/vera/Text_Mil/king_r.htm にロシア語版の全文が掲載されている。
(20)　1840 年 4 月 30 日付シノードの決定は以下の通りであった。「長司祭ヴェニアミーノフの見解は，……アメリカ教会の真にして特別の求めに合致したものであり，敬意を払うに値する。それゆえ，聖宗務院として，……決定する。1. これよりアメリカにおけるロシア人居住地には司祭二名，輔祭一名，副輔祭三名，聖餅焼き（女）一名がおり，付属の学校を持つ（正式な）聖堂があるようにする。シトカにあるミハイロ・アルハンゲリスカヤ教会もそのようにする，その他カヂヤク，ウナラシュカ，アトハ島の教会は従来どおり司祭一名，副輔祭二名，聖餅焼き（女）一名常駐とする。これに加えて，教区教会を二つ建て，それぞれに宣教司祭一名，副輔祭二名，聖餅焼き（女）一名常駐とする。2. シトカ聖堂の司祭のうち年長の者（ヴェニアミーノフのこと）は管区長とし，現在及び将来の，アメリカにおける教会と聖職者のすべて，教会関連のことのすべてを統括するものとする。年少の者は管区長

の助け手となり，完全に彼の指揮下あるものとする」
　　http：//orthlib.narod.ru/JMP/79_04/29.htm より
(21)　http：//www.eparhia.sakha.ru/news.php?id＝1120
(22)　前掲サイトには1885年から1894年の学校数，生徒数の推移に関するデータが載せられているので以下に示す。

	教会・教区学校	生徒		読み書き学校	生徒	
		男子	女子		男子	女子
1885-86	4	27	3	5		
1886-87	10	90	—	11	47	
1887-88	13	165	14	12	34	1
1888-89	13	137	12	13	37	2
1889-90	19	124	16	12	23	2
1890-91	20	189	50	18	42	3
1891-92	26	244	74	18	57	2
1892-93	31	283	71	23	75	8
1893-94	33	339	77	24	83	
1894-95	32	444		20	72	

〔2〕 シベリアの古儀式派
—— アルタイ,ザバイカル地方を中心に ——

宮 崎 衣 澄

1 はじめに
2 アルタイの古儀式派
3 ザバイカルの古儀式派―セメイスキエ
4 おわりに

1 はじめに

17世紀後期のロシア正教総主教ニーコンによる典礼の改革により,数多くの古儀式派がシベリアに移住した。あるものは流刑や強制移住によって,あるものは信仰の自由を求めてはるか東の果てへ流れ着き,独自の共同体を形成した。本稿でとりあげた,アルタイとザバイカル地方の古儀式派は,主に18世紀以降当時のポーランド領から国家政策により移住させられた信徒の末裔である。その後信徒数は増加し,規模の大きさと流派の多様性,独特の古儀式派文化などの点で重要な古儀式派拠点となり,現在まで古い伝統をよく受け継いでいる。そこでアルタイとザバイカル地方の古儀式派移住史と信仰生活や現在の状況に注目し,シベリアの古儀式派の一端を知る手がかりとしたい。

2 アルタイの古儀式派

1 移住史―「石の民」と「ポーランドの民」

18世紀,現在のロシア連邦アルタイ地方とアルタイ共和国,カザフスタ

図1 アルタイの古儀式派居住地域

ン共和国北東部にまたがる地域に，「石の民（каменщики）[1]」と「ポーランドの民（поляки）」とよばれる2つの古儀式派が現れた。「石の民」は，宗教的迫害や兵役などから逃れてブフタルマの峡谷に移り住んだ古儀式派である。ブフタルマはイルトゥイシ川の支流で，現在のカザフスタン共和国北東部に位置する。この「石の民」という名前の由来は，彼らの居住地が「石」という名で知られる山地であったことから名づけられたという。一方「ポーランドの民」は，1760年代以降にポーランドのヴェトカ（Ветка．後にロシア領モギリョフ県となり，現在ベラルーシ共和国領）から国家政策として移住させられた古儀式派で，アルタイ地方南部のズメイノゴルスク（Змейногорск）周辺に居住した。つまり「石の民」は自由意志でアルタイへ移り住んだが，「ポーランドの民」は強制的に移住させられており，アルタイに居住するようになった背景は全く異なっている。まず，これら2つの古儀式派の，アルタイ移住史を振り返ってみよう[2]。

アルタイに古儀式派信徒がやってきたのは18世紀といわれている。A.

プリンツは初めて古儀式派がアルタイへ来たのは1720年代であるとしており，また1740年代にウバ川流域に古儀式派の僧院が発見されていることから[3]，18世紀前半には古儀式派が居住していたと考えられる。アルタイの最初期の古儀式派は，17世紀後期にシベリア北部地方へ移住してきた古儀式派であった。アルタイで，彼らはウバ川，ウリバ川の上流とブフタルマ川，ベラヤ川流域に居住した。このブフタルマの峡谷は，白水境とよばれる古儀式派のユートピア伝説の地として知られている[4]。18, 19世紀にはこの地を目指して多くの古儀式派が旅をし，その旅行手引書もあったという。

国家政権側は1740年頃にはすでにブフタルマに秘密の古儀式派の居住地があることを知っていたようである。1761年に軍人が，ブフタルマの支流に2人の男性が住む一軒家を発見している。このように国家政権側に見つかる危険があるにもかかわらず，「石の民」の数は増えていった。1788年にウスチ・カメノゴルスク（Усть-Каменогорск）に寄せられた情報では，当時100人以上の逃亡者がベラヤ川の奥に住んでいた[5]。しかし，生活条件は厳しく，しばしば不作に見舞われた。その上軍隊や鉱山採掘者に発見される危険性に常に怯えて生活していたため，1786年に60人の「石の民」が中国の皇帝に対して庇護を求めた。しかしロシアとの関係悪化を恐れて，中国側はこれを拒否している。1790年鉱山採掘隊が現れたことをきっかけに，ブフタルマの住人は，ロシア帝国の公認を得る決意する[6]。エカテリーナ2世の治世下の1791年，「石の民」はヤサクを納める異教徒の扱いでロシア帝国の構成員となった。国家に認められるところとなった「石の民」は，その後より住みやすい土地へ移住した。

一方「ポーランドの民」のアルタイ移住には，国家政策が密接に関わっている。国家はアルタイの鉱山発掘を積極的に進めており，鉱山労働者や軍隊を養うために農民を必要としていた。1760年元老院は，「シベリアのブフタルマ川流域のウスチ・カメノゴルスク要塞からテレツコエ湖までの土地を占領し，その適当な場所に要塞を建設し，イルトゥイシ川に注いでいるウバ川，ウリバ川，ベリョーゾフカ川，グルボカ川流域にロシアの民を

2000人まで居住させる」旨の勅令を出した。そしてシベリアの開発とロシア人移住を積極的に進めるために、ポーランドへ逃亡した古儀式派信徒にロシアへ戻るよう命じた。ロシアへの帰国は、多くの場合強制的に行われ、主にシベリアでの居住を強いられた。特にアルタイへは、ヴェトカに住んでいた古儀式派が多数移住させられた。当時ポーランド領にあったヴェトカへは、ロシア帝国による迫害から逃れるため、国境を越えて多くの古儀式派信徒が移住しており、スタロドゥビエとヴェトカは重要な古儀式派の拠点であった。しかしエカテリーナ2世の時代に外国へ逃亡した古儀式派は国内に連れ戻され、1764年には約2万人の古儀式派信徒がヴェトカからシベリアへ強制移住させられた[7]。ポーランドから来た古儀式派は、アルタイの以前からあった村に住む場合もあったが、多くの場合新しく独自の集落を形成した。スタラアレイスコエ村（Староалейское）が「ポーランドの民」の拠点となり、ウバ川、ウリバ川上流地方へと広がっていった[8]。異教徒の扱いであった「石の民」とは異なり、「ポーランドの民」は農業だけでなく、ロシア帝国の工場での労働、森林伐採や鉱山採掘の義務も負っていた。その上古儀式派信徒であるために2重税も支払わねばならなかった。このように、「石の民」と「ポーランドの民」は、移住の過程も、アルタイでの生活条件も大きく異なっていた。そのため、「ポーランドの民」は重い労役から逃れるために「石の民」のもとへ逃げてくることもあった。また、「石の民」は男性が多かったので、「ポーランドの民」から妻をもらうこともあった[9]。

　「石の民」や「ポーランドの民」をはじめ、アルタイの古儀式派はどのような流派に属していたのか。18世紀アルタイには、他の地域と同様、司祭派と無司祭派がおり、その流派は多岐にわたっていた[10]。まず司祭派に属する「ポーランドの民」がアレイスク（Алейск）周辺に移住し、のちにブフタルマにも司祭派が現れた。1850年代から「ポーランドの民」の間でベロクリニッツァ派[11]が広まり、1908年からは「石の民」へも広まった。1800年代には統一派（единоверие）が現れ、1800年代後半にはバルナウル（Барнаул）に統一派の聖堂があったという。1780年代ウラルとシベリアの小礼拝堂派

は積極的にアルタイの逃亡司祭派に同化した。ブフタルマやコクサ川流域，テレツコエ湖周辺では特に小礼拝堂派（スタリコフツィ）が多く居住していた。その他「ポーランドの民」が古くから住んでいたウスチ・カメノゴルスク村などでは輔祭派（диаконовское согласие）[12]もいた。

一方無司祭派では，特に信徒数が多かったのはポモーリエ派であった。ポモーリエ派の共同体は各地にあった。フェドセエフ派はヴェトカからの移住者によってアルタイにもたらされ，その他サモドゥロフツィ（самодуровцы）[13]もいた。ウバ川流域には沿ボルガから移住したニェトフツィ，ウバ川とアヌイ川流域には自己洗礼派，ブフタルマ川流域には逃亡派など多様な流派に属する古儀式派信徒が居住していた。

2 各宗派の現状

ソビエト政権による宗教迫害を経て，現在アルタイの古儀式派各流派はどのように変化したのか。1993-1997年 H. C. ムラショヴァをはじめとするノヴォシビルスク音楽大学の研究員がアルタイの古儀式派居住区で調査研究を行い，司祭派のベロクリニッツァ，逃亡司祭派，無司祭派ではポモーリエ派，フェドセエフ派，フィリッポフ派，スタリコフツィ（小礼拝堂派）[14]，輔祭派，メルキゼデク派，逃亡派の信徒の現状を報告している[15]。この調査をもとに，アルタイの古儀式派の現状を見てみたい[16]。

① ベロクリニッツァ

バルナウル，ビイスク（Бийск），ウスチ・カメノゴルスクに主な拠点がある。ベロクリニッツァの共同体はクラスノゴルスコエ（Красногорское），ザレソヴォ（Залесово），ブラゴヴェシチェンカ（Благовещенка），ゴルノ・アルタイスク（Горно-Алтайск）の地区中心地やウスチ・コクサ（Усть-Кокса）地区の村，アルタイ共和国，東カザフスタン地方グルボコエ（Глубокое）地区などで精力的に活動している。また一部の居住地（バルナウル，ビイスク，ザレソヴォ，ウスチ・コクサ地区の村）では近年新たに聖堂が建設されている。

② 逃亡司祭派

共同体には100名以下の信者がおり，東カザフスタン地方グルボコエ地区の村に教会がある。地元住人によると，近年までザリンスク (Заринск) に大共同体があったが，宗教指導者 (ナスタヴニク наставник) の没後は共同体の奉神礼はなくなり，礼拝所は売却された。現在はザレソヴォとザリンスク地区の信者のもとへケメロヴォ州 (Кемеровская область) の村から司祭が来る。

③ ポモーリエ派

アルタイの無司祭派の中で特に信者数が多い。共同体はバルナウル，ビイスク，ウスチ・カメノゴルスク，レニノゴルスク (Лениногорск)，セレブリャンスク (Серебрянск) に集中している。信徒が密集しているのは，アルタイ地方のアレイスク，アルタイスク (Алтайск)，ビイスク，チャリシスコエ地区 (Чарышское) と東カザフスタン地方グルボコエ地区である。ポモーリエ派の大部分はアルタイ出身者であるが，トムスクやトボリスク，ウラルからの移住者もいる。また，一部の村 (ブタコヴォ Бутаково 他) では，ポモーリエ派はサモドゥロフツィと呼ばれている。しかし，アルタイではこの流派はポモーリエ派に吸収され，単独では存在しておらず，名前のみ残ったものと考えられる。

④ フェドセイ派

東カザフスタン地方グルボコエ地区のブタコヴォ，タルハンカ村 (Тарханка) などに住んでいる。かつては礼拝所が2つあったが，今では大祭の時にブタコヴォに集まるだけである。

⑤ フィリッポフ派

ザレソヴォとザリンスク地区に居住している。彼らはヴェトカからの移住者である。しかし信徒の多くは1930-40年代にケメロヴォ州ベロヴォ (Белово) とグリエフスク (Гурьевск) へ移住していった。

⑥ メルキゼデク派 (мелхиседеки)[17]

ザレソヴォとビイスクに居住しているメルキゼデク派もフィリッポフ派と同様ヴェトカからの移住者で，現在では珍しい流派である。ザレ

ソヴォの住人であるЗ.クズネツォヴァによると，以前この共同体には70名ほどの信者がいたが，宗教迫害により司祭が殺され，1960年代に教会が焼失した。今はザレソヴォに7人の信者がいる。

また，ビイスクの共同体の宗教指導者の娘によると，現在この共同体には司祭がおらず，最後の司祭は60年代に亡くなった。彼女の祖父（現宗教指導者の父）は主教で，ヴェトカから30年代にトムスクへ移住し，その後アルタイへきた。父は教会の学校で学んだが，父以外にこの共同体で読み書きができる者はいない。信仰については，独自の教会暦や本があり，中でも祈祷書（часовник）を重視している。奉神礼は教会スラブ語で行い，世俗の歌は禁じられており，宗教詩のみ許されている。聖体礼儀は水と聖餅で行う。司祭がいないため，結婚式は行わず，祝福するのみである。現在は信仰を異にする者との結婚も許されている。しかし，祝福されるのは共同体の人のみである。メルキゼデク派は現在も世俗の人と食器を別にしている。信仰が異なる者との交流や，自らの信仰について語ることを好まない。

⑦　スタリコフツィ（стариковцы）

小礼拝堂派の自称で，アルタイ南部でかつて最も広まっていた流派。ゴルノ・アルタイスク，マイマ（Майма），ジィリャノフスク（Зыряновск）他の共同体が知られている。ゴルノ・アルタイスクのスタリコフツィは独自の思想と厳しい道徳観念をもっている。信徒の多くは国家の年金を拒絶し，店で買い物をすることのなるべく避け，自給自足を心がけている。世俗の人と共に食事をすることで汚れないようにするため個々の食器をもち，テープレコーダー，ラジオ，テレビ，電話は「悪魔の産物」として使わない。アルタイのスタリコフツィは宗教儀式においても独特である。一部には聖体拝領で聖餅ではなく聖水を使用したり（ウスチ・コクサ地区ムリタ村），復活祭の時に，前年の復活祭の日からイコンの前に置いていた卵を使うところもある。スタリコフツィに改宗するためには，ニーコン派は新たに洗礼を受ける必要がある。ムリタ村ではあらゆる問題は共同体の宗教会議で決められるが，特に

議論となるのは，告解せずに亡くなった者の教会葬についてである。スタリコフツィは意識的に信仰を広めようとはしない。テレツコエ湖の山岳地帯に僧院と女子修道院があり，ウスチ・コクサ地区の信者は，ブフタルマやビイスク，バウナウルのケルジャキ[18]と交流があったという。

　ビイスクのスタリコフツィは「アトピスニー（отписный）」と呼ばれている。彼らは小礼拝堂派から分離して統一派に入り，その後統一派から離脱したが，小礼拝堂派は彼らを受け入れなかった。そのため，アトピスニー，その後スタリコフツィと呼ばれるようになった。

⑧　輔祭派（диаконовские）

ウスチ・カメノゴルスク郊外や東カザフスタン地方グルボコエ地区の村に居住しており，信者数は50人ほどである。

⑨　逃亡派

ルブツォフスク（Рубцовск），ズメイノゴルスク，トレチャコヴォ（Третьяково）地区などに「イペハシニキ（ипэхашиники）」と呼ばれる人が住んでおり，かつてアルタイに多数いた逃亡派の末裔であるとされている。多くの信者はお金を「悪魔の産物」とし，年金を拒否する。パスポートは反キリストの印であり，電気を使わずろうそくやいろりで生活している。閉鎖的で，世俗との交流を避ける。

全体的な傾向として，司祭派には閉鎖的な傾向はなく，古来の伝統を保持するのみならず，近年宗教的自由が認められた新しい条件下で，積極的な宣教活動と発展に努めている。共同体間で交流があり，ノヴォシビルスクやモスクワ，オデッサ，ベラルーシの統一派との連携もあるという。これに対して，無司祭派は儀式やドグマ，習慣などに関する統一した見解がなく，少数流派が消滅するなど，宗教的伝統の崩壊や衰退が見られる[19]。司祭派が新たに聖堂建設するなど活発化する一方，無司祭派がより少数化し，衰退の傾向にあることは，アルタイ地方に限った現象ではない。無司祭派がより純粋な古儀式派信仰を追求していけば，流派の細分化や孤立は避けることのできない問題であろう。

次にアルタイの「ポーランドの民」と同様，18世紀にポーランドのヴェトカ周辺からシベリアへ強制移住させられた，ザバイカルの古儀式派に着目しよう。

(1) 「石の民」という訳語は，中村喜和「日本国白水境の探求」，『聖なるロシアを求めて』，平凡社，2003年，p.150.に倣った。
(2) 以下 Мурашова, Н. С., Старообрядцы Алтая, Традиции духовного пения в культуре старообрядцев Алтая, Новосибирск, 2002, С. 52-62., Покровский, Н. Н. Антифеодальный протест Урало-Сибирских крестьян-старообрядцев в XVIII в., Новосибирск, 1974, С. 312-337 参照。
(3) Покровский, Н. Н., Антифеодальный... С. 326
(4) 白水境伝説については，中村喜和『聖なるロシアを求めて』他参照。
(5) Покровский, Н. Н., Антифеодальный... С. 328
(6) ポクロフスキーは3年間干ばつが続き，経済的に苦しくなったためとしている。(Покровский, Н. Н., Антифеодальный... С. 331, 332)
(7) Вургафт, С. Г., Ушаков, И. А. Старообрядчество, Лица, события, предметы и символы, М., 1996, С. 63
(8) Покровский, Н. Н., Антифеодальный... С. 313
(9) 一方で，「石の民」と「ポーランドの民」が長期にわたって融合することなく，独自の信仰や生活様式を保持していた地域もあった。古儀式派は自分の祖先がどこから来たのか，すなわちポーランドから来たのか，ブフタルマの「石の民」であったのかを知っており，この違いが現在でも重要であるという。(Покровский, Н. Н., Антифеодальный... С. 314)
(10) 以下 Мурашова, Н. С., Старообрядцы Алтая... С. 59-61 参照。
(11) 古儀式派の各流派については，安村仁志「シベリアと古儀式派」，『西シベリアの歴史と社会』，中京大学社会科学研究所，2000年，p.162-173 参照。
(12) 司祭派。塗油式ではなく，異教徒の否定の儀式？を通してニーコン派から司祭を受け入れる。名前の由来は『輔祭の返答（Диаконовы ответы）』の著者であるケルジェネツの修道輔祭アレクサンドルによる。(Вургафт, С. Г., Ушаков, И. А., Старообрядчество... С. 87)
(13) 洗礼以外いかなる秘儀も認めず，幼児洗礼は本人の自覚がないため，大人になってから再び洗礼を受けねばならない。イコンには礼拝せず，各部屋に聖霊の描写がない十字架があるのみである。(Мурашова, Н. С., Старообрядцы Алтая... С. 61)
(14) 元来は司祭派。宗教迫害により実質的には長い間司祭がいなかったため，

(15) 調査地域は次の通り。1993年ルドニ・アルタイ（東カザフスタン地方），バルナウル。1996年ビイスク，ゴルノ・アルタイスク他。1997年バルナウル，ビイスク，ザレソヴォ地区，ザリンスク地区，ルブツォフスク，ズメイノゴルスク，アレイスク，ウスチ・カルマンカ，チャリィシスコエ地区他。（Мурашова, Н. С., Старообрядцы Алтая... С. 63, 64 脚注参照）
(16) 以下 Мурашова, Н. С., Старообрядцы Алтая... С. 64-67 参照。
(17) 無司祭派に属する少数流派。ニーコンの改革後，正統な司祭は途絶えたが，聖体拝領なしには救済はありえないとしている。そのため，メルキゼデク派は自身を司祭とみなし，次のように聖体拝領をしている。夜イコンの前にパンとワインの入った容器を置き，夜と朝の祈祷後，聖体を拝領する。（Вургафт, С. Г., Ушаков И. А., Старообрядчество... С. 167）
(18) ケルジェニェツ川流域出身の古儀式派信徒の呼称。ウラル，シベリアでは基本的に小礼拝堂派をさす。(Вургафт, С. Г., Ушаков И. А., Старообрядчество... С. 138)
(19) 例えば，ポモーリエ派ではキリストの磔刑に神性の2つの位格のみが描かれている（聖霊のシンボルである鳩がない）。(Мурашова, Н. С., Старообрядцы Алтая... С. 70 脚注参照) これはサモドロフツィの名残ではないかと考えられる。

3　ザバイカルの古儀式派—セメイスキエ

1　セメイスキエ概要

ザバイカル地方（現在のブリャート共和国とチタ州）に，18世紀ポーランドから移住した古儀式派はセメイスキエ（семейские）とよばれている。セメイスキエという名前の由来については，当時シベリアには兵士やコサックなど単身者が多かったところへ家族（семья）で移住してきたためとする説や，以前居住していたセイム川（Сейм）によるなどの説がある[1]。セメイスキエは家屋や衣装，音楽，儀式や信仰などにおいてロシアの伝統文化や習慣を現在までよく保持していることで知られている。2001年には，「セメイスキエの文化空間と口承文化」は，ユネスコの無形文化遺産を対象とした，「人類の口承及び無形遺産の傑作」に選ばれた。信仰においては，セメイスキ

エは司祭派と無司祭派に属する様々な流派の古儀式派信徒で構成されており，中でも多数派をしめているのは小礼拝堂派である。その他ベロクリニッツァ，逃亡司祭派，ポモーリエ派などがいる[2]。セメイスキエの信徒数は，自身セメイスキエであり，現代セメイスキエの歴史家であるФ. ボロネフは，1978年の著書で約10万人としている[3]。

現在セメイスキエはザバイカルから極東地方にも多く居住しており，東シベリアの古儀式派を語る上で非常に大きな役割を果たしている。そこで，様々な時代にセメイスキエの村を訪れた研究者の記録を手がかりに，セメイスキエの移住史や生活，信仰とその現状を探りたい。

2 ザバイカルへの移住

ザバイカル地方においてセメイスキエはどのように形成されたのか。彼らは18世紀後期，「ポーランドの民」と同様にスタロドゥビエ（Стародубье 後にロシア領チェルニゴフ県）やヴェトカから移住した古儀式派信徒の末裔であるとされている。特に1764-70年代にかけて，セレンガ川支流のクイトゥン川，ヒロク川，トゥグヌイ川，スハラ川，ウダ川流域に多くの古儀式派信徒が移住し，これによってザバイカル地方の住人が飛躍的に増加した[4]。ザバイカルに移住した古儀式派の数はどれぐらいであったのか。A. レベヂェヴァは，古文書資料から，1775年までにセレンガ郡には8,275人の古儀式派信徒が移住したとしている[5]。移住してきた古儀式派は，旧来のロシア人の村に入り，古儀式派居住区を作る場合と，新たに集落を形成する場合があった。例えばビチュラ村（Бичура）では，旧来のロシア人村に古儀式派が移住してきたため，1793-1801年にセメイスキエが居住するようになった場所と区別するために，旧来の居住地を「シベリア」と呼んでいたという[6]。セメイスキエが開拓した村には，ハラウズ（Харауз 1780年），アリビトゥイ（Альбитуй 1798年）などがある。1900年には，ザバイカルのセメイスキエは42,680人にのぼり，これは当地の正教徒の7％強を占めていた[7]。

ザバイカル地方に住み，独自の生活様式を持つ古儀式派に最初に注目し

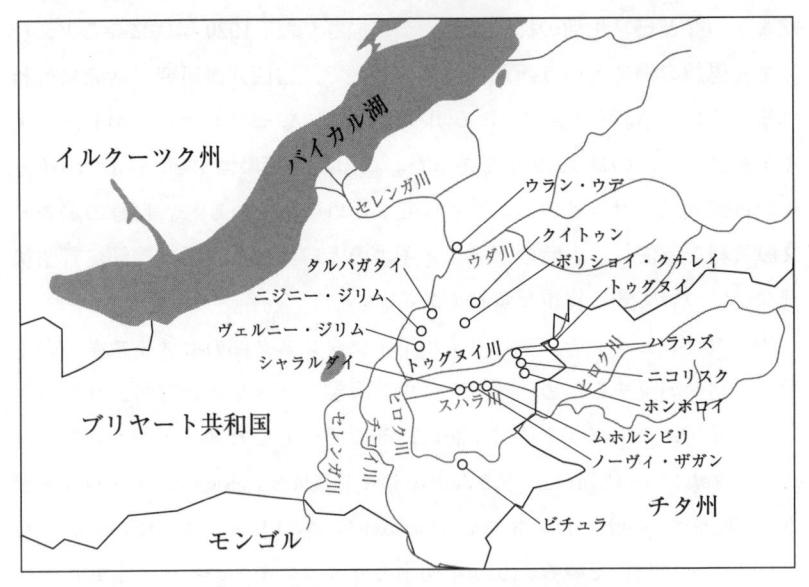

図2 ザバイカル地方の古儀式派居住地域

たのは，П. パラスとされている[8]。彼は1771-72年の調査旅行でセメイスキエの村を訪れ，当地の自然条件や住人の生活を紹介している。セメイスキエを「シベリアの古儀式派」，「ポーランドの移住民」などと呼び，ザバイカル地方の厳しい自然条件下で生きていけるのは，勤勉なセメイスキエのみであるとした。

パラスによると，1772年タルバガタイ村(Тарбагатай)には40の家があり，その内10軒がポーランドの移住者，すなわち古儀式派信徒の家であった。彼はザバイカルの古儀式派総数を約5000人としている。その後数多くの学者や旅行者がザバイカルの古儀式派を訪れ，民俗学者であるП. ロヴィンスキーは1870年代にセメイスキエの調査を行っている[9]。ロヴィンスキーによると，セメイスキエはどこからザバイカルへ来たかという質問に対して，セメイスキエ自身，1776年頃ポーランドから移住したということのみで，ポーランドのどこから来たかは知らないという。彼は，特にビチュラ村について詳細に述べ，住人は勤勉で子供が多く，夫が妻をよく助け，お茶を

飲まないなど日常生活の様子を鮮やかに描写した。1920年代になると，社会主義思想の浸透という新たな目的のもとで，古儀式派研究が活発に行われるようになる。言語学者として知られている A. セリシチェフがセメイスキエを調査したのは1919年であった。この調査結果は1920年『ザバイカルの古儀式派．セメイスキエ』としてまとめられている[10]。自身の調査と文献資料を駆使し，当時のセメイスキエの人口や日常生活，信仰，言語状況などについて知る貴重な資料である[11]。

1919年春，セリシチェフはヴェルフネウジンスク郡のセメイスキエの生活と言語を調査するため，イルクーツク大学とシベリア研究所より派遣された。最初にタルバガタイ村を訪れ，そこで初めてセメイスキエと対面した後，クナレイ（Куналей）[12]，ムホルシビリ（Мухоршибирь），ノーヴィ・ザガン（Новый Заган），ホンホロイ（Хонхолой），ニコリスコエ（Никольск），ハラウズ村を訪問している。1919年初頭のセメイスキエの各村の信仰状況についてセリシチェフは次のように記している。

タルバガタイ村：　　全539戸（統一派14戸，正教徒60戸，古儀式派465戸）

クナレイ村：　　　　全860戸（非古儀式派3戸，古儀式派857戸）

クイトゥン村：　　　全768戸（古儀式派618戸，内ベロクリニッツァ30戸，無司祭派：5戸）

ニジニー・ジリム村：全240戸（ポモーリエ派40戸，司祭派115戸）

ホンホロイ村：　　　全696戸（正教徒170戸，古儀式無司祭300戸，古儀式司祭派：226戸）

その他，ヴェルフニー・ジリム（Верхний Жирим）村では106戸の内，非古儀式派の家は18戸のみで，ノーヴィ・ザガン村では342戸中非古儀式派は10戸，ガシェイ村（Гашей）では104戸の内2戸が非古儀式派であった。また統計資料から，1909年ザバイカル地方全体では54,587人の古儀式派信徒がおり，その内94,9%にあたる51,820人がヴェルフネ・ウジンスク郡居住であると述べている。セリシチェフは，ロヴィンスキーとパラスの資料を引用し，ザバイカルの古儀式派信徒の急増を示している。1808年のビチュラ村の古儀式派信徒数は610人であったが，1919年のビチュラ村の古

儀式派信徒数は約7,000人になり，111年の間に信徒数が11倍以上増加していることになる。パラスによる1772年の資料との対比は以下の通りである。約150年間足らずで古儀式派の戸数が飛躍的に伸びている。

ザバイカル地方の古儀式派戸数[13]

	1772年（パラス）	1919年（セリシチェフ）
タルバガタイ村	10戸	479戸[14]
ホンホロイ村	28戸	526戸
クイトゥン村	50戸	618戸

セリシチェフはセメイスキエの古儀式派流派についても言及している。上述の各村の信仰状況からも明らかであるが，一つの村に古儀式派と正教徒が居住し，古儀式派の中でも様々な流派が住んでいる場合が多かった。ザバイカルのセメイスキエの大部分は司祭派で，オプシンニキ（общинники）とニェオプシンニキ（необщинники）[15]に分かれていた。セメイスキエ全体ではニェオプシニキが多数派であったが，ニコリスク村など多数オプシンニキが暮らす村もあった[16]。ニコリスク村のオプシンニキはサマラ郡から逃亡した古儀式派司祭を探してきた。初めて早朝祈祷を聞いた時，信徒は感動のあまり涙したという。しかし他の司祭派はこのような宗教的興奮を味わうことはなく，晩課や時課はウスタフシチク（уснавщик）と呼ばれる宗教指導者が行っている。ウスタフシクは洗礼と葬儀もとり行う。結婚式はなく，事実上結婚して何年か後にどこからか司祭が現れて結婚の儀を行う。また同じ司祭派であっても，ニェオプシンキニがオプシンニキの司祭に援助を求めることは絶対になく，お互いを異端視している。司祭派のその他の流派として，少数ではあるが，クイトゥン村（Куйтун）にベロクリニッツァの信徒がいるという。

　無司祭派については，最初から無司祭派であったものと，以前は司祭派であったが司祭不足のためやむなく無司祭派に転じたものなど様々な流派がいる。ヴェルニー・ジリム村では，元来の無司祭派であるポモーリエ派は，新しい無司祭派とは交流を持たない。その他クナレイ村には，狂信的

で排他的性格が強く，教会で蝋燭を使わないテェムノヴェルツィ（темноверцы），ホンホロイ村では洗礼の際に水ではなく砂を使うペソチニキ（песочники）などがいたという。

1920年頃のセメイスキエは，古儀式派流派の違いをはっきりと意識していたと考えられる。そして司祭派でも司祭不足が顕著であり，ウスタフシクがほぼ司祭と同じ役割を果たしていたようである。このような小さな村の共同体では，ウスタフシチクが信仰から生活全般にいたるまで，共同体内で多大な影響力をもっていたと推察される。

セリシチェフは，セメイスキエの外見や日常生活についても詳しく観察している。彼によると一般にセメイスキエは背が高く，健康で長寿である。80-90歳の老人に出会うことも珍しくない。農業を生業としていて，非常によく働く。男性だけでなく，老女や少女も農作業に従事し，重要な労働力となっている。しかし，多くの村で土地不足とパン不足，干し草不足を嘆く声が聞かれる。厳しい家計を支えるために，鉄道や採掘場へ出稼ぎに行くセメイスキエもいた。ハラウズ村，ニコリスク村，ホンホロイ村，タルバガタイ村，ムホルシビリ村などから多く出稼ぎに行き，採掘場では命を落としたり健康を損ねることがしばしばあった。生活難からより自由な土地を求めて移住する者もおり，ムホルシビリ村から10家族がアムール地方へ移住したという。教育レベルは非常に低く，学校はないと言ってもいい。村で読み書きのできる人を見つけることは困難で，唯一の知識人は宗教指導者（ウスタフシチク）である。ウスタフシチクは，教会スラブ語は教えるが，一般的な文字の読み書きには否定的で，学校を開くことに猛反対している。ウスタフシクは教育だけでなく医療行為にも反対である。セリシチェフが訪れる4年前に古儀式派の村で天然痘が流行し，クナレイ村では1年で700人もの子供が亡くなった。ウスタフシチクの反対にもかかわらず，タルバガタイ村には病院があり，実際には病気の古儀式派信徒は病院を訪れているという。

セリシチェフが描写した，健康で働き者であり，一方，教育や医療を否定するセメイスキエは，一般的に認められている古儀式派の姿と同じであ

る。一方，酒を飲まず，煙草を吸わず，禁欲的生活を送っているとされる古儀式派であるが，意外なことに，セリシチェフはセメイスキエの道徳状態はよくないという。彼によると道徳の乱れは特に若い世代に顕著であり，喫煙はもちろんのこと，酔っぱらい，放蕩，暴力行為を行う者もいる。その理由について，若者は無意識であっても何か新しいものを求めているが，古い伝統を保持することを第一に考えるウスタフシクの思想と相容れず，はけ口となり得る学校や教育機関もないため，やりきれない思いから堕落すると述べている。移住期の，生活のみで精一杯であった苦しい状況から脱して，ある程度落ち着きを見せると，ただ古い信仰と伝統を守り続けるという古儀式派の思想が，若い世代に閉塞感を感じさせたとしてもやむを得ないことであろう。これはセメイスキエに限った問題ではなく，古儀式派共同体が経験する過程であり，伝統や風習を守り続けることの難しさを改めて感じさせる。

3　ソビエト時代から現代

　無神論に基づく宗教弾圧が行われたソビエト時代には，他の古儀式派同様セメイスキエも厳しい状況下におかれた。古儀式派独特の文化や生活様式を守ることの困難に加えて，農業集団化，クラーク撲滅運動の影響で，ソビエト期にはセメイスキエの多くの村で大幅な人口減少がみられた。ボロネフはソビエト期のセメイスキエ居住村における人口変化を次のように示している。タルバガタイ村，ビチュラ村を除くと1988年の人口は1919年を大きく下回っている。

セメイスキエ居住村における人戸数（人数）の変化[17]

	1919年[18]	1966年	1988年
タルバガタイ村：	539戸(3,391人)	835戸(2,945人)	1,444戸(4,368人)
ボリショイ・クナレイ村：	860(4,808)	561(2,358)	525(1,476)
クイトゥン村：	768(4,572)	352(1,410)	366(1,047)
ビチュラ村：	1,113(約7,000)	2,739(10,704)	3,538(11,343)
ニコリスク村：	640(4,200)	446(1,837)	507(1,482)

ホンホロイ村： 696 (4,287)　　　541 (2,236)　　　597 (1,711)

　セメイスキエの家族形態の変化も，人口減少の大きな要因であると思われる。1919 年では一戸あたりの住人が 5〜6 人と大家族であった。一方 1988 年では一家族あたりの人数が約 3 人であることから，セメイスキエにも少子化が進んでいるのではないだろうか。

　セメイスキエの村の人口減少の理由として，ボロネフは次の 3 点を挙げている[19]。セリシチェフも述べていたように，第一に土地不足である。1920-30 年代に，より広い土地に移住して，新たにセメイスキエの村を形成した。特にアムール川流域に多く移り住み，セメイスキエは極東方面へと広がっていった[20]。次に小規模の農村から大きな村への移住である。比較的大きなタルバガタイ村，ビチュラ村では人口が増加している。大きな村では，農業の専門家による指導や様々な軽・食品工場，学校，病院などの施設が充実した結果，小さな村からの移住者が多かった。施設の充実によりこれらの村では人口の自然増加率も高いという。最後に，クラーク撲滅運動による影響である。セメイスキエの村ではクラークは 5〜8％程度であったというが，その数倍を越える農民が強制的に連行，移住させられた。このクラーク撲滅運動で移住を強いられたセメイスキエの数は，明らかにされていない。

　ソビエト政権崩壊後，ようやく宗教的自由が約束されるようになったセメイスキエは，現在どのような問題を抱えているのか。ブリヤート共和国は少数民族の文化保護対策の一環として，2001 年〜2006 年にかけて総額 1,324,000 ルーブル規模の特別プログラム「セメイスキエの研究，文化の保護と発展」を制定した[21]。ブリヤート共和国内におけるセメイスキエの民族意識や文化，宗教の復興や失われた文化的伝統の再生を目指してプログラムが作成されたのであるが，これは国家が保護政策を打ち出さねばならないほど，セメイスキエの信仰や伝統文化が衰退の傾向にあることを示している。2001, 2002 年にタルバガタイ村とムホルシビリ村を訪れた伊賀上によると，セメイスキエのほとんどが自分たちの宗派を記憶しておらず，

教導者(宗教指導者)の数も非常に少ない。そのため，無僧派(無司祭派)に属する教導者であっても，他の村の容僧派(司祭派)住人や正教徒からも洗礼や葬式に招かれているという[22]。セリシチェフの調査時には考えられない状況である。近年のロシアの宗教復興運動の流れの中，クイトゥン村，ノーヴィ・ザガン村で礼拝堂が建設されるなど[23]，司祭派の活動は活発化しているといえる。一方無司祭では，ウスタフシチクが信仰や生活上の指導者となるが，セメイスキエでは指導者の高齢化と後継者不足が顕著であるという。アルタイ地方の古儀式派にも共通する問題であるが，無司祭派の今後のゆくえが懸念される。

(1) Селищев, А. М., Забайкальские старообрядцы, Семейские//Труды по русскому языку, Т. 1, М., 2003, С. 595, Болонев, Ф. Ф., Народный календарь семейских Забайкалья, Новосибирск, 1978, С. 40 参照。

(2) Вургафт, С. Г., Ушаков, И. А., Старообрядчество..., С. 251

(3) Болонев, Ф. Ф., Народный календарь семейских Забайкалья, Новосибирск, 1978, С. 23

(4) Болонев, Ф. Ф., Народный календарь... С. 9

(5) Лебедева, А. А., К истории формирования русского населения Забайкалья, его хозяйственного и семейного быта (XIX-начало XX в.)//Этнография русского населения Сибири и Средней Азии, М., 1969, С. 114

(6) 先に移住していたロシア人正教徒は「シビリャク」と呼ばれていた。

(7) Лебедева, А. А., К истории формирования... С. 114

(8) 以下 Болонев, Ф. Ф., Народный календарь... С. 9-24 参照

(9) セメイスキエ・ホームページ掲載論文にロヴィンスキーの論文が一部紹介されている。Леонов, А. М., Забайкальские старообрядцы (семейские) глазами русских этнографов и историков, (http://semeyckie.narod.ru/science_leonov.html)

(10) この本については，次の抄訳がある。坂内徳明「奥バイカル地方の旧教徒に関するあるフィールド・ノート」，『なろうど』25号, ロシア・フォークロア座談会, 1992年, p. 49-58

(11) 本稿では再版を参照した。Селищев, А. М., Забайкальские старообрядцы, Семейские, Труды по русскому языку, Т. 1, М., 2003, С. 495-609

(12) ボリショイ・クナレイ (Большой Куналей) 村のことであろう。

(13) Селищев, А. М., Забайкальские старообрядцы... С. 504 より作成

(14) 古儀式派と統一派を合わせた数。
(15) 1906年10月17日の古儀式派教区（50以上の信徒をもつ）を国家機関に登録することを定めた法令に反対する者。ニェオプシンニキはほぼ全ての古儀式派の流派にいる。司祭派のベロクリニッツァ，無司祭派のフェドセエフ派，逃亡司祭派の他，シベリアの小礼拝堂派に多くみられる。(Вургафт С. Г., Ушаков, И. А., Старообрядчество... С. 184-186)
(16) ホンホロイ村にもオプシンニキがいた。セリシチェフによると，1919年ホンホロイ村の古儀式派司祭派に属する226戸の内50戸がオプシンニキであった。(Селищев, А. М., Забайкальские старообрядцы... С. 503)
(17) Болонев, Ф. Ф., Старообрядцы Забайкалья в XVIII-XX вв., Новосибирск, 1994, С. 110
(18) ボロネフが引用している戸数，人口は古儀式派信徒だけでなく，村全体の数値である。
(19) Болонев, Ф. Ф., Старообрядцы Забайкалья... С. 110, 111
(20) セリシチェフも述べているが，1860年代から土地不足に悩むザバイカルのセメイスキエは，沿アムール地方へ積極的に移住した。現代の極東地方のセメイスキエの研究者である Ю. アルグジャエヴァは，最初に極東地方へ移住した古儀式派はセメイスキエの逃亡司祭派であったとしている。(Аргудяева, Ю. В., Старообрядцы на Дальнем Востоке России, М., 2000, С. 30) 極東地方には，ザバイカルに続いてエニセイ県，ペルミ県から様々な流派の古儀式派が移住し，1862年には138人であった古儀式派が1866年には280人，1870年には657人と急増した。流派に関しては，司祭派ではベロクリニッツァと逃亡司祭派がいたが，中でも，ザバイカル同様小礼拝堂派（スタリコフツィ）が多数を占めていた。無司祭派ではポモーリエ派とフェドセエフ派が多く，その他ニェトフツィ（救世主派），少数ではフィリッポフ派，アアロノフツィ，自己洗礼派もいた。流派別の信徒数は，地域と時代によって異なるが，1910年ごろまでアムール地方では無司祭派の方が多く，1907年時点で8,000人の古儀式派のうち5,700人が無司祭派であった。1912年にベロクリニッツァが集団移住したため，9,300人の古儀式派のうち4,900人が司祭派になった。1915年のアムール地方における古儀式派数は9,745人に上った。(Аргудяева, Ю. В., Старообрядцы... С. 30-55参照。)
(21) プログラムでは，フィールドワークによるセメイスキエのフォークロアや方言の資料収集や古儀式派の文献研究などが盛り込まれている。教育現場においてはシコーラで「セメイスキエの歴史と文化」の授業を行うほか，高等教育機関でセメイスキエを専門に研究するスペシャリストの育成を目指している。(http://www.indem.ru/ceprs/Minorities/Bur/Bur05.htm 参照)

(22) 伊賀上菜穂「ブリャート共和国の信仰実践（上）」,『なろうど』45号，ロシア・フォークロア座談会，2002年，p.19（　）内は筆者による。
(23) 伊賀上菜穂「体制転換とロシア旧教徒―ブリヤート共和国セメイスキー住人の信仰のゆくえ―」,『東北アジア研究』第7号，東北大学東北アジア研究センター，2002年，p.79

4　おわりに

　シベリアの古儀式派として，アルタイとザバイカル地方の代表的な古儀式派拠点の形成と発展について述べてきた。両地域とも，様々な流派が存在するが，司祭派と小礼拝堂派の信徒が多いという点が共通している。また，無司祭派に関しては，他の地域ではみられなくなった流派が存在していること，同じ流派であっても共同体独自の儀礼の方法があるなど，興味深い地域である。近年の状況としては，司祭派が教会建設など積極的に活動を行っている一方，無司祭派の少数化や信仰の衰退が顕著である。今回は歴史を中心としたが，古儀式派は，移住する前の伝統と，移住先の土地の伝統や風習を合わせた，独特の古儀式派文化を作り上げている。シベリアの古儀式派文化の諸相については，別の機会に論じたい。

シベリア・極東史関連年表

安村仁志

12世紀初	ノヴゴロド人がペチョーラ川沿岸まで進出していた。イパチー本年代記1116年の項に、「ユグラとサモヤジの国」へ旅した男たちのことが物語られている	
1365年	「ユゴルシナ」と呼ばれる商人たちの産業組合ができていた	
1480年		「タタールのくびき」終了
1483年	ロシアの文献に初めて地名として「シベリア」の名が登場。イヴァン3世の命でオビ川のユグラへ遠征が実施される	
1499年	モスクワの公セミョーン・クールプスキィ、ピョートル・ウシャトゥィ、ヴァシーリィ・ガヴリーロフらが指揮者となりユグラ遠征を行う	
1502年		キプチャク汗国分裂
1514年	占領されたユグラの地がコーンジャとオブドールスクに分けられる。ヴァシーリィ3世、父イヴァン3世から受け継いだ称号「ユグラの大公」に「コーンジャ及びオブドールスクの大公」を加える	
1547年		イヴァン4世統治(-84)
1551年		ストグラフ(百章)会議
1552年	**カザン汗国陥落・併合**	
1555年	シビル汗国のエジカル汗自らモスクワの臣下になり、貢税を納めるようになる	
1556年	**アストラハン汗国陥落・併合**	
1558年	イヴァン4世、ストローガノフ家にカーマ川とチュソヴァーヤ川流域地方に領地を与える	リヴォニア戦争(-83)

1569年		ルブリンの合同（ポーランド・リトアニア王国の誕生）
1572年	エジカルを倒したクチューム汗は貢税を納めることを拒否し，モスクワに反抗する	
1573年	クチューム汗，甥のマフメトクルを派遣してロシア領内への侵入を図る	
1574年	ストローガノフ一族　トボール川，イルティーシ川，オビ川沿岸などにシベリアへ入る拠点を建設。南ウラルに**ウファー建設**	
1581年	ストローガノフの手で**イェルマーク**を隊長とする「傭兵コサック」の遠征が企てられる	
1582年	**シビル汗国の本営陥落**，首都シビル占領	
1584年	政府，ストローガノフ家への軍事的援助のためセミョーン・ヴォルホーフスキィ公，イヴァン・グルーホフを指揮官とする500人の軍隊を派遣。 イェルマーク戦死（1585年の説も）	
1585年	**チュメーニ建設**	
1586年	トボーリスクに刑事犯罪取締庁設置（シベリア流刑の始まり）	
1587年	**トボーリスク建設**	
1589年		モスクワ総主教座創設（初代総主教イォーヴ）
1590年	**ローズィヴァ建設**（タウダー川上流，ローズィヴァ河畔）	
1591年		ドミートリィ皇子変死
1592年	政府，ペルィーム汗国への遠征実施	
1593年	ペルィーム汗国の城砦のあとに**ペルィーム建設** **ベリョーゾヴォ建設**（オスチャク族の首都スグムグ・ヴォシの城跡に）	
1594年	**スルグート建設　ターラ建設**	
1595年	**オブドールスク建設**	
1596年		ウクライナに帰一教会（東方典礼カトリック教会）誕生

1597年	**ナルィーム建設**	
1598年	トボーリスクの軍長，クチューム汗に壊滅的打撃を与える	フョードル帝没，リューリク朝断絶
	ヴェルハトゥーリエ建設	ボリス・ゴドゥノーフ帝位につく（-1605）
1599年	シベリアが外務省管轄からカザン及びメシチョーラ公館に移管	
1600年	政府マンガゼーヤへ遠征隊派遣	
	トゥリーンスク誕生	
1601年	トボーリスクに管区長官設置（シベリア征服地管轄）	
1604年	**トムスク建設　マンガゼーヤ建設**	動乱時代（-13）
1605年	**ケーツク（ケーチ河畔）建設**	偽ドミートリィ1世即位（-06）
1606年		ヴァシーリィ・シュイスキィ即位（-10）
1607年	**トゥルハーンスク建設**	ボロトニコフの乱（06-）偽ドミートリィ2世登場
1610年		ポーランド軍のモスクワ占領（-12）
1612年		ロシア国民軍がモスク解放
1613年		ロマノフ朝成立（-1917）
1614年頃	カザン及びメシチョーラ公館に「シベリア庁」設置	
1618年	**エニセーイスク建設　クズネーツク建設**	ポーランド軍モスクワ遠征
	マコーフスキィ建設（ケチ川とエニセイ川を結ぶ連水陸路の途上に）	
1621年	トボーリスクにシベリア初の主教座設置 初代大主教キプリアーン着任（-24）	
1625年	**イレムペイスコエ建設**	
1623年	シベリアで鉱山採掘始まる	
1626年	**ザカーメンノエ建設**	
1628年	**クラスノヤールスク建設　ルィーブナヤ建設**	
1629年	トムスクに管区長官配置	
1630年	**イリームスク建設**（レンスキィ連水陸路上）	

	トボーリスクの役人アントン・ドブルィンスキーの隊がニージニィ・トゥングースカの上流からヴィリュイ川の支流チョナへ。ヴィリュイからレナ川を遡り，アルダンを探査
1631年	**ブラーツク建設**
1631年	百人隊長ピョートル・ベケートフ　レナ川を下ってレンスキィ砦を建てる。**ヤクーツク建設**（レナ川中流）**ジガンスコエ建設**　ポーランドと戦争(-34)
1633-38年	イヴァン・レブロフの遠征　オレニョーク川を下り，その後は海沿いに東へ，インジギルカに達す
1632年	イリヤ・ペルフィーリエフ　ヤクーツクからレナを下り河口に達す
1634年	**ヴィリューイスク建設**
1635年	**オリョークミンスク建設**
1636年	エリセイ・ユーリエヴィチ・ブーザの遠征（-42）レナ川を下り北氷洋へ　**シンビールスク建設**
1637年	**シベリア庁独立**（-1710）ヤクーツクに管区長官配置
1638年	**ヴェルホヤンスクの礎築かれる**（コサックの冬営地）
1639年	トムスクの軍人イヴァン・ユーリエヴィチ・モスクヴィーチンがコサック隊とともに初めてオホーツク海に達す
1640年	エニセーイスクからトゥングースカ川沿いにクチへ，「クチからレナ河上流へ」のルート，地図が作成される
1641年	**アーチンスク建設**　スタドゥーヒンの遠征（-45）ヤクーツクからオイミャコン川へ，インジギールカ川を下って河口へ，海沿いにコルィマー川へ
1643年	ハバーロフの遠征（-52）この頃バイカル湖にロシア人が初めて達する

	ヴァシーリィ・ダニーロヴィチ・ポヤールコフ指揮下にコサック兵がレナ川をアルダンへ，アルダン川を上りウチュール川へ。連水陸路でブリャンタ川上流へ，そこから**アムール川に出て，河口を発見**（-46）	
1644年	**ニジネコルィームスク建設** 最初の木造礼拝堂が立つ。コサックがコリャーク人，ユカギール人，エヴェン人を改宗させる	
1645年		アレクセイ・ミハイロヴィチ帝即位（-76）
1647年	**オホーツク建設**	
1648年	セミョーン・イヴァーノヴィチ・ヂェジニョーフとポポフ，コルィマー河口から**東進，アジアとアメリカの間の海峡に達す**（ポポフはカムチャッカに立った最初のロシア人とされる）	
	アナーディリの地図作成される	フメリニーツキイの対ポーランド反乱
1649年	「会議法典」によりシベリアは正式に流刑地となる	「会議法典」農奴制が法的に完成
	アナーディリ建設 ハバーロフの遠征（-53） オリョークミンスク経由でアムールへ。アムール川の地図作成。	
1652年	**イルクーツク建設**	
1653年	**チタの基礎築かれる** アヴァクーム　トボーリスクへ	
1654年	**ネールチンスク城塞建設** アヴァクーム　シベリア流刑	ウクライナをめぐる対ポーランド戦争（-67） 総主教ニーコンの教会改革 教会分裂(ラスコール)，分離派（ラスコーリニキ）の発生
1655年	アムール河口近くに**コソゴルスキィ建設**	
1656年		スウェーデンと戦争（-61）

年	事項	
1660代初	アルタイ山地で銀山発見	
	ユーリィ・クリジャニチ　トボーリスクへ流される（-76）帰国後『シベリア誌』を著す	
1661年	ヤクーツク・スパッスキィ修道院できる。コサックのイヴァン・アファナーシエフが黒僧に選ばれる	
1666-7年		教会会議〈ニーコンの改革〉を最終的に承認，ニーコン総主教失脚
1667年	ピョートル・ゴドゥノーフのシベリア地図に初めて「カムチャッカ」の名登場	ソロヴェツキィ修道院の反乱
1668年	ヤクーツクの修道司祭マカーリィの宣教（インジギルカ川，アラゼーヤ，コルィマー川流域地方　-80）	
1670年	**イシーム建設**	ステンカ・ラージンの乱（-71）
1672年	マンガゼーヤ　トゥルハーンスクに吸収される	
	シベリアの地図（集成）出来る。	
1674年頃	中国との交易始まる	
1676年	ユーリィ・クリジャニチ　トボーリスクでの流刑終える	
1677年	エニセーイスクに管区長官配置	
1683年	レミョーゾフ　トボーリスクの地図作成	
1687年	ヴェルハトゥーリエ，トボーリスク管区から独立	
1688年	**トボーリスクにシベリア府主教座設置**	
1689年	ネルチンスク条約　シベリアに郵便始まる。（モスクワ—トボーリスク—ネルチンスク，ヤクーツク）	ピョートル1世統治（-1725）
1695年	アトラーソフによる二度のカムチャッカ遠征（-1711）	
1696年	ロシア人モロスコ，**カムチャッカに達する**（1706　カムチャッカ領有）	
1700年	チモフェイ・コベレフのカムチャッカ大遠征	スウェーデンとの北方戦争（-21）

1702年	アトラーソフ，日本人伝兵衛についてシベリア庁に報告	
	イルクーツクに副主教座設置	
1707年	**ビイスク建設** アバカンスキー砦（エニセイ川）	
1708年	シベリア県設置 トボーリスクにシベリア総督府（-82）	
1708年頃	シベリア街道開通	
1709年	**サヤン砦建設** 最初の流刑囚シベリアへ	
1710年	シベリア庁廃止，シベリア県庁に統治権移る	
1713年		サンクト・ペテルブルク完成，遷都
1716年	**オムスク建設**	
1718年	**セミパラチンスク建設**	
1719年	ドイツ人メッサーシュミットによるシベリア探検（-27）	
1721年	**エカチェリンブルク建設**	総主教制廃止（-1917）シノード（宗務院）設立
1722年	ピョートル1世，古儀式派の流刑先をシベリアからロゲルヴィクへ（シベリアに古儀式派が多くなることを避けて）	
1725年	ベーリング及びチリコフによる第一次カムチャッカ探検（-30）	エカチェリーナ1世統治（-1727）
1727年	**キャフタ条約 イルクーツク主教区開設**（初代主教インノケンチィ）	
1728年	**キャフタ建設 ベーリング海峡発見**	
1730年	シベリア庁復活（-63）	
	イヴァン・フョードロフ，ミハイル・グヴォズヂェフ，コンドラーチィ・モシュコフ「聖ガヴリール」号でアラスカに向かう	
1731年	**オホーツク開港**	
1732年	ズメイノゴールスク銀山開鉱	
1733年	ベーリング及びチーリコフによる第二次カムチャッカ探検（-43）	
	グメーリン及びミルレル（ミュラー）の探検（-43）	
1738年	**バルナウール建設**	
1739年	ラプチェフの探検（北方地域-40，41，42）	

	シパンベルク指揮下のロシア船が日本沿岸に到来	
1740年	**ペトロパーヴロフスク砦建設**	
	ミルレル（ミュラー）の探検（-41）	
1741年		スウェーデンと戦争（-43）
1750年	ミルレル（ミュラー）『シベリア史』執筆	
1753年	イルクーツクに日本語学校	
1758年	スチェパン・グロートフとコサックのポノマリョーフ他アラカへ。**カヅヤク島に達す**	
1760年	農奴をシベリア開拓に送る権利を地主に与える	
1762年		エカチェリーナ2世即位（-96）
1763年	**ウスチ・ブフタルマー建設**	
1768年	パラスによるシベリア探検（バイカル湖東部まで）	
1764年	E. ラクスマンの探検（-69, 71, 78-79, 89-90）	
	海軍大尉クリニーツィンによるアレウト・アラスカ海路探検（-71）	
1765年	農奴をシベリア徒刑にする権利が地主に与えられる	
1768年	ドイツ人学者バラスによるシベリア探検（南部地域-74）	第一次露土戦争（-74）
1772年		第一次ポーランド分割
1773年		プガチョフの農民戦争（-75）
1774年	エフレーモフの探検（-82）	
1775年	グリゴーリィ・イヴァーノヴィチ・シェリホフ　太平洋・アラスカの毛皮獣捕獲会社設立	
	キーレンスク建設	
1786年	ガヴリール・アンドレーエヴィチ・サールィチェフの冬季遠征。ヤクーツクからオホーツクへ	
1787年		第二次露土戦争（-91）

年		
1790年	アレクサンドル・アンドレーエヴィチ・バラーノフ　アメリカのロシア人居留地初代総督（-1818）	
1791年	大黒屋光太夫　サンクト・ペテルブルクに向かう途中トムスクに立ち寄る	
1792年	ロシア使節 A. ラクスマン　根室に来る	
1793年	ヴァラアーム修道院により「カヂヤク・ミッション」結成。後の「アラスカの聖ゲルマン」など派遣される	第二次ポーランド分割（ベロルシア併合）
1794年		ポーランドでコスチューシコの反乱
1795年	修道司祭イォアサフ以下の**第一次カムチャッカ・ミッション**	第三次ポーランド分割
1796年	A. A. バラーノフ　ロシア領アメリカの首都ノヴォアルハーンゲリスク築く	
1797年	シベリア人口調査実施, インノケンチィ・ヴェニアミーノフ生	
1799年	イルクーツクに露米会社設立	
1800年	**ロシア領アメリカ**の範囲　アレウト列島, アラスカ, シュマギンスキィ列島, カヂヤク島, ケナイスキィ湾, チュガツキィ湾, ヤクタツキィ入江	
1803年	イルクーツクに**シベリア総督府**置かれる	
1804年		レザノフ　長崎へ来る
1806年	ニコライ・ペトローヴィチ・レザーノフ　アラスカからカリフォルニアへ	
1808年	イヴァン・アレクサンドロヴィチ・クスコフ　「ミルト・カヂヤク」号でアラスカからカリフォルニアへ	
	マトヴェイ・マトヴェーエヴィチ・ゲヂェンシュトルムの探検（-10）　ノヴォシビールスキィ諸島の調査	
1811年	長司祭グリゴーリィ・スレプツォーフ（ヤクーツク宣教師団長）チュコトへ　チュクチ人の間で5年間宣教	ゴロヴニン捕らえられる
1812年		ナポレオンの侵攻, 祖国戦争
1815年	オットー・エフスタフォヴィチ・コツェブの世界周航（-19）	

年		
1819年	サンクト・ペテルブルクの聖書協会のイルクーツク支部設立	
1820年	コルィマー・ヤナ探検（ヴランゲリとアンジュによる-24）	
1821年	**アラスカ領有**。シベリア委員会設置	
1822年	イルクーツクに**東シベリア総督府設置**「流刑囚に関する法」制定	
1823年	インノケンチィ・ヴェニアミーノフ　アラスカ及び東シベリア宣教開始	
1824年	オムスクに西シベリア総督府設置（-82）ミハイル・ペトローヴィチ・ラーザレフの指揮下　フリゲート艦「クレイセル」，帆船「ラドガ」でカリフォルニアに寄港	
1825年		デカブリストの乱
1826年	デカブリスト　シベリアに流刑	
1829年	ヴラーンゲリ　ロシア領アメリカ総督に（-35）。ベーリング海峡からカリフォリニアまで巡る	
1830年		ポーランドの独立革命
1832年	トムスク及びセミパラチンスク主教座開設　初代主教アガーピト（-41）	
1840年	**カムチャッカ主教区設置**	
1841年	カストレンによる西シベリアの民族・言語調査（-44）	
1842年	ミッテンドルフの探検（-45）	
1843年	宣教師アルゲントフのチュコトでの15年にわたる宣教開始	
1847年	ムラヴィヨーフ＝アムールスキィ　イルクーツク県およびエニセイ県知事兼東シベリア総督（-61）	
1848年	チュコトに初の教会	
1849年	オホーツク　ヤクーツク州の辺境管理所に	
1850年	ドストエーフスキィ　シベリア流刑（4年間オムスク監獄）ネヴェリスコーイによるアムール探検・調査（-55）	
1851年	イルクーツクにロシア地理協会シベリア支部開設	

1852年	フリゲート艦「パラーダ」号　クロンシュタット出航 ヤクーツクの教会・教区　カムチャッカ主教区に統合	
1853年	沿海地域に「ニコライ皇帝港」誕生	クリミア戦争(-56)、プチャーチン長崎来航
	ヤクーツク副主教区設置	
1854年	シレンクによるアムール下流地域、サハリンの調査（-56） ヤクーツクで作家ゴンチャローフ、インノケンチィ主教と面会	
1855年	ヤクーツクに「聖書、奉神礼書のヤクート語翻訳委員会」設置	
		日露和親条約
1857年	バクーニン　トムスクへ流刑	
1858年	アイグン条約でアムール川左岸がロシア領になる	日露通商条約　箱館に領事館
	ブラゴヴェーシチェンスク　町になる	
1859年	7.15ヤクーツクのトロイツキィ聖堂でインノケンチィ初めてのヤクート語での聖体礼儀を行う	東シベリア総督ムラヴィヨーフ、品川に来航
	ウラヂヴォストーク開港 北京条約でウスリー川以東がロシア領になる カムチャッカ主教区の主教座　ブラゴヴェーシチェンスクに移る	
1861年	**セレンギンスク副主教区設立**	農奴解放
1862年	ラードロフの西シベリア探検（-1902）	
1863年		ポーランドで独立を目指す反乱 リトアニア、ベロルシアで農民反乱多発
1867年	アラスカをアメリカに720万ドルで売却	
1868年	主教インノケンチィ　モスクワ府主教に	
1870年	**ヤクーツク主教区開設**（初代主教ヂオニーシィ）	
1875年		宗務院版ロシア語訳聖書完成　樺太千島交換条約

1877年		露土戦争（-78）
1880年	トムスク帝国大学創立	
1883年	**キーレンスク副主教区設立**	
1885年	ジョージ・ケナン　シベリア流刑制度実地調査（-86）	
1889年	「ヤクーツク翻訳委員会」設置	
1890年	チェーホフ　シベリアを横断してサハリンへ大旅行	
1891年	シベリア鉄道建設開始（-1905）	大津事件
	ジョージ・ケナン『シベリアと流刑制度』刊行	
1894年	**ザ・バイカル副主教区開設**	
1898年	**カムチャッカ主教区分割**	
	ブラゴヴェーシチェンスク主教区，ウラヂヴォストーク主教区設置	
	チーホン（1917-モスクワ総主教）北アメリカ大主教	
1904年	日露戦争	
1905年	ポーツマス条約でサハリン南部日本領に	
1911年	日本領樺太に教区開設	

東シベリア・極東関連文献

安 村 仁 志

シベリア植民史

Андроников, И.А., Тобольская губерния, как район колонизации, СПб., 1911

Бахрушин, С.В., Очерк по истории колонизации Сибири в 16 и 17 вв., //Бахрушин С.В., Научные труды, Т.3, М., АН СССР 1955

Бахрушин, С.В., Мангазейская мирская община в 17 в.,//Бахрушин, С.В., Научные труды, Т.3, М., АН СССР, 1955

Бейкер, Дж., История географических открытий и исследований, М., 1950

Белов, М.И., История открытия и освоения Северного морского пути, Т.1, М., 1956

Белов, М.И., По следам полярных экспедиций, Л., 1977

Белов, М.И., Крайный Север и Северный морской путь, //Сб. "История открытия и исследования Советской Азии", М., 1969

Белов, М.И., Овсянников В.Ф., Старков В.Ф., Мангазея. Мангазейский морской ход, Л., 1980

Белов, М.И., Овсянников В.Ф., Старков В.Ф., Мангазея. Материальная культура русских полярных мореходов и землепроходцев 16-17 вв., М., 1981

Берг, Л.С., Открытие Камчатки и экспедиция Беринга, М., АН СССР, 1946

Болховитинов, Н.Н., Россия открывает Америку, 1732-1799：(К 500 летию открытия Америки), М., 1991

Боякова, С.И., Освоение Арктики и народы Северо-Востока Азии, Новосибирск, 2001

Буцинский, П.Н., Заселение Сибири и быт первых ее насельников, 1889.

Буцинский, П.Н., К истории Сибири：Сургут, Нарым и Кетск до 1645 г., Харьков, 1893

Буцинский, П.Н., Острог и округа Сургут и Сургутский уезд в 1594-1645 годах, http：//www.voskres.ru/history/butsinski.htm

Ватин, В.А., Минусинский край в XVIII веке：Этюд по истории Сибири, Минусинск, 1913

Гнедовский, Б.В., Добровольская Э.Д.. Вверх по Енисею, М., 1980

Гольденберг, Л.А., Семён Ульянович Ремезов, М., 1965

Граф Н.Н., Муравьёв-Амурский в воспоминаниях современнков, Автор-составитель Н. П. Матханов, ответственный редактор Н.Н. Покровский, Новосибирск, Сибирский хронограф, 1998

Группа авторов, Русские старожилы Сибири, М., 1973

Дамешек, Л.М., Внутренняя политика царизма и народы Сибири (19-начало 20-го века), Иркутск, 1986

Демин, Л.М., Семён Дежинёв, М., 1990

Долгих, Б.О., Родовой и племенной состав народов Сибири в 17 в., М., 1960

Зубов, Н.Н., Отечественные мореплаватели-исследователи морей и океанов, М., 1954

Ефимов, А.В., Из истории великих русских географичеких открытий, М., 1950

История Сибири с древнейших времён до наших дней, в 5-и томах, Ленинград, 1968-69

Итоги переселенческого движения за время с 1896 по 1909 гг. (включительно), Сост. Н. Турчанинов, СПб., 1910

Иванов, В.Н., Вхождение Северо-Востока Азии в состав Русского государства, Новосибирск, 1999

Итоги зачисления и водворения переселенцев за 1909 год, СПб., 1910

Каманин, Л.Г., Сибирь и Дальний Восток//Сб. "История открытия иисследования Совет-ской Азии", М., 1969

Кауфман, А.А., Сибирское переселение на исходе XIX века : Ист.-стат. очерк, СПб., 1901

Кирьяков, В.В., Очерки по истории переселенческого движения в Сибирь (в связи с историей заселения Сибири), М., 1902

Колонизация Сибири в связи с общим переселенческим вопросом, Канцелярия Ком. Министров, СПб., 1900

Крижанич, Юрий, Политика, М., 1965

Лебедев, Д.А., География в России 17 в., М.-Л., АН СССР, 1949

Лебедев, Д.А., География в России Петровского времени, М.-Л., АН СССР, 1950

Мавродин, В.В., Русские полярные мореходы (с древнейших времен до 16 в.), Л., 1955

Магидович, И.П., Магидович, В.И., Очерки по истории географических открытий, Т.1, М., 1982, Т.3, М., 1984

Материалы к исследованию колонизационных районов Азиатской России, Переселенч. упр. Гл. Упр. Землеустройства и Земледелия ; Под ред. К.Д. Глинки, СПб., 1910

Материалы к изучению колонизационных районов Азиатской России, Переселенч. упр. Гл. Упр. Землеустройства и Земледелия ; Под ред. К.Д. Глинки, СПб. 1910

Материалы по обследованию переселенческого хозяйства в Степном крае, Тобольской, Томской, Енисейской и Иркутской губерниях : Опыт исслед. бюджетов переселенцев : Сост. В.И. Юферев, Вып. XXIV, СПб., 1906

Медведев, Н.Н., Переселенцы в Сибирь, СПб., 1891

Миддерндорф, А.Ф., Путешествие по северу и востоку Сибири, Ч.1, вып. 1, СПб., 1860

Миллер, Г.Ф., История Сибири, М., 1999

Никитин, Н.И., Сибирская эпопея 17 в., М., 1987

Новоселов, П.М., Переселение в Сибирь из 8-ми губерний Южно-Русской Областной Земской Переселенческой Организации за 1912 г. : Семейн. переселенцы, ходоки, одиноч. переселенцы, Б. м., 1917

Окладников, А.П., Открытие Сибири, М., 1979

Описание заселенных и незаселенных переселенческих участков, образованных до 1896 года вАлтайском округе, Томской губернии, Ведомства Кабинета Его Императорского Величества., Барнаул, 1896

Остафьев, В., Колонизация степных областей в связи с вопросом о кочевом хозяйстве, Омск, 1898

Островский, Ю., Сибирские евреи, СПб., 1911.

Пасецкий, В.М., Петр Анжу, Серия : Замечательные географы и путешественники, М. : Географгиз 1958 г.

Патканов, С., О приросте инородческого населения Сибири : Стат. материалы для освещения вопр. о вымирании первобыт. племен (Представлено в заседании Ист.-Филол. Отд-ния [Имп. Акад. наук] 10 марта 1910 г., СПб.

Переселение в Сибирь : Прямое и обратное движение семейных переселенцев, одиноких на заработки и ходоков., Вып. XVIII, СПб., 1905

Первое столетие сибирских городов, 17 в., ответственный редактор-Н.Н. Покровский, Новосибирск, Сибирский хронограф, 1996

Первопроходцы, Сборник, М., 1983

Покровский, Н.Н., Новые материалы по истории сибирской культуры конца XVII в. // Проблемы изучения культурного наследия, М., 1985

Политическая ссылка в Сибири, Нерчинская каторга, том 1, ответственный редактор Л. М. Горюшкин, Новосибирск, Сибирский хронограф, 1993

Полунина, Н.М., Живая старина Приангарья, М., 1990

Распутин, В., Сибирь, Сибирь..., М., 1990

Распутин, В.Г., Байкал//Отечества, Краеведческий альманах, М., 1990

Русские экспедиции по изучению северной части Тихого Океана во второй половине 18 века, Сборник документов, М., Наука, 1989 г

Северин, Н.А., Отечественные путешественнтки и исследователи, М., 1956

Сибирь 18 в. в путевых описаниях Г.Ф. Миллера, ответственный редактор Н.Н. Покровский, Новосибирск, Сибирский хронограф, 1996

Славин, С.В., Освоение Севера, М., Наука, 1975 г

Соколов-Костромской, П., Записки колонизатора Сибири, СПб., 1903

Статистические данные по переселенческому делу в Сибири за 1897 г., СПб., 1899

Статистические таблицы о движении в Сибирь за 1884-1904 гг., Основаны на данных регистрации переселенцев Челябинского пункта и подворного опроса 233 переселенческих поселков в 1903 г., I часть—Общие и тоговые сведения (за 20 лет, по пятилетиям, абсолютные цифры, в ％ и др.), II часть-Итоги по губерниям в 1895-1899 гг.

Ципоруха, М.И., Покорение Сибири от Ермака до Беринга, М., 2000

Шелегина, О.Н., Адаптация русского населения в условиях освоения территории Сибири (Историко-этнографические аспекты, XVII-XX вв.)：Учебное пособие, Вып. 1., М., 2001

Шелегина, О.Н., Адаптация русского населения в условиях освоения Сибири, Социокультурные аспекты, XVIII-начало XX в.：Учебное пособие, Вып. 2., М., Логос, 2002

Ширина, Д.А., Россия：научное исследование Арктики, Новосибирск, 2001

Ядринцев, Н.М., Сибирь как колония в географическом, этнографическом и историческом отношении, Новосибирск, репринт

Ядринцев, Н.М., Сибирские инородцы-их быт и современное положение, СПб., 1908

Сборник документов, освещающих деятельность купцов, промышленников, мореходов, правительственных экспедиций П.К. Креницина, М.Д. Левашова и И.И. Биллингса, Г.А. Сарычева, А. Лаксмана, которые закрепили за Россией земли, открытые 1 и 2 камчатскими экспедициями, развили достижения русских мореходов по освоению северной части Тихого океана, Алеутских и Курильских островов, берегов северо-западной Америки

Сибирское областничество, биобиблиографический справочник, Томск-Москва, 2002 Пётр Андреевич Словцов, Афанасий Прокофьевич Щапов, Михаил Васильевич Загоскин, Серафим Серафимович Шашков, Николай Снмёнович Щукин, Григорий Николаевич Потанин, Николай Михайлович Ядринцев, Николай Иванович Наумов, Александр Васильевич Андрианов, Пётр Михайлович Головачев, Владимир Михайлович Крутовский, Михаил Бонифатьевич Шатилов の活動、著作が詳細に紹介されている。

История Сибири и Дальнего Востока, текущий указатель литературы, Новосибирск, 2002
先史時代から今日に至る諸分野の研究リスト

Соколова, З.П., Социально-экономическое и культурное развитие народов Севера и Сибири, традиции и современность, Москва, 1995

Куликаускене, Н.В., Книги декабристов в редком фонде библиотеки Иркутского университета, Сибирь и декабристы, Иркутск, 1978

Кошел, Пётр, Ссылка и каторга в России, http：//his.1september.ru/2003/02/3.htm

Соболева, С.В., Демографический потенциал Сибири：настоящее и будущее, Человек, Труд, Занятость, Вып.1, Новосибирск, 1996

Марков, Ю.Г., Социально-демографические и эколого-правовые аспекты освоения Сибири, http：//www.philosophy.nsc.ru/journals/humscience/1_00/22_Marcov.htm

Сибирские Советская Энциклопедия в четырёх томах

Традиционная культура русских Западной Сибири XIX-XX веков. (очерки истории и быта), Омск, 2003

Русское население Сибири епохи феодализма, Новосибирск, 2003

Фронтир в истории Сибири иСеверной Америки в 17-20 вв., общее исовременное, вып.3, Новосибирск, 2003

Забитые имена, История Дальнего Востока России в лицах, вып.2, Владивосток, 2001

Иркутск в панораме веков, Очерки истории города, Иркутск, 2002

Любимова, Г.В., Возрастной символизм в культуре календарного праздника русского населения Сибири, XIX-начало XX века, Новосибирск, 2004

Города Сибири XVII-начала XX в., Вып.2：история повседневности

Сборник научных статей/Под ред. В.А. Скубневского, Ю.М. Гончарова, Барнаул, 2004

Толковый словарь якутского языка. Т.1 (Буква А)

Около 4000 слов и фразеологизмов, Под ред. П.А. Слепцов, Новосибирск, 2004

デカブリスト関連

Азадовский, М.К., Странички краеведческой деятельности декабристов в Сибири, Иркутск, 1925

Андреев, В.И., Роль декабристов в развитии культуры и просвещения в Восточной Сибири и в Бурятии//Андреев, В.И., Выдающиеся учителя и просветители Бурятии, Улан-Удэ, 1961

Архипова, А.В., "Баргузинская сказка" В.К. Кюхельбекера//Литературное наследие декабристов, Л., 1975

Бестужев, К., Жены декабристов, М., 1913

Бестужев, М.А., Н.А., Письма из Сибири, Вып.1, Иркутск, 1929

Васильев, А.С., П. Трубецкой, Л., 1965

Васильева, А.М., Поэт-декабрист В.К. Кюхельбекер, 1797-184, Курган, 1974

Войтик, П.Д., Декабристы-просветители Сибири//Сибирские огни, 1957, N 3

Волконская, М.Н., Записки княгини М.Н. Волконской, Красноярск, 1975

Волконская, М.Н. Записки, 2-е изд, М., 1977

Волконский, С., Мои воспоминания, М., 1992

Волконский, С., О декабристах : по семейным воспоминаниям, СПб., 1922

Воспоминания Бестужевых, М.-Л., 1931

Гессен, А.И., Во глубине сибирских руд... Декабристы на каторге и в ссылке, М., 1969

Декабристы в Бурятии, Верхне-Удинск, 1927

Декабристы в Восточной Сибири : Фотоальбом, Иркутск, 1976

Декабристы в Забайкалье, Чита, 1925

Декабристы в Сибири : Сборник, Новосибирск, 1952

Декабристы и их время, Т.1, 2. М., 1928

Декабристы и Сибирь : Альбом, М., 1988

Декабристы и Сибирь : Библиографический указатель, Иркутск, 1985

Декабристы и Сибирь : Сб. Статей, Новосибирск, 1977

Декабристы на каторге и в ссылке : Сб., М., 1925

Декабристы на каторге и поселении//История Сибири, Т.2, Л., 1968

Коваль С.Ф., К России любовью горя, Декабристы в Восточном Забайкалье, Иркутск, 1976

Кюхельбекер, В.К., Путешествие, Дневник, Статьи, Л., 1979

Мендрин, а Г.И., Медицинская деятельность политических ссыльных вСибири, Томск, 1962

Политические ссыльные в Сибири (XVIII-начало XX вв.), Новосибирск, 1983

Прыжов, И.Г., Декабристы в Сибири на Петровском заводе, М., 1985

Розен, А., В ссылку : Записки декабриста (1825-1900 гг.), М., 1899

Розен, А.Е., Записки декабриста, Иркутск, 1984

Рыбаков, С.Г., Декабристы в г. Селенгинске Забайкальской области, Новое Слово, СПб., 1912, №12

Сибирские письма декабристов, 1838-1850, Красноярск, 1987

Сибирь и декабристы, Вып.1., Иркутск, 1978

Сибирь и декабристы, Вып.2., Иркутск, 1981

Сибирь и декабристы, Вып.3, Иркутск, 1983

Ссыльные декабристы в Сибири, Новосибирск, 1985

Тиваненко, А.В., Декабристы в Забайкалье (селенгинские страницы), Новосибирск, 1992

Чуковская, Л., Декабрист Николай Бестужев-исследователь Бурятии, М., 1950

正教関連

Оглезнева, Г.В., Духовная литература в Восточной Сибири в конце XVIII-первой половине XIX вв., Вестник Омского университета, 1998, Вып. 4

Волков, В.М., Из истории Духовного просвещения и духовной школы в Сибири, Тобольск, 1993

Брызгалов, И., Церковно-приходские школы, грамоты Иркутской епархии в 1896-97 учебном году, Иркутск, 1898

Бычков, О.В., Иннокентий (Вениаминов) в Иркутской духовной семинарии, 1808-1818, Тальцы, 1999

Громов, А.В., Иркутская епархия в течение полутораста лет своего существования (1727-1877), 1877

Дулов, А.В., Иркутская епархия в 1860-1917 гг., из истории Иркутской епархии, Сб. научн. тр., Иркутск, 1998

Дулов, А.В., Иркутская епархия в XVIII-начале XX вв. деятели, собычия, факты, Иркутск, 1998

Зольникова, Н.Д., Традиции православия в Сибири, Конец XVI-XX вв. //Сибирская икона, Омск, 1999

Игумнова, Н.Д., Книжное собрание святителя Иннокентия (Кульчицкого), Из истории Иркутской епархии : Сб. науч. тр. /Под ред. А.В. Дулова, Иркутск, 1998

Калинина, И.В., Православные храмы Иркутской епархии XVII-начало XX века, М., 2000

Константинова, Т.А., Деятельность православных епископов Иркутской епархии против старообрядцев в конце 18-первой половине 19 в., по документам госархива Читинской области, статья в «Сибирской ЗАИМКЕ», http : //www.zaimka.ru/religion

Куликаускенен, Духовенство Иркутской епархии и книга в 18-19 вв., из истории Иркутской епархии, Сб. научн. тр., Иркутск, 1998

Куликаускене, Н.В., Книга и иркутское духовенство (первая половина XIX в.), Книга и книжное дело Сибири : история, современность, перспективы развития : (К 200-летию Сиб. книгопечатания), Новосибирск, 1989

Куликаускенен, Преосвященный Нил, «Вост.-Сиб. Правда», 1996

Ломбоцэрэнов, Д.Ж., История селенгинских монгол-бурят, Бурятские летописи, Сост. Ш.Б. Чимитдрожнев, Ц.П. Ванчикова, Улан-Удэ, 1995

Материалы для истории миссионерства в Якутской области за время Высокопреосвященного Иннокентия, архиепископа Камчатского//Правосл. Благовестник, 1910

Михайлова, В.Т., Православие в духовной культуре бурят (1861-1917 гг.), Улан-Удэ, 1907

Наумова, О.Е., Иркутская епархия, XVIII-первая половина XIX в., Иркутск, 1996

Письма митрополита Филарета к преосвященному Иннокентию Камчатскому, впоследствии митрополиту Московскому/Сообщил И. Барсуков//Рус. архив, 1881, Кн. 2.

Проковский, Н.Н., Русская православная Цереовь в освоении Сибири, статья в «Сибирской ЗАИМКЕ», http : //www.zaimka.ru/religion

Санникова, А.П., К вопросу об обучении детей приходского духовенства Иркутской епархии в первой половине XVIII в. //Из истории Иркутской епархии : (Сб. науч. трудов), Иркутск, 1998

Санникова, А.П., Церковная администрация Восточной Сибири в конце XVII-середине XVIII в. //Из истории Иркутской епархии : (Сб. науч. трудов), Иркутск, 1998

Софронов, М.М., Распространение православия в Сибири (16-17 вв.) статья в «Сибирской ЗАИМКЕ», http : //www.zaimka.ru/religion

Токмаков, И.Ф., Историко-статистическое и археологическое описание Св. Троицкаго Селенгинскаго мужскаго монастыря Забайкальской области, М., 1895

Хрусталев, Д., Летописные сведения об Иркутской епархии за двухсотлетний период их существования, Иркутск, 1908

Чернышова, Н.К., Круг чтения миссионера-архиепископа Иркутского, Нерчинского и Якутского Нила (1838-1853), Православие ирусская народная культура : [Сб.]. М., 1994.

Шмулевич, М.М., Троицко-Селенгинский монастырь, Улан-Удэ, 1982

Шмулевич, М.М., Очерки истории Западного Забайкалья, 18-середина 19 в., Новосибирск, 1985

Игумнова, Н.Д., Записи на книгах как исторический источник//Памятники истории и культуры Восточной Сибири : Сб. науч. тр. /Под ред. А.В. Дулова

Никольский, А., проч., Забайкальская духовная миссия (1681-1903), М., 1904

Двадцатипятилетие епископского служения высокопреосв. Вениамина, архиеп. Иркутского и Нерчинского, Иркутск, 1838

Памяти высокопреосв. Вениамина, архиеп. Иркутского и Нерчинского, Иркутск, 1892.

Овчинников, В., Настоятели, настоятельницы и монашествующие монастырей и Иженских общин Томской епархии, Биографический справочник, 1834-1917, Кемерово, 2003

Покровский, Н.Н., Материалы по истории магических верований сибиряков XVII-XVIII вв. //Из истории семьи и быта сибирского крестьянства в XVII-начале XX в. Новосибирск, 1975

Селезнев, А. и др., Сибирский ислам, региональный вариант религиозного синкретизма, Новосибирск, 2004

Файзрахманов, Г., История сибирских татар с древнейших времен до начала XX века, Казань, 2002

Мемуары сибиряков, XIX век, Составление, предисловие, комментарии-Н.П. Матханова, публикация текстов-Н.П. Матханова, О.Т. Базалийская, Отв. ред. акад. Н.Н. Покровский, Новосибирск, 2003

ザバイカル・ミッション

Вениамин（еп）, Забайкальская духовная миссия в 1866 году. В кн. Труды православной миссии в Восточной Сибири, т.1 (1862-67 гг.), Иркутск, 1883

Письма Вениамина, архиепископа Иркутского к казанскому архиепископу Владимиру, М., 1913

Дёмин Э., Декабриста и английские миссия, в изд. «Отчий край», У-Удэ, 1993 г

Дёмин Э., Потерянные библиотеки, «Вестник Бурятии» 1993, №21, 22

Древние Церковные грамоты Восточно-Сибирского края, Казань, 1875

Жалсараев, А..Д., Поселения, православные храмы, священнослужители Бурятии XXVI-XX столетий, Энциклопедический словарь, У-Удэ, Бур. кн. изд-во, 2001 г

Жмакин, В., Английская миссия за Байкалом, (1817-1840 гг.), Христианские чтения №9-10, 1881

Забелин, А.О., О распространении христианства между Бурятами, Журнал министерства, народного просвещения, СПб., 1870

Михайлова, В.К., Православие вдуховной культуре бурят (30-е гг. XVII в. -1917 г.), У-У., 1989

Птицын, В., Селенгинская Даурия, СПб., 1896

Паршин В., Поездка в Забайкальский край, М., 1884

Вагин, В. И., Английские миссионеры в Сибири, Изд. ВСОРГО, т. 1. №4, 5, Иркутск, 1872

Стуков С., Об английской миссии за Байкалом среди бурят, Прибавление к Иркутским Епархиальным Ведомостям, 1891, №28 Сибирские летописи, СПб., 1907

Тиваненко, Т., Английская миссия в Бурятии, Правда Бурятии, 14 марта 1990, Труды ТКОРТО, т. III, вып. 1, Иркутск, 1902

Bowden C. R., Shaman lamas and evangelicals, The English Missionaries in Siberia, London, Boston, Melborne and Henley.

古儀式派関連

Байдин, В.И., К вопросу о старообрядческом иконописании на горнозаводском Урале в 18-19 вв., Материалы научно-практической конференции (28.04-30.04. 1992), Челябинск, 1992

Болонев, Ф.Ф., Старообрядцы Забайкалья в 18-20 вв., Новосибирск, 1994

Болонев, Ф.Ф., Народный календарь семейских Забайкалья, (Вторая пол. XIX нач. XX в.), Новосибирск, Наука, Сиб. отд-ние, 1978

Гурьянова, Н.С., Крестьянский антимонархический протест в старообрядческой эсхатологической литературе позднего феодализма, Новосибирск : Наука, Сиб. отд-ние, 1988

Дружинин, В.Г., Несколько автографов писателей старообрядцев, 1913

Духовгая литература староверов Востока России 18-20 вв., ответственный редактор-Н. Н. Покровский, Новосибирск, Сибирский хронограф, 1999

Зуев, А.С., Сибирь ; вехи истории, 2-е издание, Новосибирск

Зольникова, Н.Д., «Свои» и «чужие» по нормативным актам сибирских староверов-часовенных, в «Гуманитарные науки в Сибири», Новосибирск, 1998, номер 2

Клибанов, М., Русское православие ; вехи истории. Политиздат., 1989

Красноярский материк ; Времена, Люди, Документы, Красноярск, изд-во «ГРОТЕСК», 1999

Мамсик, Т.С., Побеги как социальные явления : Приписная деревня Зап. Сибири в 40-90 гг. XVIII в., Новосибирск : Наука, Сиб. отд-ние, 1978

Михайлов, Г.П., Староверы, как колонизаторы Уссурийского края

Мельников, Ф.Е. Краткая история древне-православной (старообрядческой) церкви, Издательство БГПУ, 1999

Покровский, Н.Н., Организация учета старообрядцев в Сибири в 18 в., Русское население Поморья и Сибири, М., 1973

Покровский, Н.Н., Соборные постановления старообрядцев-часовенных востока России 18-20 вв. как историчкский источник, http : //cclib.nsu.ru/win/projezts/siberia/religion/pokrov_rost.shtml

Покровский, Н.Н., Антифеодальный протест урало-сибирских крестьян-старообрядцев в XVIII в., Новосибирск : Наука. Сиб. отд-ние, 1974

Старообрядчество ; Лица, события, предметы и символы, Москва, «Церковь», 1996 г

Фурсова, Е., Старообрядцы Васиуганья, опыт исследовагия межкультурных взаимодействий конфессионально-этнографической группы, Новосибирск, 2003

Азиатская Россия : В 3 т. Т.1 : Люди и порядки за Уралом, СПб., 1914, Из содерж. : О староверах

Антипин, Е., Город Уссурийск, (Старообрядческая церковь г. Уссурийска, история и настоящее)//Русь православная, 1998, №36

Аргудяева, Ю.В., Роль старообрядцев в развитии традиционной культуры на Дальнем Востоке России//Социально-экономические и политические процессы встранах Азиатско-Тихоокеанского региона, Владивосток, 1997

Записная книжка "Русской старины" : Самосожигатели и самоутопленники в

Сибири 1782-1783 гг. //Рус. Старина, 1879, Т. 24

Ивлев, М., Новые русские староверы： [В с. Суходол появилась община православных христиан-старообрядцев]//Владивосток, 1998

Исторические записки о Якутской епархии, собранные по случаю 25-летия ее самостоятельности//Якут. Епарх. Вед. 1895,

Кобко, В., Заимка крестьян-старообрядцев：Юг Дальнего Востока （Середина XIX в.- 30-е годы XX в.)//Россия и АТР, 1999, №1

Материалы для истории Камчатской епархии в половине XIX в.： (Путевой журн. третьего （1850-1851) и четвертого （1861-1862) путешествия Камчат. архиепископа Иннокентия по Камчатке, Охот. Тракт

Стахеева, Н.Н., Миссионерская деятельность русской православной церкви среди старообрядцев Восточной Сибири в XIX в. //Из истории Иркутской епархии： (Сб. науч. трудов), Иркутск, 1998

Стахеева, Н.Н., Церковная администрация и старообрядцы Восточной Сибири в первой половине XIX в. //Апостол Аляски：Материалы науч. конф., посвящ. 200-летию И. Вениаминова и 270-летию Иркут. епархии, 1-2 окт. 1997 г., Иркутск, 1998

Шерстобитов, А.С., Как селились старообрядцы на Усе//Ист. вестн., 1900, Т.82

Юдин, П.Л., В Сыртовских дебрях：(Очерки из прошлого уральского старообрядчества)//Рус. Старина, 1896, Т.85, №1/3

インノケンチィ（ヴェニアミーノフ）関連

Избранные труды святителя Иннокентия, митрополита Московского, апостола Сибири и Америки, М., Изд-во Московской патриархии, 1997

Творения Иннокентия, Митололита Московского и Коломенского, М., 1887

Письма Иннокентия, Митрололита Московского и Коломенского, М., 1901

Акад. Окладников, А.П., От Анги до Уналашки：удивительная судьба Ивана Попова, Вопросы истории, 1976, №6

Алексеев, В., Высокопреосвященный Иннокентий, митрополит Московский//Журн. Моск. Патриархии, 1949

Барсуков, И.П., Иннокентий, митрополит Московский и Коломенский. По его сочинениям, письмам и рассказам современников, М. 1883

Барсукова, З., Просветитель Сибирских стран, Иннокентий, митрополит Московский и Коломенский, СПб., 1901

Барсуков, И.П., Из бумаг митрополита Иннокентия （по вопросу раскола)：Ответ одного православного архиерея//Рус. Архив, 1889

Барсуков, И.П., Московский митрополит Иннокентий о детском воспитании//Рус. архив.

1881, Кн. 2

Воронченко, Т.В., Русская Америка и Иннокентий Вениаминов/Иннокентьевские чтения, Научно-практическая конференция, посвященная 200-летию Иннокентия Вениаминова, Чита, 1998

Воспоминание о трудах митрополита Московского Иннокентия, : (по поводу совершившихся сто лет со дня его рождения)//Якут. Епарх. Вед. 1897

В память десятилетия кончины Высокопреосвящен-нейшего Иннокентия, митрополита Московского//Якут. Епарх. Вед., 1890

Глаголев, В.С., Характер и подвиг Святителя, Иннокентьевские чтения, Чита, 1998

Гончаров, И.А., Фрегат Паллада, Ч. 2-3-е изд. СПб., 1879

Дионисий, иеромонах : Образец рус. правосл. заруб. работы//Рус. правосл. амер. вестник, 1902,

Евлогий, архимандрит, Жизнь и апостольские труды митрополита Иннокентия (Вениаминова)//Журн. Моск. Патриархии, 1975, N 3

Ефимов, А.В. Из истории великих русских географичеких открытий, М., 1950

Жизнь и подвиги Иннокентия, проповедника Евангелия на Алеутских островах/Сост. Е. А. Сысоева по кн. И. Барсукова "Иннокентий, митрополит Московский и Коломенский", СПб., 1892

Игумнова, Н.Д., Из круга чтения подвижника православия (Иннокентий Вениаминов), Тальцы, 1999, №1 (5)

Из бумаг митрополита Иннокентия (по вопросу раскола) : Ответы одного православного архиерея//Рус. архив, 1889, Кн. 2

И.Х. (Иеромонах Харланский), Очерк жизни и апостоьских трудов Иннокентия, Митрололита Московского, М., 1886

Калехер, С., Жизнь и духовные достижения Иннокентия//Единая церковь, 1967, Т. 2, N 2

Корсунский, Н.И., Иннокентий, Митрополит Московский и Коломенский, Харьков, 1896

Курлянский, И.А., Иннокентий (Вениаминрв)-митрополит Московский и Коломенский, М., 2002

Левитский, Н., Миссионерские труды протиерея Иннокентия, архиепископа Камчатского (впоследствии митрополита Московского) в Якутском крае и его заботы об учреждении в г. Якутске архиерейской кафедры//Правосл. Благовестник, 1904

Логинов Ст. священник., В память десятилетия кончины Высокопреосвященнейшего Иннокентия, митрополита Московского//Якут. Епарх. Вед. 1890. N 3, 4

Нестор (Анисимов), Православие в Сибири, Исторический очерк, СПб., 1910

О жизни и подвигах Иннокентия, архиепископа Камчатского, Курильского и Алеутского, впоследствии митрополита Московского/Сост. по кн. И.П. Барсукова, 3-е изд, СПб, 1893

Образцы пастырского служения Иннокентия, митрополита Московского/Сост. по кн. И. Барсукова//Тобол. Епарх. Вед, 1891, N 13-16

Окладников А.П., Иннокентий Вениаминов//Первопроходцы : Сб., М., 1983, (Жизнь замечательных людей).

Очерк жизни и Апостольских трудов Иннокентия митрополита Московского, 2-е изд. Отд. распростр. духовно-нравствен. книг, М., 1912

Пакулак, Дан., Жизнь и деятельность Иннокентия, митрополита Московского : Пер. с англ. О.П. Можеевой/Науч. ред. Н.С. Половинкин, Тюмень, 1994

Парышев, С. [Е.] ., О первом обозрении церквей Якутской области Высокопресвященным Иннокентием, архиепископом Камчатским, [в 1854 г.]//Якут. Епарх. Вед., 1907

Попов, А., Перемещение Камчатской епархиальной кафедры на Амур и назначение епископа Якутского//Странник, 1860

Путешествия и подвиги святителя Иннокентия Митрополита Московского, апостола Америки и Сибири, М., 1999

Роче, В., Истоки православной церкви на Аляске, 1820-1840//Правосл. Аляска, 1971, Т. 3, N. 1 (нояб.-дек.)

Сысоева, Е.А., Жизнь и подвиги Иннокентия, переводчика Евангелия на алеутских островах, СПб., 1887

Смирнов, Ф., Жизнь и апостольская работа митрополита Вениаминова//Единая церковь, 1975

Стуков, Ф., Черты деятельности высокопреосвященного Иннокентия в Якутской области//Церковные ведомости, 1909

Труды Иннокентия, архиепископа Камчатского, Курильского и Алеутского на отдаленном востоке и Якутске//Якут. Епарх. Вед., 1896

Тур, Е., Очерк жизни и деятельности Иннокентия, Митрополита Московского, М., 1891

Федоров, В., Святой из града Якутского : 1. Апостол русской Америки ; 2. Бог заговорил по нашему//Молодежь Якутии, 1992

Фиалкин, В., Московский период миссионерской деятельности преосвященного Иннокентия//Странник, 1891

Фиалкин, В., Миссионерская деятельность покойного Иннокентия, митрополита Московского//Православ. Благовестник, 1899

Фиалкин, В., Камчатский период миссионерской деятельности преосвященного Иннокентия//Православ. Благовестник, 1898

Фиалкин, В., Иннокентий митрополит Московский и его миссионерская деятельность//

Православ. Благовестник, 1897, N 17-20, 24；1898, N 1, 3, 5, 7, 9, 11, 13

Шандялов, Н.А., Первый архиепископ на Амуре//Амур. Краевед, 1991

Шишигин, Е.С., Иннокентий Вениаминов//Чолбон, 1993

Шишигин Е.С., Катехизис на якутском языке//Илин, 1991

Шишигин, Е.С., Святитель Иннокентий-митрополит Московский и Коломенский//Мирнин. Рабочий, 1995

Шишигин, Е.С., Толерантность и проблемы возрождения православной церкви в Якутии//Толерантность：Материалы регион. науч.-практ. конф., "Толерантность, как способ выживания народов в условиях Севера", Якутск, 1994

Щепиц, Х.А., Отец Вениаминов-просветитель Аляски//Американские славяне и Восточно-европейское обозрение, 1959

Якутия помнит святителя Иннокентия [Вениаминов] первого епископа//Республика Саха, 1994

Якутский, Н., Иннокентий Апостол Америки//Соц. Якутия, 1989

Якутский Н. Святой Иннокентий [Вениаминов]//Поляр. звезда, 1991, N. 3

Логинов, Ст., священник, В память десятилетия кончины Высокопреосвященнейшего Иннокентия, митрополита Московского//Якут. Епарх. Вед., 1890, N 3, 4

インノケンチィ（クリチツキィ）関連

Барсуков, З., Иннокентий св. первый Иркутский епископ, СПб., 1905

Дроздов, И.. Святитель Иннокентий, Иркутск, 1903

Жизнь святитля и чудотворца Иннокентия, первого епископа Иркутского, М., 1887

Громов, П.В., Начало христианства в Иркутске, и святый Иннокентий, первый епископ Иркутский его служение, управление, кончина, чудеса и прославление, Иркутск, 1868

Святитель Иннокентий (Кульчицкий)：(270 лет со дня смерти//Приангарье：годы, события, люди, Иркутск, 2001

その他，邦文

CD-ROM, Межов, В.И.：Сибирская библиография

Указатель книг и статей о Сибири на русском языке и одних только книг на иностранных языках за весь период книгопечатания, СПб., 1891-1892

Сибирь：Цифролаб, 2004

ジェームス・フォーシス，森本和夫訳『シベリア先住民の歴史』，彩流社，1998

ジョージ・ケナン，左近毅訳，『シベリアと流刑制度』，法政大学出版会

ユーラシア研究（No. 30）；特集シベリアにおける社会変動/現代ロシアの若者文化，ユーラシア研究所，東洋書店，2004

星野紘，チモフェイ・モルダノフ，『シベリア・ハンティ族の熊送りと芸能』，勉誠出版，2001

人見楠郎，小波宏全，油家みゆき編著，『愛と微笑みのパッション～西シベリアをめざしたトルストイ主義者たち～』，新読書社，2000

等々力政彦『シベリアをわたる風～トゥバ共和国，喉歌の世界へ～』，長征社，1999

阪本秀昭『帝政末期シベリアの農村共同体～農村自治，労働，祝祭～』（MINERVA 西洋史ライブラリー），ミネルヴァ書房

福田正己『極北シベリア』（岩波新書新赤版），岩波書店，1996

加藤九祚『シベリア記』，潮出版社，1980

加藤九祚『シベリアに憑かれた人々』（岩波新書），岩波書店，1997

加藤九祚『シベリアの歴史』，紀伊国屋書店，1993

小川和男『シベリア開発と日本』，時事通信社，1974

大橋与一『帝政ロシアのシベリア開発と東方進出過程』，東海大学出版会，1974

鈴木啓介『日ソ経済協力（国際問題新書）シベリア開発協力と日本』，日本国際問題研究所，1974

北方圏調査会『シベリア・極東の交通・運輸の現況』，北方圏調査会 1976

麓昌芳『シベリアの地域開発（研究参考資料）』，アジア経済研究所，1972

ゲルマン・イワノヴィッチ・メドヴェデフ/岩本義雄『シベリア極東の考古学（東シベリア篇）』，河出書房新社，1983

原　暉之『ウラジオストク物語』，三省堂，1998（浦塩関連の文献の紹介あり）

和田春樹『ニコライ・ラッセル──国境を越えるナロードニキ』，中央公論社，1973

A. セミョノフ/加藤九祚訳『永遠のシベリア　探検家チェルスキー夫妻の生涯』，新時代社 1970

クリイノヴィチ/枡本哲訳『サハリン・アムール民族誌―ニヴフ族の生活と世界観』，法政大学出版局 1993

風間伸次郎-採録・訳註「ナーナイ語テキスト　ツングース言語文化論集 4」小樽商科大学言語センター，1993

菅原繁蔵『樺太植物誌』，全四巻　図書刊行会，1995

竹田正直『サハリン州の社会経済と大学改革』，共同文化社，2000

新岡武彦/宇田川洋『サハリン南部の遺跡』，樺太考古学研究の道しるべ，北海道出版企画センター，1990

NHK 取材班シベリア紀行『白と青のバイカル』，日本放送出版協会，1979

望月喜市編『シベリア開発と北洋漁業』，「バイカル・アムール鉄道香」仲弘他北海道新聞社，1982

サンギ編/匹田紀子訳『天を見てきたエヴェンクの話』，シベリアの伝説と神話，北海道新聞社，1992

坪井清足他『アルタイ・シベリア歴史民族資料集成日本人と文化の北方起源を探る』，柘植書房，1989

斎藤君子編訳『シベリア民話集』，岩波文庫，

アレクセイ・オクラードニコフ，加藤九祚訳『シベリアの古代文化』

北構保男　編著『千島・シベリア探険史』，名著出版，1982

大木伸一/編訳，『シベリアの民俗学』民俗民芸双書19，岩崎美術社，1976

木村英亮，山本敏『ソ連現代史2　中央アジア・シベリア』，山川出版社，1985

シチュグロフ『シベリア年代史』，ユーラシア叢書6，原書房，1975

対外調査会編，『シベリアの資源と開発　附・スラヴ民族の東漸』，対外調査会，1972

執筆者紹介

(執筆順)

安村仁志 （中京大学教養部教授，同社会科学研究所所長・ロシア研究部会長，同大学図書館長）
大阪外国語大学外国語学部ロシア語学科卒，同大学院外国語学研究科修士課程修了。ロシア教会史専攻。『ロシア世界』（世界思想社，共著），『ヨーロッパ・キリスト教美術案内 (1)』（日本キリスト教団出版局，共著），「東方キリスト教とロシア (1)-(15)」（新生社「エイコーン」№6-20），『オープチナ修道院』（新世社，単訳），『キリストの霊，神の霊―「フィリオクェ」論争についてのエキュメニカルな省察』（一麦出版社，共訳），『西シベリアの歴史と社会』（中京大学社会科学研究所，編著），『マイノリティの孤立性と孤高性』（中京大学社会科学研究所，編著）ほか

田辺三千広 （星城大学リハビリテーション学部助教授，中京大学社会科学研究所準所員）
慶応大学文学部卒，同大学院文学研究科博士課程修了。ロシア史専攻。
「1503年の教会会議」（「史学」慶応義塾大学三田史学会）第53巻2・3号，「ロシア史における『ドラキュラ物語』」（山本俊朗編『スラヴ世界とその周辺』ナウカ　所収），「モスクワ公国の内乱について」（名古屋明徳短期大学「紀要」第14号），「パトリケーエフ父子とリャポロフスキー公の失脚について」（星城大学「人文研究論叢」第1号）ほか

佐保雅子 （中京大学法学部名誉教授，同大学社会科学研究所名誉所員）
北海道大学法学部卒，同大学院法学研究科修士課程修了。ソヴェート法，比較法学専攻。『生活と法』―社会主義法年報―（有斐閣，共著），「ロシア共和国相続法」（比較法研究№27），「ロシアの新民法典」（比較法研究　№57），「トムスク大学の歩み」（共著，『西シベリアの歴史と社会』所収，中京大学社会科学研究所）ほか

清水守男 （中京大学社会科学研究所準所員）
上智大学外国語学部ロシア語学科卒。元，中京大学図書館司書，同大学オープン・カレッジロシア語講座講師。ロシア語学専攻。
『ロシア語新聞読本』（吾妻書房，共編），「レーニン図書館―創立125周年を迎える」（「中京大学図書館紀要」第9号），「トムスク大学図書館の現状」（『西シベリアの歴史と社会』所収，中京大学社会科学研究所）ほか

佐藤規祥 （中京大学非常勤講師，同大学社会科学研究所ロシア研究部会研究協力員）
名古屋大学大学院文学研究科言語学専攻博士後期課程単位取得満期退学。ブルノ・プル

キニ大学哲学部言語学科留学（1986-89）。言語学，スラヴ語学専攻。
「Enklinomen について—i-語幹女性名詞のアクセント論的考察」（「ロシア語ロシア文学研究」第 29 号），「感情の名詞を用いた文の意味構造」（同第 32 号），「チェコ語男性名詞におけるスラヴ語アクセントの反映について」（「西スラヴ学論集」第 4 号），「チェコ語における kost 型パラダイムの形成過程」（同第 5-6 号）ほか

水野晶子　（名古屋大学大学院生，中京大学社会科学研究所ロシア研究部会研究協力員）
神戸市外国語大学外国語学部ロシア学科卒，名古屋大学大学院国際開発研究科国際コミュニケーション専攻博士後期課程在学中。ロシア語学専攻。
「ロシア語受動構文の分析—構文論的機能の観点から探る適切性—」（2002 年度名古屋大学大学院国際開発研究科修士論文），「身体部位名詞を伴う再帰構文における格の問題—ロシア語とフランス語の比較—」（『国際開発研究フォーラム』26，共著），「AOT のロシア語検索システム」（『ロシア語研究』17）ほか

渡辺　廣　（敦賀気比高校講師，中京大学社会科学研究所ロシア研究部会研究協力員）
大阪外国語大学ロシア語学科卒。福井県対岸貿易促進協会，敦賀気比高等学校教諭。現講師。敦賀市生涯学習センターロシア語講師。
『素顔のバイカル』（にんげん社），「NHK ラジオ・ロシア語講座テキスト」（1998 年度）にバイカル湖関連で連載（5 回），バイカル湖関連で「敦賀気比高等学校紀要」第 10 号，「福井県私学連会報」第 29 号に寄稿　ほか

宮崎衣澄　（国立富山商船高等専門学校国際流通学科助手，中京大学社会科学研究所ロシア研究部会研究協力員）
大阪外国語大学地域文化学科ロシア・東欧地域文化専攻卒，大阪大学大学院言語文化研究科博士後期課程単位取得退学。ロシア教会史専攻。"Резные иконы в Выговской старообрядческой пустыни", *Старообрядчество в России.*(*XVII-XX вв.*), *Вып.3, Москва, 2004*,「ヴィグ共同体の創設者崇敬」（『大阪大学言語文化学』第 12 号），「古儀式派と異教信仰—ヴィグ共同体の墓標をめぐって—」（『大阪大学言語文化学』第 10 号），「古儀式派の墓碑イコンをめぐって」（2000 年大阪大学大学院言語文化研究科修士論文）ほか

ロシア連邦

Российская Федерация
Russian Federation

東シベリアの歴史と文化	社 会 科 学 研究所叢書16

2005年3月31日　初版1刷発行

　　編　者　中京大学社会科学研究所
　　　　　　ロ シ ア 研 究 部 会

　　発行者　中京大学社会科学研究所
　　　　　　代　表　安　村　仁　志
　　　　　　　名古屋市昭和区八事本町101-2
　　　　　　　郵便番号　466-8666
　　　　　　　電　話　052(835)3998

　　発行所　株式会社　成　文　堂
　　　　　　　東京都新宿区早稲田鶴巻町514
　　　　　　　郵便番号　162-0041
　　　　　　　電　話　03(3203)9201

製版・印刷　三報社印刷　　　　　　製本　弘伸製本
　　Ⓒ 2005　中京大学　Printed in Japan
　　☆乱丁・落丁本はおとりかえいたします☆　検印省略
　　　　ISBN4-7923-7073-6　C3022

定価(本体 3000 円＋税)

中京大学社会科学研究所叢書

1	台湾史料綱文 上巻	台湾史料研究会校訂
2	台湾史料綱文 中巻	台湾史料研究会校訂
3	台湾史料綱文 下巻	台湾史料研究会校訂
4	イギリスの社会と文化 ——ECの新たな展開と都市の諸問題——	イギリス研究部会編
5	イギリスの社会と文化 II ——都市社会と環境問題——	イギリス研究部会編
6	日・豪の社会と文化 ——異文化との共生を求めて——	オーストラリア研究部会編
7	JAPAN AT THE CROSSROADS: Hot Issues for the 21st Century	ディヴィド・マイヤーズ 編 石堂功卓
8	日・豪の社会と文化 II ——オーストラリアをどう認識するか——	オーストラリア研究部会編
9	西シベリアの歴史と社会 ——トムスクを中心に——	ロシア研究部会編
10	マイノリティの孤立性と孤高性	プロジェクト〈マイノリティ研究〉編
11	オーストラリア・カナダの法と文化	オーストラリア・カナダ研究部会編
12	消費者問題と消費者政策	プロジェクト〈消費者問題と消費者被害救済の研究〉編
13	台湾の近代と日本	台湾研究部会編
14	消費者問題と消費者保護	プロジェクト〈消費者問題と消費者被害救済の研究〉編
15	日本統治下台湾の支配と展開	台湾研究部会編
16	東シベリアの歴史と文化	ロシア研究部会編